U0865421

"十一五"国家重点图书出版规划项目

◉诉讼法学文库 2009（5）

总主编　樊崇义

刑事诉讼中的财产权保障

Property Right Protection in Criminal Proceedings

朱拥政　著

中国人民公安大学出版社

·北　京·

图书在版编目（CIP）数据

刑事诉讼中的财产权保障/朱拥政著．—北京：中国人民公安大学出版社，2009.6

（诉讼法学文库）

“十一五”国家重点图书出版规划项目

ISBN 978-7-81139-559-4

Ⅰ．刑… Ⅱ．朱… Ⅲ．①刑事诉讼—研究—中国②所有权—研究—中国 Ⅳ．D925.204 D923.24

中国版本图书馆CIP数据核字（2009）第074828号

刑事诉讼中的财产权保障

Property Right Protection in Criminal Proceedings

朱拥政 著

出版发行：中国人民公安大学出版社
地　　址：北京市西城区木樨地南里
邮政编码：100038
经　　销：新华书店
印　　刷：北京兴华昌盛印刷有限公司

版　　次：2009年6月第1版
印　　次：2009年6月第1次
印　　张：10.5
开　　本：880毫米×1230毫米 1/32
字　　数：270千字
印　　数：1~3000册

书　　号：ISBN 978-7-81139-559-4/D·467
定　　价：26.00元

网　　址：www.cppsup.com.cn　www.porclub.com.cn
电子邮箱：cpep@public.bta.net.cn　zbs@cppsu.edu.cn

营销中心电话（批销）：（010）83903254
警官读者俱乐部电话（邮购）：（010）83903253
读者服务部电话（书店）：（010）83903257
教材分社电话：（010）83903259
公安图书分社电话：（010）83905672
法律图书分社电话：（010）83905637
公安文艺分社电话：（010）83903973
杂志分社电话：（010）83903239
电子音像分社电话：（010）83905727

本社图书出现印装质量问题，由本社负责退换

版权所有　侵权必究

《诉讼法学文库》总序

诉讼法制是现代法治的重要内容和标志之一，也是依法治国的重要保障。我国法制建设的历程已经证明，诉讼制度是否健全与完善，直接决定着实体法律的实际效力：没有相应的诉讼制度作为依托，实体权利只能是“镜中花、水中月”；没有完善的诉讼制度予以保障，实体法律将无法如其所愿地实现其追求的立法目的。更为重要的是，诉讼法制的完善程度如何，还直接反映和体现着一个国家、一个民族进步、文明、民主和法治的程度，是区分进步与落后、民主与专制、法治与人治、文明与野蛮的标志。在现代法治国家，诉讼制度作为法治的一个重要环节，受到了前所未有的重视。美国联邦最高法院法官威廉·道格拉斯曾谈道，“权利法案的大多数规定都是程序性条款，这一事实绝不是无意义的。正是程序决定了法治与恣意的人治之间的基本区别。”①

我国1999年宪法修正案正式确立了“依法治国，建设社会主义法治国家”的治国方略，为推进我国社会主义民主、法制建设，完善我国司法体制，提出了新的纲领和目标。而社会主义市场经济的初步发展则培育了公众的权利观念，并由此对司法公正提出了更高的要求。在此大背景下，通过增设新的诉讼制度以充实公民实体权利的实现途径，通过完善现行诉讼制度以保障实体法律的公正实施，从而推进依法治国，加快社会主义民主与法制建设的步伐，已经成为我国法治建设的关键所在。

诉讼制度的构建，与人们对诉讼原理的认识和把握有着密切的关系。诉讼原理是人类在长期的诉讼实践中，在大量经验教训的基

① 转引自季卫东：《法律程序的意义》，载《比较法研究》总第25期。

础上总结出来的对有关诉讼活动的规律性认识。诉讼原理在诉讼制度的构建及运作中发挥着高屋建瓴的作用。只有正确认识和准确把握诉讼原理，才能构建较为完善的诉讼制度，才能推动诉讼活动向良性运作的状态发展。我国在改革与完善诉讼法律制度时，对于人类经过长期理论与实践探索获得的原理性认识，不能不予以重视，也不能不认真加以借鉴、吸收。

我国诉讼的立法和实践曾十分严重地受到“左”倾思潮和法律虚无主义的影响，诉讼规律和诉讼原理长期被忽视、被冷落。由此造成的后果之一：司法机关和诉讼制度的功能被狭隘化。例如，刑事司法机关和刑事诉讼法律仅仅被视为镇压敌人、惩罚犯罪并通过镇压敌人、惩罚犯罪来维护社会秩序的功能单一的工具，忽视了司法机关和诉讼法制所具有的制约国家权力使之不被滥用和保护包括犯罪嫌疑人、被告人在内的公民基本人权的作用，忽视了刑事诉讼所具有的独立品格和价值。对诉讼原理、诉讼规律认识的片面和浅陋，已经严重地制约了我国诉讼法制发展的步伐，而且直接对公正、文明地进行诉讼活动产生了非常消极的影响。要扭转这一局面，必须在宏观法律观念上作一个大的转变，同时大力借鉴、吸收法治发达国家丰富的研究成果和宝贵的实践经验，加强对诉讼原理、诉讼规律的研究。

对诉讼原理的正确认识是诉讼立法科学化的前提条件。正确把握了诉讼原理，可以帮助我们全面地认识司法机关的功能，并对各种不同的诉讼模式、规则进行正确的取舍，从而在一定的诉讼原理的指导下构建更为科学和更适合“本土资源”的诉讼模式、规则。由此制定的法律，将具有更强的民主性、文明性和科学性。反之，如果不能正确把握诉讼原理，对于存在着内在价值冲突的各种可供选择的立法方案就可能难以作出正确的选择，立法活动就可能要多走许多弯路，甚至要付出沉重的代价。

对诉讼原理的正确认识对于司法活动同样具有重要的积极价值。对诉讼原理的正确把握可以在一定程度上弥补立法的不足。法律永远是抽象的。要将抽象的法律适用于具体的案件，就必须有科学的观念作为指导。对基本诉讼原理的正确认识，将有利于指导人们对司法活动中必然存在的种种法律适用问题作出科学的解释，从而使法律文本本身存在的不足得到补救。在现代社会，由于法律的稳定性与现实生活千变万化之间的落差只能通过赋予司法人员自由裁量权的途径予以调和，因此对基本诉讼原理的认识，还直接决定着司法人员在行使法律赋予的自由裁量权时，能否作出符合公正标准的决定或者裁判。

要贯彻“依法治国，建设社会主义法治国家”的治国方略，保障诉讼活动的公正进行，也必须认真研究诉讼原理，把握诉讼规律。当前，我国已有不少学者开始探索一些诉讼原理性的问题，如诉讼法律观、诉讼法哲学、诉讼目的、诉讼职能、诉讼价值、诉讼法律关系等，并已取得了一定的研究成果，这有力地推动了人们法律观念的变化，并对立法和司法活动发挥着积极的影响。但总的看来，我国诉讼法学界对诉讼原理问题的研究距离立法、司法实践的需求还有很大差距，还需要继续深入。尤其是现有的研究成果一般只是就诉讼的某一方面进行探讨，缺乏对一般性诉讼原理的全面、系统的探讨。因此，随着我国法治进程的推进，探讨一般性诉讼原理已经成为我国诉讼法学界必须研究的课题。

为吸引更多的诉讼法学者致力于诉讼原理的研究，同时也为了能够促使诉讼原理研究及时对立法、司法、学理研究等多个领域产生积极的影响，并对司法实际工作有所帮助，中国政法大学诉讼法学研究中心特意组织力量进行此项题为“诉讼法学文库”的大型丛书的编辑出版工作。“诉讼法学文库”是中心的一项长期出版项目，面向国内外专家、学者开放，凡以诉讼原理、诉讼规律为内容且有新意、有深度、有分量的专著、译著，以及对公安、司法工作有指导意义，对立法工作有参考价值的其他诉讼法学著作均可入选。

《诉讼法学文库》自2001年面世以来，得到了诉讼法学界专家、学者、实务工作者的热情支持，现已出版发行专著 60 多部，这些成果深受广大读者的青睐，已有多部著作获省部级以上的奖励，在这里特向广大读者和作者致以诚恳的谢意！由于编辑工作的需要，该文库从 2006 年起，每年以入选先后，另行排序。特此说明。

中国政法大学诉讼法学研究中心名誉主任

樊崇义

2007 年元月于北京

目　录

目　录

前 言

一、问题的提出

我国刑事诉讼法经 1996 年的修正之后，扩大了当事人在诉讼中的各项诉讼权利。当事人拥有一系列的诉讼权利来保障包括财产权在内的各项基本权利。就法律文本本身看，这些权利是十分广泛的。然而，从实施的情况看，修正后的刑事诉讼法并没有从根本上改善当事人在诉讼中的境遇。刑事诉讼中侵犯当事人合法权益的现象不仅没有得到遏制，反而在一定程度上更加严重，在社会上产生了十分恶劣的影响。这些问题如果不及时解决，会削弱法律在社会公众中的威信，降低公众对国家和政府的信任感，对国家的法治建设十分不利。

那么，我们不禁要问：既然法律文本对当事人的权利保护已经充分、广泛，实务中为何还会经常出现侵犯当事人财产权的问题呢？笔者认为，这是由于人们对财产权保障的性质缺乏深入的认识和研究所导致的立法视野过窄和相关制度的缺失所致。必须认识到，财产权保障的性质是宪法基本权利，而基本权利的主要功能是防御国家公权力的侵害，如果国家为了公共安全的需要不得不干预财产权时，必须要有司法审查机制，并经正当法律程序，且在符合比例原则的要求下实施。这是基本权利功能和效力的必然要求。因此，如果缺乏对财产权保障性质的正确定位，不突破现有的观念和制度框架，无论法律文本多么完善，问题还会层出不穷。

从刑事诉讼的发展历程看，刑事诉讼的历史既是一部人权史，同时，“诉讼史之于人类的不名誉，不亚于犯罪史。”① 可见，刑事诉讼中的人权保障之路艰难而漫长。刑事诉讼在保障人权的同时，又承担着打击犯罪的艰巨任务，这似乎永远是一对矛盾，在此起彼伏的争斗中延续着刑事诉讼的历史。国家在打击刑事犯罪、维护社会秩序的过程中，不可避免会威胁、侵犯包括财产权在内的各项人权。对财产权的干预本身就是刑事诉讼活动的重要组成部分，关键的问题是国家授予特定机关及其工作人员干预财产权的法律制度本身是否合理，如不合理便是“恶法”，这是对财产权保障的最大威胁，尤其是如果缺乏对“恶法”的监督审查机制则更会使财产权的境遇雪上加霜。其次是是否存在法外干预财产权的因素。这里的“法外因素”既包括本无权设定财产权干预的行政法规、规章及规范性文件，② 又包括实务中的习惯做法和执法人员对财产权的随意侵犯。这些状况，不仅在中国大量存在，即使一直炫耀人权保障的西方发达国家同样面临着人民对诉讼中的人权保障不力的评论和指责，否则，美国就不会有发达的非法证据排除规则，德国也就不会有证据使用禁止制度。在刑事诉讼中，警察的滥权是公民尤其是被追诉人财产权被侵害的主要因素。正如埃尔曼教授所说，“警察被

① 林钰雄：《刑事诉讼法》（上册），中国人民大学出版社2005年版，“序言”。

② 这在我国是很普遍的现象。一些部门为了自身的利益，往往会在法律之下，制定一些所谓的实施细则或规定等。由于制定这些实施细则或规定的动机不正当，结果就是规避法律或歪曲法律的本意。比如刑事诉讼法修订施行后，最高人民法院、最高人民检察院、公安部分别制定了《关于执行〈中华人民共和国刑事诉讼法〉若干问题的解释》、《人民检察院刑事诉讼规则》、《公安机关办理刑事案件程序规定》，这三个规定在某些内容上相互冲突，甚至超越解释权限去解释法律。例如，法律规定在执行逮捕、拘留的时候遇有紧急情况，不用搜查证也可搜查，哪些属于紧急情况，立法机关才有权解释，但某些部门的规定却作出了扩大解释。遗憾的是，将这种部门文件也等同于法律的观念根深蒂固，习以为常。笔者在本科学习阶段，教材中也认为这些部门文件属“广义”上的法律。

委以相对大的事实上的自由处置权，不仅在警察国家或极权制度下是这样，在其他地方亦复如此。这可能导致警察对权力的滥用和企图将法律操于他们之手。”① 在刑事诉讼中，对被追诉人而言，其财产权主要受到警察或检察机关的侵害，“在刑事诉讼中相互对峙的是拥有一切统治手段和具有强大的、原则上完全合法的具有自身利益的国家和一个相对无权力的、孤立的个人。”② 国家权力具有天然的扩张趋势，在此过程中，“相对无权力的、孤立的个人”的财产权受到侵犯，便成了极容易发生的事情。这种情势下，如果不突破既有的刑事诉讼观念，并进行相应的制度约束，侵犯财产权的现象便会循环往复，直至无穷。

从犯罪构成理论上讲，任何一个犯罪必有其侵犯的客体，没有

① 美国宪法修正案第5条、第14条，分别许可联邦及州经过“正当法律程序”即可以“剥夺”人民的财产权。但是，为了更清楚地说明联邦及州立法者之“侵犯”人民财产基本权利之理由，美国宪法实务界及学界产生了警察权力（police power）理论，以之作为肯定联邦及各州立法行为的依据。所谓“警察权力理论”，是指联邦及各州可以拥有“警察权力”来管理人民，而且连带地也可以将人民的自由权及财产权等基本权利予以限制及剥夺。国会及州立法者拥有此项权力，主要渊源于上述宪法上的两个条款，它赋予立法者广泛的权限来规范人民的基本权利。所以，早在19世纪中期，凡国会及州立法者对于商业行为及商店的管制立法（如对酒类的管制）、消防法规的规定、娼妓的管理、垃圾的处理规定等，都包含在“警察权力”的概念范围内。国会及州立法者基于“公益”，也就是为了“公共安全、公共福利、社会安宁、秩序及道德”，可以对“人与事”采取一切必要的限制及管理措施。人民行使、享有及处分财产权的权限完全屈服在立法者这个权力之下。美国的警察体制是一种分散型的体制，一些行政机关比如烟草火器管理局、移民局、税务局的工作人员都可以行使侦查权，其警察权十分庞大，极有可能侵犯公民的财产权，这种过大的警察权几乎完全依赖于司法权的制约；而中国正相反，警察权高度集中，主要由公安机关行使，其他行政机关没有这些权力，但却完全靠自律，司法权无法制约。参见陈新民：《宪法基本权利之基本理论》（上册），元照出版公司2002年版，第465页。

② ［德］托马斯·魏根特：《对中华人民共和国刑事诉讼法的比较法评述》，樊文译，见托马斯·魏根特：《德国刑事诉讼程序》，岳礼玲、温小洁译，中国政法大学出版社2004年版，第14页。

被害客体就不会构成犯罪。有犯罪必有被害，有被害必有救济，犯罪和被害是不可分割的矛盾共同体。因此，除了被追诉人财产权会受到来自国家权力机关的侵犯之外，刑事诉讼中财产权被侵犯的另外一极就是被害人财产权遭受来自被追诉人的侵犯。犯罪行为人（被追诉人）和被害人同属刑事诉讼当事人。被害人财产权保障同样是刑事诉讼中财产权保障的重要内容。我国《宪法》第13条明确规定了“公民的合法的私有财产不受侵犯。国家依照法律规定保护公民的私有财产权”。这里的“公民”除了被追诉人以外，当然也包括刑事诉讼中的被害人，因此被害人财产权受保障同样属于公民的宪法基本权利。一般而言，被追诉人的财产权保障主要体现为一种防御权，[①] 即主要通过规范、限制国家有关机关的权力运作来实现；而作为宪法基本权利的被害人的财产权保障主要体现为国家的义务，即国家有义务主动采取措施保障包括被害人在内的所有公民的财产权。具体表现为被害人双管齐下的“进攻权”：通过请求国家机关追诉犯罪行为的活动可以实现，通过被害人提起附带民事诉讼或独立民事诉讼也可以实现。在被害人为公民个人或一般单位的情况下，国家在保护被害人财产权的问题上，既可以依职权主动进行，也可以贯彻当事人意思自治原则，由被害人自行决定是否向犯罪行为人主张财产权。在被害人财产权保障的问题上，国家作为被害人的财产权保障也是一个重要问题。从法理上讲，国家财产

---

① 基本权利的“防御功能”的概念多为宪法学者所研究，尤其是德国和我国台湾地区的学界经常论及。参见李惠宗：《宪法要义》，元照出版公司2002年版，第91页；李建良：《基本权利理论体系之构成及其思考层次》，见《宪法理论与实践（一）》，学林文化实业有限公司1999年版，第62~63页；许宗力：《基本权的功能与司法审查》，见《宪法与法治国行政》，元照出版公司1999年版，第156页。德国联邦宪法法院1958年的“吕特判决”第一次确立了防御权的概念。在这一判决中，德国联邦宪法法院宣称：“基本权利主要在于确保个人的自由领域免予遭受公权力的干预；基本权利是人民对抗国家的防御权。”

权被害是成立的；从实务看，国家财产权被害是大量存在的。我国《宪法》第12条规定："社会主义的公共财产神圣不可侵犯。国家保护社会主义的公共财产。禁止任何组织或者个人用任何手段侵占或者破坏国家的和集体的财产。"可见国家财产权也为宪法所关注和保护。在国家财产权的保障上，国家权力的介入表现得更为主动、积极，不仅通过追诉犯罪行为保障国家财产权，而且在通过附带民事诉讼保障国家财产权的问题上，并不同于被害人为公民个人或一般单位的情形，不能贯彻意思自治原则，作为国家财产经营管理者的单位如果不起诉，检察机关要代表国家起诉，以保障国家财产权。

一般而言，犯罪行为主要以人身、财产或精神为主要侵害对象。随着社会的进步和经济的发展，侵犯财产权的犯罪在逐年增加。在我国，近年来以财产权为唯一侵犯对象的犯罪已经占刑事案件总数的85%以上。犯罪行为一旦发生，必然有被害人，绝大多数情况下会导致被害人财产权被侵犯。而我国的刑事诉讼法过于注重国家对犯罪行为的惩治打击功能，缺乏对被害人权利保障的科学合理的制度建构，致使被害人财产权被侵害之后无法得到及时、全面、有效的救济。

刑事诉讼中的财产权保障问题既是一个新颖的课题，同时又是一个涉及多个法律领域的十分复杂的课题，极具研究发掘价值。笔者深知功力不足，但也不揣浅陋，将其确定为博士论文的题目。

二、研究的价值与意义

自20世纪90年代以来，我国人权保障运动日益受到社会公众、国家的关注和重视，对于公民各项基本权利的保障在一系列法律中有不同程度的体现。从公法的视角看，按颁布实施的时间顺序考察，行政诉讼法、行政处罚法、刑事诉讼法（修正）、刑法（修正）、立法法、宪法修正案应该是这一时期人权保障法律的代表。

其间我国还加入了《公民权利与政治权利国际公约》，侧重于保护公民在国家强力面前的各项人权；加入了《联合国反腐败公约》，侧重于保护腐败犯罪被害人的财产权。与欧美国家在20世纪60年代就掀起的正当程序革命在时间上比较，虽然我们迟了数十年，但在研究我国法制历史和国情现状之后会知道，这种变化步伐虽慢、程度虽浅，但还是十分令人欣喜的。进入新世纪后，世界各国都在进一步加强包括财产权在内的系列人权保障。正如陈光中教授所言："虽然改革不像上世纪60年代的正当程序革命时期那样剧烈，但是各国和各地区都在致力于推进司法民主化，使公民有更多的机会参加到刑事诉讼中去，确立或完善刑事诉讼参与机制，加大人权保障的力度，特别是加强对犯罪嫌疑人和被告人的人权保障。"①同时，对被害人的权利保障再次受到重视。文明社会不允许被害人以私力救济或同态复仇的方式去报复或寻求补偿，只能通过刑事诉讼中的种种制度安排去实现财产权保障。不同于被追诉人的财产权保障主要侧重于事前防范的制度设计，保障被害人的财产权主要在于侵害后果发生后的系列救济制度。相比较而言，在被追诉人权利保障日益得到重视的今天，不管是从程序制度的设计、学界的视野还是实务中的做法来看，对被害人的权利关注是远远不够的，这会导致新的不平衡状态的出现。为此，必须强化被害人财产权保障的论证和制度设计。英国、日本、法国、德国等国家近年专门针对被害人权利保障颁布法律，赋予了被害人一系列的程序权利来充分保障其财产权、人身权或其他权利。新世纪之初是我们研究刑事诉讼人权保障问题的大好时机，也为我们研究、完善刑事诉讼中的各项人权保障制度提供了肥沃的土壤。

人权保障的内容十分宽泛。从联合国人权公约规定的内容看，

---

① 陈光中：《21世纪初域外刑事诉讼立法之鸟瞰》，见陈光中主编：《21世纪域外刑事诉讼立法最新发展》，中国政法大学出版社2004年版。

人权主要包括生命权、人身权、财产权、刑事司法中的系列程序性权利、隐私权、选举权等。[①] 从财产权的存在状态看，它一般都包涵或贯穿于其他各项人权之中。对其他人权的侵犯同样会威胁甚至侵犯财产权。然而，从我国的情况看，不管是法律制度本身，还是学界或司法实务界，对被追诉人人身权或生命权的关注和重视要远甚于对财产权的关注和重视。而普通公众（包括被追诉人和被害人）却正好相反，他们不仅关注人身权，更关注其财产权。从实务角度考察，每一起刑事案件发生后，随之而来的是侦查和公诉阶段，在侦查和公诉，甚至审判和执行中，几乎都存在财产权受到威胁或侵犯的情形，这远远多于人身权受到侵犯的情形，因为不是每个刑事案件都会涉及对人身的强制措施。刑事诉讼过程中出现的报案、控告、申诉、“司法复议”[②]、行政诉讼[③]、刑事附带民事诉讼、国家赔偿，几乎都主要涉及财产权保障的请求。从立法上看，对刑事诉讼中的财产权保障几乎是空白，对于侵犯财产权的防范制度的设计十分粗陋，更缺乏财产权受侵犯之后的救济体系。一些规定不仅不能有效保障财产权，反而为执法人员侵犯财产权提供了“法律依据”[④]。法治国家的法律是公众委托代议机关制定颁布的，法律应代表公众的利益。与德国、法国、英国、美国、日本等法治发达国家对财产权的保障制度相比较，我国还有相当大的差距，现有的进展或“成绩”还远远不够，还有大量的问题等待我们去研

---

① 参见程味秋、[加] 杨诚、杨宇冠：《联合国人权公约和刑事司法文献汇编》，中国法制出版社 2000 年版。

② 比如对没收保证金不服的复议、保证人对罚款不服的复议在刑事诉讼中大量存在，但它不同于行政复议，我们暂且称为“司法复议”。

③ 我国现行法律制度不允许对刑事强制措施和侦查措施提起行政诉讼，但从笔者研究过的案例看，人民法院也有作为行政诉讼受理并作出裁判的。

④ 比如刑事诉讼法中搜查、扣押的发动条件、第 198 条有关返还涉案财物的规定等，看似保障财产权，实际却是侵犯财产权的依据。

究、解决。对于被追诉人而言，威胁其财产权的力量主要源自粗陋的法律制度及执行这些制度的国家机关，我们必须围绕限制这些机关及其人员权力这一中心，层层设防，设计出一套合法的、理性的制度，将这些机关对被追诉人的财产权侵犯减至最低限度。即使出现非法干预财产权的情形，被追诉人也可获得司法救济。对被害人而言，现行的权利保护缺陷是十分突出的。虽然国家追诉主义以来的刑事诉讼一向是由国家垄断进行的，但由于国家公诉所体现的利益与被害人自己的切身利益并不同一，因而国家追诉的理念不能替代刑事被害人应有的诉讼地位和诉讼权利。相反，二者应当是一种相互依存、相互补充的关系。只有在追诉犯罪的过程中，通过现代刑事司法理念的贯彻和被害人一系列财产权救济制度的设计、落实，兼顾国家与被害人的各种利益，人权保障的理念才能视为健全，现代诉讼的价值才能得以真正实现。因此，我们在研究刑事诉讼中的人权保障时，必须要研究刑事诉讼中的财产权保障问题，并在此基础上开辟财产权保障这一新领域，使之与人身权的保障共同成为相对完整的刑事诉讼人权保障体系。

刑事诉讼法修改在即，陈光中教授指出，刑事诉讼法再修改的一个基本理念是“惩罚犯罪与保障人权相结合……应把‘保护人民’改成‘保障人权’……这一修改把犯罪嫌疑人、被告人、被判刑的人及其他诉讼参与人的权利都包括在内。”[①] 在财产权保障具体制度设计上，强制措施的改革和完善是最重要的环节。法学界普遍认为，“刑事诉讼法的新一轮修改中的重点和难点是如何更加完善刑事强制措施立法，实现惩罚犯罪和保障人权之间的平衡。”[②]

---

① 陈光中：《关于刑事诉讼法再修改的几点思考》，载《检察日报》2003 年 11 月 6 日。

② 2005 年 12 月 27 日中国政法大学诉讼法学研究中心在北京召开的刑事强制措施立法完善研讨会上的整理内容。

而强制处分（本书中为回避我国强制措施不包括搜查、扣押等对物的强制措施的现状导致的概念混淆，沿用了我国台湾地区学者通称的“强制处分”的概念）是侵犯当事人财产权最主要的环节。因此，我们要顺应刑事诉讼法再修改这一趋势，对刑事诉讼财产权保障进行深入细致的研究，在此基础上，认真梳理实务中的问题，并进行精心的制度设计，比如设计对物的强制处分制度（主要是搜查、扣押制度）、对被害人的财产权保障制度等，致力于唤起国家、社会各界及公众对刑事诉讼中财产权保障问题的重视，也为刑事诉讼法的再修改提供参考。

三、研究方法

笔者自1988年入西南政法学院求学始，便与刑事诉讼法结下了不解之缘。读硕士研究生时的专业是刑事诉讼法，毕业后的第一份工作是刑事审判，第二份工作至今在从事公安工作，博士研究生阶段的专业还是刑事诉讼法。10年的法学院学习经历积淀了自认为还算比较扎实的刑事诉讼理论基础。司法、执法实务部门的工作经历使我除通过办案感受财产权保障的现状外，还充分利用调研的便利条件，收集、掌握了实践中刑事诉讼财产权保障问题的大量资料、信息。这些在很大程度上影响着这篇博士论文的研究方法。

一是实证研究。笔者紧密结合实务，经过大量调查研究，理清刑事诉讼实务中财产权保障的问题到底有哪些、其表现形式如何、产生这些问题的原因是什么，并对这些问题进行细致的研究分析，以为相应的制度设计提供强有力的论据支撑。法学尤其是刑事诉讼法学是应用学科，它的最终价值不是在纸上，而是在鲜活的司法实务中。比如，时下一些学者研究搜查、扣押，对其中存在的问题、数据、资料或结论，很多都是从“书本到书本”，这样的研究结果对司法实务的指导效果可能会差一些。对同样的问题，笔者对实际办案中发现的问题和调研成果进行分析总结，但这远远不够，因为刑事诉讼财产权保障贯穿于整个刑事诉讼程序的始终，侦查阶段所映现出来的问题无法说明整个程序中对财产权侵犯或财产权保障的全貌，尤其是无法反映出司法权力介入的真正意义，因此笔者又研究了最高人民法院应用法学研究所收录的上千个与财产权有关的真实案例，并在论文中列出了包括自己亲自办理案件在内的具有代表性的50个案例，对其中处分种类、处分客体、争议焦点、控辩意见、处分持续时间、裁判结果等进行了归纳分析，在此基础上得出结论，为随后的制度构建提供了真实准确的论据资料，并使相应的制度更符合现实的情况，更有针对性和生命力。

二是比较研究。“他山之石，可以攻玉。”要研究、修改和完善我国刑事诉讼法，了解域外刑事诉讼立法的最新发展动向是必不可少的。“近年来，世界各主要国家和地区，如英、美、法、德、俄、日以及我国台湾、香港地区，都在不同程度地推进本国或本地区的刑事司法改革，修订或制定新刑事诉讼法典，联合国也制定了一些相当重要的有关刑事诉讼的公约。对这些最新改革和发展作一番考察，以探寻刑事司法的发展规律和趋势，注意借鉴域外刑事诉讼立法的积极和消极经验必将有助于我们分析我国刑事司法实践中的问题，为我国刑事诉讼法的再修改提供重要参考资料。”① 不能说某国在某领域的研究成果都体现在其立法上，但对立法程序完备的法治国家来讲，其立法确确实实能反映该国在某一问题上的主要观念或倾向，也是学界研究成果的结晶。因此，笔者研究了德国、法国、意大利、俄罗斯、日本、英国、美国、加拿大及我国台湾地区有关财产权保障方面的法律条文、判例、著作、论文及实务中的做法，认为一些带有普适性、规律性的制度，比如司法审查和令状主义等法治国家通行的原则制度，在我国财产权保障制度的设计

---

① 陈光中：《21世纪初域外刑事诉讼立法之鸟瞰》，见陈光中主编：《21世纪域外刑事诉讼立法最新发展》，中国政法大学出版社2004年版。

上，可直接沿用。又如，从我国搜查、扣押文书和美国搜查、扣押文书的比较看，我国的搜查、扣押文书已简陋得形同虚设。没有比较研究，我们无法得出这些结论。退一步讲，我们可以先不触及强制处分决定权这一敏感话题，仅从文书的设计上，完全可将美国的搜查、扣押文书拿来为我所用。虽然是一纸文书（令状），但对刑事诉讼财产权却是最现实的保障，因为没有令状中那些纷繁复杂的搜查、扣押理由、证据，就无法发动搜查、扣押，财产权就不会轻易被侵犯。

三是对刑事诉讼财产权的概念、性质重新定位并展开研究。在西方国家，财产权既是司法领域的概念，又是一个公法上的基本权利概念。西方国家“作为基本权利的财产权是指：依合宪的法律所保障的，具体的财产地位，其目的在于：赋予权利人对抗国家（或其他公权力主体）干涉此财产权利地位之防卫权限；质言之，其本质上为一种防卫权而非参与权”①。然而，由于我国历史所限，新中国法律层面上的私有财产权概念出现很晚，在 1986 年民法通则里始有规范，在 1979 年刑事诉讼法总则中根本就没有财产权一词（在 1997 年刑事诉讼法总则中增加了“保护财产权利”），在当时刑法和宪法中提及的保护财产权也顶多是一种宣传口号而已。现在的人们对财产权的理解一般也都停留在民事法范围内。因此，我们有必要正本清源，提出宪法、刑事诉讼法中财产权保障的概念和实质：它是一项基本权利，是人权的重要内容，在保护方式和表现形式上与民事法领域内的财产权不同。该问题在本书第一章“刑事诉讼中财产权保障的理论基础”中有详尽的论述。明确了刑事诉讼财产权保障的概念、性质，便为随后有关制度的研究设计指明了方向。

---

① 陈爱娥：《司法院大法官会议解释中财产权概念之演变》，见刘孔中、李建良主编：《宪法解释之理论与实务》，中山人文社会科学研究所 1998 年版，第 402 页。

最后，本文的选题与宪法、民事（诉讼）法、刑法、行政（诉讼）法等法律领域有十分密切的关系，在研究过程中，笔者对这些领域的相关法律和文章论著也进行了认真学习、借鉴。

第一章　刑事诉讼中财产权保障的理论基础

一、财产权保障的思想基础

现代意义上的财产权是一组权利，它以所有权为核心，同时包含了物权、债权、知识产权、继承权等传统私法上的权利以及公物使用权（如国有土地使用权、水利权）等多项权利要素。而权利既是一个法律问题，又是一个政治的、经济的、社会伦理的问题，其源起和发展深嵌于特定的历史情境中。美国法学家庞德认为，权利在本质上就是一种文明社会中人们由相互之间的承诺而形成的“合理的预期”，是一种法律上得到承认和被划定界限的利益。① 这是一个西方社会在古希腊和古罗马时代就形成的传统观念。一般认为，财产权保障理念主要起源于此。古代西方社会经济制度最显著的特征是土地私有制。私有土地是绝大多数公民的基本财产，有关买卖、抵押、租佃等方面的运作，都已有一定的法律规范，并逐步产生要求政府维护私有财产的有关法权观念。古希腊、雅典历届执政官就职时，要宣誓保护每个公民的私有财产。古罗马的平民会议与保民官的主要职责就是保护平民的基本权益不受侵犯，尤其是罗

① 参见黄洋：《希腊城邦社会的农业特征》，载《历史研究》1996 年第 4 期。

马法可以说是古代西方社会保护私有财产方面最完备的法律体系。比如罗马法中就有“除了最重大的叛逆罪而外，不得没收财产”[①]的规定。这些观念对随后直至现代西方社会的政治法律制度的产生、发展有重大深刻的影响。

随着资本主义生产关系的产生和发展，让普通社会成员充分享有财产权便成为当时欧洲的普遍社会心态。此时，资产阶级启蒙思想家高擎自然法大旗，从上帝那里寻找反对封建王权专制的合法依据，把古罗马的私人权利体系变成全新的“自然权利”体系。作为自然法学代表人物的洛克把人拥有生命、自由和财产的权利视为人与生俱来的自然权，他认为：“人们联合成为国家和置身于政府管理之下的重大和主要的目的，是保护他们的财产。‘主权者’的权力绝不容许扩张到公众福利的需要之外，而是必须保障每个人的财产。”[②] 除此之外，不同流派的学者，如黑格尔、边沁、康德等从不同的视角论证了相同的主题——财产权利的合法性基础。无论是源于自然理性，还是体现自治的个人意志，或者实现正义，这些都为理解财产权的起源、功能和意义提供了思想基础，为财产权载入宪法提供了智力支持和理论准备。

（一）权利源于天赋：财产权是人类天赋的自然结晶，任何人不得侵犯

财产权是上天赋予个人的自然权利。英国思想家约翰·洛克是这一思想的著名代表。他将自然权利学说系统化和理论化，并运用于财产权理论之中，成为财产自然权利理论的经典代表。洛克在《政府论》中论及：早在国家和法律产生之前，自然法统治一切，人们享有普遍的天赋权利，即生命、自由和财产，这些权利是与生

① 马俊驹、梅夏英：《罗马法财产权构造的形成机制及近代的演变》，见《罗马法·中国法与民事法法典化——物权和债权之研究》，中国政法大学出版社 2001 年版。

② ［英］洛克：《政府论》（下篇），叶启芳、瞿菊农译，商务印书馆 2004 年版。

俱来的，任何人都不能侵犯。“人们既然都是平等和独立的，任何人就不得侵害他人的生命、健康、自由和财产。”而“人们联合成为国家和置身于政府之下的重大的和主要的目的，是保护他们的财产”。“政治社会本身如果不具有保护所有物的权力，从而可以处罚这个社会中的一切人的犯罪行为，就不成其为政治社会，也就不能继续存在。”① 在论证财产权的正当性时，洛克指出人以“劳动”为中介物获得了个人的财产权。人的身体是他本人的财产，人通过自己的双手、身体，以劳动的方式作用于原始物，从而获取财产。因为人拥有自己的身体和体现自己身体价值的劳动，所以人对其劳动的结果享有财产权也是正当的。可见，洛克对于财产权保护的主要理论贡献有两方面：其一，天赋权利的学说倡导一种权利本位，成为财产个人主义、所有权绝对思想的基石；其二，劳动价值学说为财产权找到了合法性、正当性。

（二）权利契约化：财产权是人类自由意志的集中体现，剥夺财产权须通过契约（法律规则）来实现

另一位对现代财产和财产权观念产生深远影响的是德国哲学家黑格尔。他从人的自由的角度提出财产权的合理性和必要性。当人们把自己的意志体现于外在的物时，也就形成了对物的私有财产权。在确定自由意志的基础上，黑格尔论证，人通过对物的占有而体现了自由意志的外化和实现，就构成了所有权。“所有权之所以合理，不在于满足需要，而在于扬弃人格的主观纯粹性。人唯有在所有权中才是作为理性而存在。”② 他认为，拥有财产，本质在于实现主体的自由。所有权的转移，必须通过契约双方的共同意志来实现，包括国家剥夺公民财产权也是通过契约（作为全社会共同规则的法律）来实现的；关于财产权的排他性，也就是“自由意

① ［英］洛克：《政府论》（下篇），叶启芳、瞿菊农译，商务印书馆2004年版。
② ［德］黑格尔：《法哲学原理》，范扬、张企泰译，商务印书馆2004年版。

志”与他人的“特殊意志”相殊异而对立时的情况，就是不法与犯罪的问题，即除了通过契约转移财产权外，其他财产权的转移应为违法或犯罪行为。对于刑事诉讼而言，只有在法律授权的情形下，警察等国家权力机关才可以干预公民财产权，使财产权发生变化。这种法律授权主要表现为法官裁断并持有令状、在合理的限度内进行等要求。

（三）权利正当化：社会公意认可的权利才是正当的

在《社会契约论》中，法国思想家卢梭提出了以社会契约为基础、以社会公意为依据的财产观：“人类由于社会契约而丧失的，乃是他的天然的自由以及对于他所企图的和所能得到的一切东西的那种无限权利；而他所获得的，乃是社会的自由以及对于他所享有的一切东西的所有权。”即只有在能够达成社会契约的公共意志的基础上，才能将属于事实状态的“占有”合理地转化为“权利”。在人类形成社会契约，进入国家状态之前，人们只有对物的占有——他称这种状态为“最先占有权”。正是由于公意的存在，才使原有的占有事实具有一种新的意义：这种占有被社会认可，从而具有正当性，所以能称之为权利。[①] 可见，卢梭的财产权理论起源于“社会契约”，目的在于创造“共同利益”，获得“公共幸福”。但这绝不是无视个人对财产的拥有，而是在财产权合理来源之同时产生一定的限制，用卢梭的话说就是“需要有约定和法律把权利义务结合在一起，并使正义能符合于它的目的”。卢梭倡导的正义平等应理解为财产者地位的平等、财产权保护的平等，而这种限制也是在最狭隘的界限之内的限制。卢梭不但认为财产、自由和生命是人类生存的三个最基本要素，而且他还认为，“财产权的确是所有公民权中最神圣的权利，它在某些方面，甚至比自由还重要。”

---

① 参见［法］卢梭：《社会契约论》，何兆武译，商务印书馆2004年版。

（四）确立和稳定宪法秩序的思想

现代财产权保障的观念是与上述启蒙思想家的思想一脉相承，并且主要从财产权的宪法保障的出发点来讨论的。正如美国学者詹妮弗·内德尔斯基所说的那样："美国宪政的观念与实践是与私有财产权一起发展起来的——在我们的权利分类中，在我们有限政府的观念中，在司法审查权对作为限制的权利的制度化之中。"①

首先，"财产权保障是宪法精神"的思想。宪法作为民主政治的制度化与法律化，其基本精神就在于限制国家权力、保障公民权利。詹妮弗·内德尔斯基指出："私有财产权至少在150年间是作为政府权力之界限的个人权利的最典型的例证。财产权划定了受保护的个人自由与政府合法范围之界限。"② 卡斯.R. 森斯坦也认为："美国宪法结构方面的规定是通过限制政府行动来保护财产权。"③在现代西方经济学界被视为自由主义经典之作的米尔顿·弗里德曼（1976年诺贝尔经济学奖获得者）的《资本主义与自由》一书也认为："资本主义和私有财产的存在给国家的集中权力提供了某些限制。"④ 这一特征，在有关的宪政制度的规定中也得到了具体体现。

其次，"财产权保障与民主自由和宪法秩序的完善"的思想。财产权对于宪法秩序的确立与稳定有着极其重要的意义。詹妮弗·内德尔斯基认为，自宪法秩序产生以来，私有财产就是先法秩序的

---

① ［美］詹妮弗·内德尔斯基：《美国宪政与私有财产权的悖论》，见《宪政与民主——理性与社会变迁的研究》，谢鹏程译，三联书店1997年版，第298页。

② ［美］詹妮弗·内德尔斯基：《美国宪政与私有财产权的悖论》，见《宪政与民主——理性与社会变迁的研究》，谢鹏程译，三联书店1997年版，第279页。

③ ［美］詹妮弗·内德尔斯基：《美国宪政与私有财产权的悖论》，载《宪政与民主——理性与社会变迁的研究》，谢鹏程译，三联书店1997年版，第387页。

④ ［美］米尔顿·弗里德曼：《资本主义与自由》，商务印书馆1986年版，第11页。

核心。一旦放弃了私有财产权，宪政本身就受到威胁。没有财产，公民权利和政治权力之间的区别就会消失，而宪法与民主之间的“必要的张力”也会受到威胁。因此，私有财产权具有一种重要的有序化功能，它制约着民主，并确认宪政的要求。西奥多·赛奇威克这样说过：“的确，所有的政府都会下决心去保护生命、自由和财产。在我们这种幸运的条件下，不管怎样说，生命和自由受国家活动的不良影响的可能性很小。财产就大不一样了。因此，获得一个有关财产权保护的性质和程度的明确概念……具有头等的重要性。”① 肯特则进一步宣称：“财产是人心中固有的观念，逐步培养和扩大这种观念，对于社会的发展是必需的。”②

美国学者亨金以美国宪政为例指出，在美国，个人权利是生活的核心所在，而且从建国以来就是美国宪法史的主线。在美国人的心中，权利既不是社会赠予的也不是政府赠予的，它们是天赋的和固有的。政府机构的设置目的主要是为了保障个人权利。布兰代斯法官认为，三权分立必然带来低效率，但却防止了专制。司法审查制度就是这种思想的产物，司法审查制度已经成为美国人权制度的基石。③ 在刑事诉讼中，犯罪是个别的特殊的现象，是孤立的个人挑战现存社会秩序的活动，而国家以侵犯公民包括财产权在内的基本权利方式实施的侦查控诉行为是有组织的、异常强大的，这种行为不仅以国家的庞大资源为后盾，而且以惩治犯罪的正当理由为合法掩饰。据此，自由主义哲学认为，国家权力的滥用比普通犯罪更为可怕。基于刑事诉讼领域对公民权利侵犯的广泛深刻性，限制国

---

① ［美］伯纳德·施瓦茨：《美国法律史》，中国政法大学出版社 1989 年版，第 91 页。

② ［美］伯纳德·施瓦茨：《美国法律史》，中国政法大学出版社 1989 年版，第 91 页。

③ 参见［美］路易斯·亨金等：《宪政与权利》，郑戈等译，三联书店 1996 年版，第 510 页。

家权力的领域首先应该是刑事诉讼领域。在刑事诉讼中，公民财产权的保障主要是通过对国家权力的限制来实现的。

因此，可以这样说，西方国家宪法和宪政制度的形成发展，是与财产权保障的思想观念密切联系的，对财产权的保障在宪法秩序和权利保障体系中具有举足轻重的地位。财产权保障的思想，促进了宪法秩序和宪政制度的发展和完善，这应当是一个不争的事实。

二、财产权保障的宪法基础

（一）财产权保障的基本权利性质

1. 财产权保障的性质是宪法基本权利。

基本权利，是由“宪法规范所确认的一种综合性的权利体系，所谓基本权利是指宪法赋予的、表明权利主体在权利体系中重要地位的权利”[①]。关于基本权利的称谓，各国表述不一。例如，德国宪法称之为“基本权”，意大利宪法称之为“公民权利”，日本宪法称之为“基本人权”，而我国宪法则称之为“基本权利”。作为宪法调整的权利形态，基本权利在整个权利体系中处于核心与基础地位，象征着公民在国家中的政治、经济与社会地位。

近现代社会中，财产权保障已成为公民的一项基本权利。西方学者和人权组织将基本权利概括为六大类：生命权，自由权，财产权，关丁国民个人地位的各项权利（如国籍权和各项民主权利），涉及政府行为的权利（如获得公开、公平审判的权利和不受任意搜查、扣押的权利等），社会、经济和文化权利。[②] 保障基本权利是现代民主宪政国家建构的基本意旨。因此，现代宪政国家一般都通过宪法条款明确保障基本权利，除为了维护社会公益、其他人享

① 董和平、韩大元、李树忠：《宪法学》，法律出版社2000年版，第308页。

② 参见张文显：《20世纪西方法哲学思潮研究》，法律出版社1996年版，第511页。

有的具有同等价值的基本权利实现的需要外，不得限制公民的基本权利。即使这种限制成为一种必要，也必须被严格限定在可控制的范围内。而且，依照现代宪政理论的要求，宪法必须详细规定限制基本权利的前提条件，以防止国家权力的恣意专断可能给公民基本权利带来损害。如果宪法秩序内没有有效保障基本权利的程序与制度，也就是说，当公民的基本权利遭受侵害时，无法找到一个能够制止不法侵害行为，并为之提供补救的程序和制度体系，宪法文本就将形同虚设，就没有任何价值可言，对基本权利的保障也将成为空中楼阁，无根之浮萍。所以，现代宪政理论都把权利与救济作为基本权利保障制度中不可或缺的两个方面，“无救济便无权利”或“救济先于权利”的法谚即深刻诠释了这一宪政精神和法治理想。

在宪政主义的政治哲学传统中，保护私人财产权被普遍地作为政府存在的价值和优良政体的基本特征。如果宪法的宗旨在于保障人民的自由与权利，那么，宪法中就必定需要写入财产权条款，因为财产权是公民最为重要的自由权利之一，是人维持生存、保持尊严的基础之一。对公民来说，“财产权是个人自由的渊源和保障，它是自由的个人所必不可少的”，宪法“是一群财产利益直接遭受到威胁的人们，以十分高明的手段写下的经济文献，而且直接地、正确地诉诸全国的一般利害与共的集团”①，更进一步说明了宪法和财产权、自由权不可分割、互为表里的关系。

各主要法治国家的宪法文本中，都包含财产权保障条款。英国自由大宪章中最为著名的第 39 条就涉及财产权问题：“任何自由人不得被捉拿、拘囚、剥夺产业、放逐或受任何损害。”自由大宪章诸多条款也涉及财产问题，其所奉行的就是未经过法院的裁决，“任何自由人不得被捉拿……剥夺产业”，比如第 52 条规定：“若

① ［美］比尔德：《美国宪法的经济观》，何希齐译，商务印书馆 1984 年版，第 130 页。

我们抢夺或移夺任何人之土地、堡垒、自由封土或其权利，又未经过合法判断，我们将立刻还给他。”法国1789年《人权宣言》第17条规定：“财产是神圣不可侵犯的权利，除非当合法认定的公共需要所显然必需时，且在公平而预先赔偿的条件下，任何人的财产不得受到剥夺。”美国宪法规定保障财产权利是在修正案第5条、第14条。① 修正案第5条规定：任何人民未经正当法律程序，不被剥夺生命、自由及财产权；私有财产也不得在未予以公正补偿后，予以公用征收。修正案第14条中，又特别针对州政府规定，“任何州政府，未经正当法律程序，不得剥夺任何人民的生命、自由及财产权。”美国是判例法国家，从历史的角度来审视联邦最高法院的人权保障实践，可以发现，直到1937年，对财产权的保障一直是其人权保障实践的重心所在。与其他种类的案件相比，有关财产权的争讼更为联邦最高法院关注。“在某种程度上甚至可以认为，对美国联邦最高法院来说，往昔之所谓人权其实只不过是个人财产权的化名而已。”② 所以，“联邦最高法院如何保护财产权，就成为研究美国宪法诉讼制度所必须关注的一个问题。”③ 日本《宪法》第29条规定：“不得侵犯财产权。财产权的内容应适合于公

---

① 参见陈新民：《财产权的限制与公益征收之概念——美国法上的探讨》，见《宪法基本权利之基本理论》（上册），元照出版公司1999年版，第462页。

② 陈新民：《财产权的限制与公益征收之概念——美国法上的探讨》，见《宪法基本权利之基本理论》（上册），元照出版公司1999年版，第462页。

③ 刘志刚：《美国联邦法院对财产权的宪法性保护——从宪法诉讼的角度审视》http://www. law - star. com/pshowtxt? keywords = &dbn = lwk&fn = 012 - 2004 - 5 - 110. txt&upd = 2,2005年4月2日。

共福利，由法律规定之。私有财产在正当的补偿下得收归公用。”[①] 1949 年联邦德国《基本法》第十四章之财产、继承权条款和财产之占取条款规定：“1．财产权和继承权得到保障。其内容与限制由法律决定。2．财产权承担责任。其使用也应有益于公共福利。3．仅系出于公共福利才可征用。只可依照或遵循对补偿之种类和程度作出规定的法律进行征用。这种补偿应在公平地考虑公共利益和受影响之人士的利益的基础上确定。如对补偿数量发生争议，可诉诸普通法院。”意大利宪法规定：法律承认并保障私有财产。

除上述发达国家外，转型国家对财产权也给予详尽规定，以波兰 1997 年宪法为例，在有关公民之自由、权利和义务的通则中首先规定：“第 46 条：财产只有在由成文法律具体规定且仅根据法院之终审判决才可没收。”然后在“经济社会与文化的自由与权利”一节中又详尽规定：“第 64 条：1．每个人得拥有所有权、其他财产权和继承权；2．每个人在平等基础上应获得对于其所有权、其他财产权和继承权的法律保护；3．所有权只可通过成文法、且仅在不损害该权利之实质的限度内，予以限制。”

从我国宪法和财产权关系的历史发展来看，公民财产权问题在我国宪法中经历了一个颇为曲折的发展过程。建国初期，为了恢复国民经济，国家需要保护多种所有制并存的经济基础。为此，《共同纲领》第 3 条规定了公共财产及公民财产权的宪法地位：保护国家的公共财产和合作社的财产，保护工人、农民、小资产阶级和

---

① 第二次世界大战后初期，执一代宪法学之牛耳者宫泽俊义教授就认为，日本《宪法》第 29 条第 1 款的不可侵犯条款其实就是“在作为制度的保障而保障私有财产制度的前提下，保障各个人的作为基本权利或人权的财产权”。这个观点迄今仍为通说。最高法院也采用了这个见解，在 1987 年的一起民事案件的判决中指出：《宪法》第 29 条第 1 款不仅是“对私有财产制度的保障，而且将构成社会经济活动基础的公民个人的财产权作为基本人权加以保障”。转引自林来梵：《论私有财产权的宪法保障》，载《中国法学》1999 年第 3 期。

民族资产阶级的经济利益及其私有财产。在1954年宪法制定之际，我国的公有制改造正在进行过程中，消灭剥削阶级的历史使命尚未完成，在这样的背景下，1954年宪法突出强调了公共财产的重要地位，明确规定：社会主义公共财产神圣不可侵犯。与此同时，宪法宣布对公民的生活资料给予保护，但亦明确禁止任何人利用私有财产破坏公共利益。透视1954年宪法的相关条文，可以窥见宪法关于财产权的制度安排是秉持马列主义社会主义国家原理，力图消灭生产资料的私人占有制，但并没有一般地消灭公民的个人财产权，只不过试图将个人可拥有的财产范围圈定在生活资料的范畴之内。鉴于当时的历史条件，宪法并没有绝对地封杀个人拥有生产资料的法律空间，而是对于个体劳动者和资本家的生产资料所有权给予宪法保护。此后，随着“左”的思潮的泛滥，1975年宪法和1978年宪法对公民财产权的规定有了较大的改变，1975年《宪法》第9条规定：国家保护公民的劳动收入、储蓄、房屋和各种生活资料的所有权。这实际上意味着宪法所保护的公民的财产权已经不再是完整意义上的财产权了，公民个人拥有的生产资料以及各种债权、知识产权被排除在宪法视野之外。

1978年以来我国的改革开放为财产权利观念的变化提供了一个示范的窗口。日益深化的改革进程、日渐清晰的市场化改革方向帮助人们摆脱了意识形态的教条约束，由此，财产的概念逐渐向其本来意义复归。“财产就是财产，不再是政治符号。”① 1982年宪法及1988年、1993年、1999年三次宪法修正案对财产权的规定在一定程度上反映了这种积极的变化。1982年《宪法》第13条规定：国家保护公民的合法收入、储蓄、房屋和其他合法财产的所有权。这一规定采取了列举加概括的方式肯定了公民的财产权利，从而使得宪法保护的公民的财产的范围有所扩大。1988年通过的

---

① 夏勇：《走向权利的时代》，中国政法大学出版社2000年版，第294页。

《宪法修正案》第 1 条规定：国家允许私营经济在法律规定的范围内存在和发展，私营经济是社会主义公有制经济的补充。1993 年通过的《宪法修正案》第 7 条规定：国家实行社会主义市场经济。1999 年通过的《宪法修正案》第 16 条明确规定：在法律范围内的个体经济、私营经济等非公有制经济，是社会主义市场经济的重要组成部分。可以说，以上所述宪法相关条款的调整，在实质上均体现了立法者对财产权日益重视的态度，透过这些条款，可以清晰地发现现行宪法不断强化财产权保护、对不同性质财产权提供同等对待的发展趋向。

2004 年 3 月 14 日，在十届全国人大二次会议通过的宪法修正案中，被公认为最有价值、对我国未来社会影响最大的是两条，一是确立了尊重和保障人权的宪法原则，二是确立了公民财产权的宪法地位。这是我国宪法文本中第一次抛开了以前对财产权的诸多限制而明确提出了完整的公民财产权保障。不管相关财产权保障的配套制度是否健全完善，仅从宪法文本本身看，我们可以说，公民财产权保障已成为我国宪法文本中的基本权利。

可见，世界各主要国家的宪法中，无不包含有公民财产权的规定。1956 年的一项调查显示，在当时全世界有效的成文宪法中约有 44 个国家的宪法，尽管表述不一，但都有财产权保障的规定。[①] 半个世纪过去了，各国法治在不断完善发展，规定有财产权保障内容的宪法数量应该远远超过了上述数字。不仅如此，在各国宪法关于基本权利保障的规定中，财产权保障占重要地位。根据我国宪法学者的统计，世界各国的宪法中，直接规定被告人人身权利的有 88.0%，规定发表意见的自由的有 87.3%，规定财产权的有

① 参见安东尼·奥格斯：《财产权与经济活动自由》，见［美］路易斯·亨金、阿尔伯特 . J. 罗森塔尔编：《宪政与权利》，郑戈等译，三联书店 1996 年版。

83.1%，规定平等权的有 82.4%，规定私人生活的权利的有 80.4%。[①] 这充分说明，保护私有财产权是各国宪法的重要内容，在各国宪法中处于十分重要的位置，财产权利保障是一项宪法基本权利。

2. 基本权利的效力。

宪法基本权利的效力是指基本权利的价值与具体内容能够得到实现的一种力量，具体表现为基本权利对社会生活领域产生的拘束力，其目的在于保障宪法规定的人权价值实现。[②] 基本权利效力源于基本权利的功能，[③] 而基本权利的功能是指公民的基本权利能对抗公权力，防止公民的生命、自由与财产受到公权力的侵犯，从而维护个人免受国家恣意干涉的空间，并通过具体主体的权利活动体现基本权利的价值。由此，宪法的基本权利至少具备以下两方面的效力。

一是公民宪法基本权利作为权利必须要有司法救济途径予以保障。没有救济就没有权利，没有救济的权利不是权利。“法官常常是与人民站在一起反对统治者滥用权力的进步力量。”[④] 司法救济是各种法律救济中最基本的救济，这是因为：其一，司法救济是由利益关系人自己启动的救济，利益关系人对于启动救济有比任何其他人更大的积极性；其二，司法救济是具有严格法律程序的救济，当事人一旦启动，法院或任何其他组织、个人没有法定理由不得终止这种救济；其三，法律为司法救济预设了一套公开、公正、公平

① 转引自胡铭：《刑事诉讼人权保障的宪政之维》，载东方法眼网站。网址：http://www.dffy.com/faxuejieti/ss/200501/20050129194603-2.htm,2005 年 1 月 5 日。

② 参见徐秀义、韩大元：《现代宪法学基本原理》，中国人民公安大学出版社 2001 年版，第 142 页。

③ 参见张翔：《基本权利的防御功能》，载《法学家》2005 年第 2 期。

④ ［美］约翰·亨利·梅利曼：《大陆法系》，顾培东等译，知识出版社 1984 年版，第 18 页。

的机制，从而能保证提供比其他救济更佳的救济效果。公民宪法基本权利是最重要的权利，是最重要的人权，自然应获得最可靠、最有效的保障，比其他一般权利更应获得司法保障、司法救济，否则，就不能称为“基本权利”。当然，司法对公民宪法基本权利的保障、救济，不意味着公民对每一个基本权利侵权案件都要直接依宪法提起，法院都要直接依宪法作出裁判。事实上，宪法规定的公民基本权利大多已由法律具体化。在公民宪法基本权利已由法律具体化的场合，公民对其基本权利被侵犯的案件，自然可以和应该依具体法律提起司法救济。但是，宪法规定的公民基本权利也有不少并未为法律具体化。在公民宪法基本权利未为法律具体化或法律规定不明确的场合，公民宪法基本权利的司法保障当然意味着公民对其基本权利被侵犯的案件可以直接依宪法提起诉讼，法院可以直接依宪法作出裁判。否则，基本权利就不仅不是基本权利，甚至不是权利。在法治社会，权利虽然不是都要借助司法救济实现，但法律上不能对司法救济设置障碍，特别是不能对基本权利的司法救济设置障碍。只要基本权利的被侵权人要求通过司法救济途径实现其权利，则无论有无具体法律规定，法院都不应拒绝被侵权人的司法救济要求。

二是法院可以直接适用宪法规范和宪法的精神保障公民的基本权利不被侵犯。无论是英美法系国家还是大陆法系国家，其法律，不管是成文法还是不成文法，是制定法还是判例法，是基本法还是非基本法，都应该是可以在法院适用的。不能在法院适用的法不能叫作法。宪法作为一国的根本法，具有最高的法律效力，更应该具有司法的适用力。因为宪法不仅直接规范个人、组织的行为，而且要规范广泛调整个人、组织行为的各种不同位阶的法。宪法是法之法（所谓“母法”）。各种不同位阶的法如果不以宪法为依据，可以各行其是，一国的法制不可能统一。而要保障法制统一，法院适用法律就必须以宪法为最高依据。当然以宪法为最高依据并不意味着法院审理每一个具体案件都要适用宪法，更不意味着法院的每一份判决书都要引用具体宪法条文。以宪法为最高依据要求的是：其一，法院适用的法（不论是法规、规章，还是法律或法律解释）必须符合宪法。具体案件如果有具体法律根据，且这些法律根据不违宪，当事人也没有提出违宪异议，法院可仅适用具体法而不适用宪法。其二，法院不得适用任何违宪的法。不论是法规、规章违宪，还是法律或法律解释违宪，法院都不得适用。而要做到这一点就必须建立违宪审查制度（审查主体可以是普通法院，也可以是专门的宪法法院或最高国家权力机关设立的其他专门审查机构）。没有违宪审查就没有宪法的最高法律效力，就不可能有宪政。其三，具体案件如果没有具体法律可以适用，法院应直接适用宪法。这在一切诉讼活动中都应如此。

（二）刑事诉讼法与宪法的关系

仔细研究宪法就会发现，各国宪法中规定了大量的与刑事诉讼有关的条款，而其中大部分条款又是有关刑事诉讼中的人权保护问题的。美国宪法修正案，即《权利法案》（the Bill of Rights）所规定的公民的23项基本权利中，有12项权利与刑事诉讼密切相关。“正因为如此，美国刑事诉讼法具有极为明显的‘人权法’和‘宪法适用法’的性质，甚至就连刑事诉讼本身，都经常被称为‘宪法性刑事诉讼’（constitutional criminal procedure）。”① 又如德国宪法，在保障公民在刑事诉讼中的人权方面具有指导和矫正双重功能，构成了公民权利抵御国家权力的天然屏障。《宪法》第1条至第19条、第101条、第102条、第103条都是有关这方面的规定。在德国，由于刑事诉讼不管在理论上还是在实践中都必须遵守宪法的这些规定，所以有人称刑事诉讼法为“宪法适用法（applied constitutional law）”。再如我国台湾地区“宪法”，第1-5条、第

① 陈瑞华：《刑事被告人权利的宪法化问题》，载中国法律信息网。

27、28、33、37、38、41、53、123、126、131、134、135 条等都与刑事诉讼直接相关，有的甚至几乎逐字逐句与“刑事诉讼法”的规定相一致。

可以肯定地讲，没有哪一个部门法能像刑事诉讼法这样得到宪法如此多的青睐，其原因是多方面的，但最根本的原因在于，宪法是规定国家权力和公民权利的根本法，而在刑事诉讼中，国家司法权和公民个人的权利发生了直接的对话。刑事诉讼事关公民的生命、自由和财产等最基本的权利，是其他一切权利赖以存在的基础。在法治国家中，如何保证国家司法权的适度行使，防止国家司法权的滥用，使其不至于任意侵犯公民个人的权利，理所当然要成为宪法所关注的重要问题。孙中山先生曾指出：“法律就是人事里头的一种机器，宪法是支配人事的大机器，也是调和自由和专制的大机器。”他还指出：“宪法是人民权利的保障。”① 国外也有学者看到了人权、宪法与刑事诉讼法三者之间的联系，有学者认为：“刑事诉讼作为一种国家活动，与国家的概念紧密相连，我们甚至可以说，有什么样的国家政治，就有什么样的刑事诉讼。刑事诉讼是检验宪法对国家专断权（state's monopoly of power）是否有限制以及限制是否有效的试金石。毫不奇怪，国家权力和公民权利的调和过程，也就是人权理念的发展过程，这就是为什么刑事诉讼中的诸多问题要在宪法中进行规定的根本原因。”②

在国内，对宪法和刑事诉讼法关系的研究正日益得到关注和重视。学界普遍认为在各部门法中，刑事诉讼法是与宪法联系最为密切的法律之一，无论从宪法、刑事诉讼法还是司法实务中，对这种密切关系都应有所体现，以更好地控制国家权力，保障公民基本权

---

① 孙中山：《五权宪法》、《建国方略》。

② James O'Reilly：*Human Right and Constitutional Law*, published by the Round Hall Press. Dublin 1992. pp. 4.

利。有的学者认为，宪法与刑事诉讼法存在天然联系表现在以下四个方面：一是刑事诉讼涉及每个人关注的生命和自由，而这两个权利是其他权利的基础；二是刑事诉讼代表国家专门机关行使国家权力，其边界问题也是宪法所关注的问题；三是刑事诉讼中存在国家权力与公民权利的直接对话，两者关系如何也是宪法所研究的问题；四是我国参加的一些国际公约有大量刑事诉讼方面的规定，对公约中的义务如何承担，是转化适用还是直接适用与宪法密切相关。① 有学者提出，刑事诉讼中长期以来存在一些问题如超期羁押、有罪推定、刑讯逼供等必然关系到公民的基本权利，但是两者常常被割裂。刑事诉讼法的某些基本原则也应是宪法中的基本原则。目前我国宪法对经济体制条款的规定随时代变迁而不断修改，而具有永恒价值的保障犯罪嫌疑人基本权利的内容却没有规定。概言之，刑事诉讼法是宪法的重要组成部分，宪法的规定应由对经济自由的规定转向对人身自由的规定，对犯罪嫌疑人具有实质意义的权利应该被上升为宪法权利，以使两者在很大程度上融为一体。②也有学者指出，宪法具有控制、规范和保障三大价值，它们体现在刑事诉讼法的设计和完善上的顺序应是：首先，以控制价值优先。宪法设计的权力分工和权力分离原则体现于刑事诉讼法中，体现了对权力进行控制的基本认识。刑事诉讼法对公权力有无完整规范，也体现其宪法精神。其次，在规范层面上，刑事诉讼的一审、二审程序规定如何，直接影响到判决稳定性，这些都与法治精神密切相关。最后，宪法所确立的公民的基本权利也是刑事诉讼当事人的基本权利，刑事诉讼法作为主要的部门法必须进行保障，而宪法自身

---

① 北京大学法学院汪建成教授在 2004 年 5 月 15 日中国人民大学宪政与行政法治研究中心和诉讼制度与司法改革研究中心联合召开的“宪法与刑事诉讼法研讨会”上的发言。

② 北京大学法学院张千帆教授的观点，见本页注①。

也应有其保障功能，有相应的完善的宪法救济渠道才不至于让宪法权利形同虚设。[①] 这些观点从不同的角度对刑事诉讼法和宪法的关系进行了阐释。我们认为，宪法和刑事诉讼法的关系主要体现在以下几个方面。

1．宪政价值决定刑事诉讼法的精神和内容。

毛泽东曾说过，“宪政是什么呢？就是民主政治。”[②] 这一观点在新中国成立以后为大多数学者所赞成。如国内著名宪法学家张友渔先生在其《宪法与宪政》一文中认为，“所谓宪政就是拿宪法规定的国家体制、政权组织以及政府和人民相互之间权利义务关系而使政府和人民都在这些规定之下，享受应享受的权利，负担应负担的义务，无论谁都不违反或超越这些规定而自由行动的这样一种政治形态。”又如有学者曾认为“宪政应是实施宪法的民主政治”。国外学者也从不同角度对宪政进行过论述，如在 1993 年 2 月美国哥伦比亚大学举办的一次“宪政与中国”研讨会上，美国著名学者路易斯·亨金把宪政的要素概括为 13 条原则。美国华盛顿大学教授丹·莱夫认为，“宪政意指法律化的政治秩序，即限制和钳制政治权力的公共规则和制度。”笔者认为，宪政是指国家依据一部充分体现现代文明的宪法进行治理，以实现一系列民主原则与制度为主要内容，以厉行法治为基本保证，以充分实现最广泛的人权为目的的一种政治制度，其包括民主、法治、人权三重价值。其中，民主是宪政的基础，法治是宪政的重要条件，人权保障是宪政的根

---

① 中国人民大学法学院胡锦光教授的观点，见第 29 页注①。

② 《毛泽东选集》（第 4 卷），人民出版社 1996 年版，第 38 页。

本目的。① 刑事诉讼法是国家侦查犯罪、起诉罪犯并对其最终确定刑罚的程序。在该程序的运行过程中，包括财产权在内的公民的一系列权利尤其是被追诉人的权利最容易受到国家强制力的严重干预和侵犯，导致财产权、人身权、隐私权甚至生命权被限制或剥夺。宪政价值的核心是通过公平的、法定的程序，限制国家权力的扩张，保障公民的基本权利。因此，国家在刑事诉讼中的活动，只要涉及公民财产权或生命、自由权等基本权利，都必须受到宪法的决定和制约。正如美国耶鲁大学法学院的宪法学教授阿玛尔所认为的，美国《权利法案》的内容并非单纯的刑事程序，而是公民的宪法权利，正是宪法的精神决定着这些刑事程序的运行。“他认为，长期以来，美国宪法第4、5、6条修正案被单纯地认为是刑事程序，而不是宪法权利，法学院的授课过程明显体现了这一点。在他看来，这是对上述诸项权利的误读，且这一误读产生了许多负面作用。他撰写本书的目的是重新刷新这些条款的内涵，使其恢复它们的本来目的。在他的分析之下，美国《权利法案》中有关刑事程序的修正案并不是孤立的，而是内在地与其他宪法权利条款相和谐，构成一个整体，抵御来自政府对个人权利的侵犯。它们是宪法上的刑事程序，即个人在宪法性刑事诉讼中的程序性权利，与之对应的宪法救济方法主要在于矫正政府侵权。”②

人权保障是当代宪政制度的核心要求，这种宪政制度会对刑事诉讼法模式、刑事诉讼的价值、刑事诉讼当事人及其他诉讼参与人

---

① 还有的有学者把宪政定义为“宪政是以宪法为前提、以民主政治为核心、以法治为基石、以保障人权为目的的政治形态或政治过程”。参见李龙、周叶中：《宪法基本范畴研究》，载《中国法学》1996年第6期；李龙：《宪法基础理论》，武汉大学出版社1999年版，第144页；周叶中：《宪法》，高等教育出版社、北京大学出版社2000年版，第177页。

② 郑贤君：《宪法权利抑或刑事程序？——评美国宪法学家阿玛尔〈宪法与刑事程序〉一书》，载中国宪政网，2005年10月2日。

在刑事诉讼中的地位等内容产生直接的决定作用。为此，宪政国家的宪法通过确立正当法律程序原则或者类似的原则作为刑事诉讼的基本准则，对国家的刑事诉讼活动进行最大限度的约束与控制，目的是限制国家权力的滥用；通过确立司法审查原则以实现司法权对警察行政权力的严格控制，并确保公民在刑事诉讼中权利遭受侵害时及时得到救济；通过确立比例原则以实现人权保障和控制打击犯罪的双重价值目标。同时，宪政国家的宪法制度还确立了一系列被追诉人的其他宪法权利以实现其在刑事诉讼领域的权利保障。在对刑事诉讼法进行解释和运用时，必须以宪法的规定和精神为依据，二者是一体的，目标是一致的。在刑事诉讼中，当保障人权和控制惩罚犯罪相互冲突时，按照宪政的要求，必须优先选择保障人权，以落实和兑现宪政的要求。

2. 刑事诉讼法是"宪法之施行法"①。

刑事诉讼法是宪法施行法的原因在于，刑事诉讼法直接规范国家权力在刑事司法活动中的运行过程。有学者指出，刑事诉讼法是"限权法"而刑法是"授权法"，意指刑事诉讼法是一部限制国家权力的法律规范，该法的最终目标是通过限制国家权力，严格规范从事刑事诉讼活动的各级政府官员的行为，从而保障公民个人的各项权利，使国家刑罚权得以正确、适当地实现，防止此过程中国家权力被滥用。这与宪政的基本要求是完全一致的，宪政的目标是规范约束国家和个人的关系，将二者的冲突限制在理性的与可控制的限度之内。刑事诉讼法规范约束的同样是国家和个人的关系，只是宪法所规定的是基本原则和要求，而刑事诉讼法规定的是具体的操作程序，是落实宪法要求的具体体现。正如我国台湾地区学者林钰雄先生所指出的："刑事诉讼法乃宪法的测震仪，此句名家名言表

---

① 林钰雄：《刑事诉讼法》（上册），台湾学林文化事业有限公司总经销，2000年，第19～20页。

明刑事诉讼法蕴涵了特殊的宪法关联。特殊的宪法关联，不仅来自于宪法优位性原则——因为这项原则支配所有的法律，而不只是刑事诉讼法——更重要的是来自于刑事诉讼对于基本权利造成的严厉干预。简之，刑事诉讼程序之进展及其目的的达成，不可能不以干预基本权利为手段；事实上，环顾所有法律允许的基本权干预，就数刑事诉讼领域所允许的干预手段，最为严厉而彻底。若与羁押、监听比较，拘提、逮捕、搜索、扣押等严重之基本权干预，在刑事诉讼程序之中，都还只能算是干预程度较为轻微的强制处分。至于有罪判决之程序结果，甚而可能剥夺人之生命。因此，刑事诉讼法与宪法——尤其是基本权——之合致性问题，远比其他法律领域急切而严重。其实，刑事诉讼之立法及实务如何反应、实践宪法的抽象规范，才是检验一国宪法施行实情的关键指标；国家机关在刑事诉讼程序的滥权，可能使得宪法保障的基本权规范成为具文，是以，刑事诉讼法又称为应用之宪法、宪法之施行法、宪法的测震仪或法治国的大宪章。”① 德国学者克劳思·罗科信指出，刑事诉讼法是国家基本法的测震器。② 在所有的法律责任承担类别中，刑罚是对公民财产、自由权利侵犯最为严厉的一种，追究刑事责任的过程意味着，为了社会大众的公共利益和国家秩序稳定，可以忽视犯罪行为人的利益。各国法律会在此极端冲突的问题上作出自己的选择。这样的选择结果会证明法律在权衡国家和个人的关系时，刑事诉讼法就成了国家基本法的测震器。刑事诉讼法对有关问题的规定和刑事诉讼活动中在保障人权和惩罚犯罪问题上的具体做法，完全可以反映出宪法对于国家和个人关系上的价值选择。

---

① 林钰雄：《刑事诉讼法》（上册），台湾学林文化事业有限公司总经销，2000年，第19~20页。

② ［德］克劳思·罗科信：《刑事诉讼法》，吴丽琪译，法律出版社2003年版，第13页。

宪法在刑事诉讼领域对于国家刑事司法权力的行使予以严格规制的目的，在于维护刑事诉讼活动中的公民权利。比如，宪法以基本权利的方式规定了公民合法的私有财产权不受侵犯，其规范的目的不是防止公民对公民财产权造成侵犯，而是防止国家权力恣意对公民财产权造成侵犯。因此，这些在宪法中以基本权利形式所作出的规定，对于包括国家刑事司法权在内的一切国家权力均具有约束力，成为国家刑事司法权的上限，是国家司法权不得随意干预和侵犯的领域。所以，刑事诉讼领域的公民权利必须得到宪法的规制，以抵御该领域内国家权力的胡作非为。正如原美国联邦法院大法官克拉克指出，如果没有非法证据排除规则，“公民免受非法搜查或扣押的权利就会成为一纸空文，也就根本没有必要在一个永久性的自由权利宪章中提及。”① 可见，刑事诉讼规则或刑事诉讼法的内容是有效维护刑事诉讼当事人宪法权利的重要工具。

3. 宪法是刑事诉讼法的上位法，宪法对刑事诉讼法和刑事诉讼活动具有直接效力。

“宪法不仅是法，而且是更高的法，因为它比普通的法律更具有效力，并控制着普通法律的意义和解释。”② 和一般的部门法相比，宪法主要是权利保障法，并且主导、支配、控制着其他部门法对公民各项权利的保障。而且，宪法的上位性还决定着宪法能直接影响公民在刑事诉讼中的权利保障。林钰雄先生指出，根据宪法优位性原则，必然得出关于拘束人身自由处分的法官保留原则、法律保留原则、比例原则。此外，强制处分的救济制度也不能自外于基本权的救济体系。试想如果对于人民基本权利干预相对较轻的行政处分得以救济，而对于干预较为严重的刑事强制处分反而不得救

---

① 何家弘、李学军：《美国刑事诉讼规则》，中国检察出版社 2003 年版，第 51 页。

② 张千帆：《宪法学导论》，法律出版社 2004 年版，第 5 页。

济，则刑事诉讼完全成为基本法的化外之地，从而造成价值失衡。宪法之优位性原则直接影响刑事证据法则的确立，尤其是证据禁止的发展。传统的证据禁止法则多半探讨国家机关违法取证所得证据的禁止问题。这里判断证据应否使用的标准首要取决于被违反的证据规定的规范目的，而非宪法的抽象规定。反之，不以国家机关违法取证为前提的证据使用禁止，由于并不存在直接被违反的法律规定，因而无法单单借由法律规范目的之探究而导出证据应否禁止的结论。对此问题，宪法的基本价值尤其是基本权之保障，也就成为判断的关键所在。宪法之优位性也直接影响法律解释。借由释宪制度之运作，合宪性解释原则与传统法律解释方式——如文义解释、历史解释、体系解释及目的性解释等——并驾齐驱。依照合宪性解释原则审查法律的合宪性时，法院应该在可能的解释范围之内，优先透过合宪性解释的途径，使法律免予违宪的命运。① 按林钰雄先生的论证，宪法的上位性表现为：宪法中有关刑事诉讼的原则必然是刑事诉讼原则、被采取刑事强制处分的当事人可依照基本法得到救济、依照基本法的原则确定证据使用禁止原则的内容、对刑事诉讼法的解释必须符合宪法的原则。可见，宪法对刑事诉讼法的上位性，在刑事诉讼领域中当事人权利保障方面应当具有直接的效力，即当事人可以直接依据宪法规范提起诉讼，救济自己的权利，司法机关可以直接依据宪法中有关刑事诉讼当事人权利保障的条款审理有关案件，宪法也可以直接要求有关机关制定颁布或修订刑事诉讼方面的法律，以落实宪法中有关刑事诉讼当事人权利保障的条款。这在宪政国家已是通行做法。比如德国《基本法》第 1 条第 3 项规定，基本权利作为可直接实施的法律，使立法、行政和司法机构承担义务。美国刑事诉讼法学者亦指出，在美国，刑事诉讼程序由

---

① 参见林钰雄：《刑事诉讼法》（上册），台湾学林文化事业有限公司总经销，2000 年，第 19 ~ 23 页。

美国宪法尤其是权利法案、州宪法和与刑事诉讼有关的州和联邦的制定法规定。我国学者陈兴良认为，“宪法规定的公民权利是通过部门法实现的，当部门法违反宪法精神，不是实现宪法权利而是剥夺或者限制宪法权利的时候，可以对这种法律提出宪法诉讼。此外，当宪法规定的公民权利没有通过部门法落实的时候，可以对这种法律提出宪法诉讼。”①

4．刑事诉讼财产权保障与民事法领域财产权保护的关系。

从上述刑事诉讼法和宪法的关系可推知，刑事诉讼法是“宪法之施行法”，刑事诉讼财产权保障是一项宪法基本权利，那它与民事法领域的财产权保护是怎样的关系？区别二者的必要性何在呢？

作为宪法基本权利，刑事诉讼中财产权保障的立足点主要是，财产权有免受国家公权力干预和侵犯的权利和自由，② 其表现形式和保障方式与民事法领域内的财产权保护的表现形式和保护方式有很大不同，绝不能以民事法领域的财产权保护来替代刑事诉讼中的财产权保障。

与民事法上的财产权保障不同，刑事诉讼中的财产权保障主要表现为私人针对公共权力的侵害而享有的权利，其中当然包括排除公共权力对私人之间业已确立的特定财产秩序进行不当干预的权利。认识这一点非常重要，因为我国已经在一定意义和规模上产生了民事法上的财产权保护规范，随着物权法规范的确立以及未来民事法典的诞生，这种民事法上的财产权保护规范体系将更趋完善，在这种情形下，如果没有分清刑事诉讼中财产权保障和民事法上财

① 陈兴良：《刑法的宪政基础》，见《刑事法评论》（第11卷），中国政法大学出版社2002年版，第146页。

② 刑事诉讼中的财产权保障主要是立足于国家公权力对公民的财产权侵犯而言，但同时在刑事诉讼中也存在对受犯罪行为侵害的被害人的财产权保障，后者主要是从基本权利所规范的国家义务的角度而言的。

产权保护的概念，就可能只满足于民事法上的财产权保护，冲淡乃至“忽视了财产权之宪法保护这一课题本身的独立存在及其重大意义”，或者“把通过修宪完成这一课题的意义单纯地理解为是对民事法上的财产权保护制度的一种确认或政治性的宣明，从而继续滞留于宪法乃是一部‘纲领性文件’的传统见地之上”①。为此，我们不能只立足于民事法领域对财产权的保护，而必须对民事法领域的财产权保护和刑事诉讼领域的财产权保障进行区分，从宪法基本权利的角度，对刑事诉讼中的财产权予以充分保障。

第一，刑事诉讼财产权保障主要体现于防范来自国家权力的侵犯，民事法财产权保护主要体现于救济来自民事主体（多为普通公民）的侵犯。

财产权都不调整人和财产的关系，而是调整由于使用财产而形成的主体间的关系，诚如日本法社会学家川岛武宜所言，“是映现在人与物之间关系的侧面上的人与人之间的关系。”② 刑事诉讼财产权保障的基本功能是给国家行为设定边界，所谓“风能进、雨能进、国王不能进”③，即有学者所称的“防御权功能”，划定了公民私人自治的领域。在这一领域内，公民享有自由，而政府不得恣意进入。刑事诉讼财产权保障就是阻止国家权力侵入私人领域的一道有力屏障。“当把必不可少的政府活动限制在最低限度，使分散化的经济力量成为政治力量的牵制物和抗衡物时，也就是说，政治

---

① 林来梵：《针对国家享有的财产权：从比较法角度的一个考察》，载《法商研究》2003 年第 1 期。

② ［日］川岛武宜：《所有权的理论》，岩波书店 1949 年版，第 7 页。

③ 这是 18 世纪中叶的英国首相老威廉·皮特演讲中的内容：即使是最穷的人，在他的寒舍里也敢对抗国王的权威。风可以吹进这所房子，雨可以打进这所房子，房子甚至会在风雨中飘摇，但是英王不能踏进这所房子，他的千军万马不敢跨入这间已经损坏了门槛的破房子。参见刘军宁：《风能进，雨能进，国王不能进——政治理论视野中的财产权与人类文明》，见刘军宁等编：《自由与社群》，三联书店 1998 年版，第 152 页。

权力真正受到民主原则限制的政府，是能够确保私有财产权的自由交易，从而发挥市场效率的优越性的。私有产权和市场竞争的民主意义就体现在这里。”①

民事法财产权保护是公民对抗公民的一种权利，目的是通过界分“你的财产”和“我的财产”，防止民事主体互相越界，从而使资源配置高效，财产自由流动。更为重要的是，民事法领域的财产权保障主要体现在危害后果发生之后的救济和补偿，没有损害后果就没有民事责任；而刑事诉讼领域的财产权保障则侧重于对国家公权力的防范和规制。

第二，刑事诉讼中的财产权保障是一项消极人权，防止因国家的不当侵入导致社会财富总量的减少；民事法财产权保护是一项积极的权利，通过鼓励财产的流动从而增加社会财富的总量。

刑事诉讼中的财产权保障作为一项宪法基本权利，主要是作为针对国家的“防御权”来构造的，是一项“消极人权”。“作为人与公民之权利的基本权，首先是对国家权力的防御权。针对国家权力而对个人宪法上之地位的不当侵害，这些权利使个人凭借法的手段所进行的防御成为可能。之所以在自由的宪法秩序中这种防御权仍属必要，这乃是因为：纵然是民主制度，其也是人对人的统治，隐含着权力滥用的危险，而且即使在法治国家中，国家权力仍有做出行为的可能。”② 国家本身不具有增加或创造社会财富的功能，国家对财产权保护的结果是社会财富总量不减少。

民事法上的财产权作为一项民事权利，在界定财产权归属的同时，鼓励财产所有者之间交易，在财富流动的过程中促进社会财富

① ［美］米尔顿·弗里德曼：《资本主义与自由》，张瑞玉译，商务印书馆1986年版，第15～16页。

② 林来梵：《针对国家享有的财产权》，见孙笑侠等主编：《回归法的形而下》，法律出版社2003年版，第159～160页。

总量的增加，借用路易斯·菲利普的名言，就是让交易的各方“富起来吧”①。但刑事诉讼法应该对国家与公民之间就财产问题的交流和沟通小心翼翼，唯恐国家越雷池一步，跨进私域。

第三，刑事诉讼中的财产权侵犯和民事法中财产权侵犯的表现形式不同。刑事诉讼中侵犯财产权主要表现为国家的搜查、扣押、追缴、冻结、没收、罚款、罚金等行为，是国家单方取得公民财产的方式。② 稳定的财政收入是政府权力运作的物质基础，政府取得财政收入的基本方式可以是购买，也可以是无偿取得。国家取得私人财产的方式与市场上发生的一般交易最重要的区别是：公民个人不能拒绝将自己的财产交给国家，更不能讨价还价。刑事诉讼中的财产权首先是针对国家的侵权行为而为公民设定的基本权利，必须受宪法和有关法律的严格保护，否则刑事诉讼中的财产权会总处于危险境地。

民事主体侵犯财产权最经常的方式是侵权和违约。侵权和违约都有可能使财产的流动低效，从而抑制社会财富总量的增加。因此，民事财产权是为防范民事主体的侵权和违约而为民事主体设定的基本民事权利。

第四，刑事诉讼中的财产权保障强调财产权中的人格因素，而民事法财产权保护强调财产权中物的因素。

刑事诉讼中的财产权保障作为一种与人身紧密关联的资格，往往比民事法财产权保护更加注重人际关系的因素，且不明确地指向具体的客体，一个人并不因为暂时没有财产而失去宪法上取得、占

---

① ［英］F. H. 劳森等：《财产法》，施天涛等译，中国大百科全书出版社 1998 年版，第 115、228 页。

② 在宪法学领域，国家侵犯财产权主要表现为“征用”。中文中最广义的“征用”，包括征税、收费及上列的搜查、扣押等一系列行为。而中文中狭义的“征用”仅指国家有偿取得公民财产的一种方式。参见［美］理查德·波斯纳：《法律的经济分析》，蒋兆康译，中国大百科全书出版社 1997 年版，第 68 页。

有、使用和保障财产的资格。民事法上的财产权保护是以物为中介的人与人的关系的表现，有明确、具体的权利客体，对于一个没有财产的人来说，民事法上的财产权保护是不存在的。民事法上的财产权源于物权，是私权的一种，产生于商品交易过程中自愿的契约安排，其客体是某种具体的物品或服务，具有可转让性、可分割性和可依法剥夺性等特点。在刑事诉讼中，财产权保障属于人权，是一项公权利，与主体的人身不可分离。[①] 这一界分使我们看到：民事财产权保护实际上是偏爱有产者的，即没有财产就谈不上民事财产权保护；刑事诉讼财产权保障则把有产者和无产者都看成是“耶和华的子孙”，无论你有无财产，都可以享有财产权保障。

三、国家权力与财产权的冲突与平衡

按自然法的思想，每个人都享有与生俱来的财产权、人身自由等权利。在国家产生以前，人就享有这些权利，国家和政府的产生便是为了保护这些权利。国家权力与个人权利相比，国家权力本身并不是目的，个人权利才是基础和本源。国家权力只是保障个人权利得以实现的工具或手段，国家权力存在的唯一合法性，就在于为个人权利提供保护。但是，国家权力对于个人权利犹如双刃剑：一方面它是个人权利最有力的保护者；另一方面它又是个人权利最危险的侵害者。正如日本学者大昭保沼所言，“保护人权的第一性行为主体当属国家，然而同时，国家，尤其是拥有警察及军队等强制权力的国家机关，又是人权侵害的第一性主体。”[②] 这句话深刻揭示了刑事诉讼与财产权之间的关系——刑事诉讼中的国家权力既能

① 可参见赵世义先生有关宪法意义上的财产权和民事法意义上财产权关系的论述。赵世义：《论宪法财产权的保障与制约》，载《法学评论》1999 年第 3 期。

② ［日］大昭保沼：《人权、国家与文明》，王志安译，三联书店 2003 年版，第 95 页。

保护财产权，更会侵犯财产权。权力与权利之间既有冲突，又有协调。关键的问题是对国家权力侵犯财产权的行为进行相应的约束，并使其遵循正当程序进行，即为国家权力侵犯财产权设定一个平衡点。

（一）在国家权力与财产权的冲突中寻求平衡

刑事诉讼作为实现国家刑罚权的工具，为实现对犯罪的追诉，刑事诉讼中国家权力的运用主动、普遍而深刻。刑事诉讼，同时也意味着国家必然会侵犯公民的财产权，比如为了证明犯罪而采取的对物的一系列强制处分，从实施对象上看，可能会是被追诉人、被害人，也可能是与案件有关系的人或物；从实施强制处分的跨度看，从侦查、起诉直至审判、执行阶段都可能实施，因此国家权力对财产权造成的威胁或侵害是十分严重的。而刑事诉讼中的国家权力却是法定的，强制性是国家权力的基本特征，也是由宪法和刑事诉讼法专门规定的、由国家专门机关行使的合法权力。当国家权力戴上“合法性”的面纱之后，似乎就具有了“正当性”。但是，正如马克斯·韦伯所揭示的那样，现代国家在实质上不过是“理性地”将“合法暴力的垄断”组合成“制度化的秩序”。[①] 换言之，现代国家权力仅仅是通过法律的权力正当化，即具有暴力内容的行为通过国家自身的正式制度转化为合法的行为。罗伯特达尔认为，政府能成功地维持一种权力，即在一定区域内成功地实施其规则，就能够排他地合法地使用暴力手段。[②] 英国哲学家、政治学家和社会学家鲍桑葵也认为，“国家是必要的暴力；而且作为最后的手

---

① 参见 Max Rheinstein, *Max Weber on Law in Economy and Society*, Cambridge, Mass: Harvard University Press, 1954, p. 342. 中文本见［德］马克斯·韦伯：《论经济与社会中的法律》，中国大百科全书出版社 1998 年版，第 343 页。

② 参见 Robert A. Dahl, *Democracy and Its Crisis*, New Heaven: Yale University Press, 1989.

段，它是唯一得到承认并被证明是正当的暴力。”[①] 正如我们在刑事诉讼中所看到的那样，实际上，国家权力在本质上含有暴力的成分，搜查、扣押、冻结就是典型的暴力的表现形式，时刻威胁、随时侵犯公民尤其是被追诉人的财产权。

同时，从刑事诉讼的发展历史看，它本身却是社会进步和人类文明的体现。因为刑事诉讼用理性和平的方式，用既定的法律规则解决纠纷，它替代了血腥的同态复仇和野蛮的私力救济，成为一种纠纷的解决机制——“诉讼”[②]。汪建成教授将诉讼的功能界定为：私力救助的代替物；社会文明的标杆；人权的保护伞和法律秩序的调节器。[③] 日本学者谷口安平也指出：从历史上看，诉讼的功能即使在很原始的社会中已经存在。有社会就会有纠纷，因为利益纷争引发的社会冲突在任何一个社会里都是普遍的，统治者的首要任务就是平息、消弭冲突和纷争。冲突的频繁发生，使在社会中以某种形式存在着的权力及其支配者们，认识到对于公共事务的管理一味地通过暴力是不可取的，为此就有了通过一定的社会制度来解决纠纷的必要。可以说，纠纷解决机制的孕育、产生，是社会自身为了防止分裂所具有的本能性自卫作用的体现。此时，握有权力者实际上就作为法院发挥了作用。而且，他们又出于社会安定的本能，倾向于对一定种类的纠纷采取大致相同的解决办法，社会的组成人员对此承认并形成特定的期待。长期演化的结果是，只要没有特殊情

① ［英］鲍桑葵：《关于国家的哲学理论》，王淑君译，商务印书馆 1995 年版，第 164 页。

② 正如夏勇先生所言：“古来的公权者，不论国内、国际或区域的，也不论民主、专制或独裁的，都得确认规则、管理事务、裁断纠纷。所谓诉讼，不过是公权者裁断涉案纠纷，施与公力救济的活动。” 参见夏勇：《改革司法》，载《读书》2003 年第 1 期。

③ 参见汪建成：《诉讼功能论》，载《中国法学》1994 年第 4 期。

况，当权者反而要受这种纠纷解决方式的拘束。[①] 刑事诉讼同样如此，国家对犯罪行为的侦查、起诉、审判、执行都是国家和犯罪人之间的一场“诉讼”，是和平理性地严格按程序进行的，禁止虐待、迫害或法外施刑。[②] 但经验告诉我们，国家专门机关在行使国家权力的过程中可能突破法律的界限，警察等国家专门机关的人员行使权力的过程中可能会滥用职权，它需要我们不断寻找并建立新的制度加以防范，从而使刑事诉讼制度不断丰富、成熟、合理。从这个角度讲，有关刑事诉讼进行的一系列规则、制度是为国家权力侵犯公民权利划分界限，是用来保障诉讼中公民权利的。这也是我国台湾地区学者所称的“法律保留原则”，[③] 即以法律明确规定的方式和条件，理性地进行刑事诉讼活动。在刑事诉讼中国家权力和财产权的剧烈冲突中，需要寻找出理性的解决办法，以法律的形式建立和谐的刑事诉讼机制。

（二）国家权力对被害人财产权的保护

被害人，是指合法权益遭受犯罪侵害的人。按照被害人学的创始人之一，以色列律师杰明·门德尔松的观点，“被害性”是被害人的共同特性。[④] 从被侵害的利益上看，被害人受到侵害的是合法权益，即受法律保护的权利和利益，包括财产权利，也包括人身权利及其他方面的权利和利益。犯罪行为一旦发生，就产生了两个方

---

① 参见［日］谷口安平：《程序的正义与诉讼》，中国政法大学出版社 1996 年版，第 68 页。

② 这是文明国家刑事诉讼中的一致做法，联合国一系列国际公约也明确规定，比如《禁止酷刑和其他残忍、不人道或有辱人格的待遇或处罚公约》、《囚犯待遇最低限度标准规则》等，倡导的都是文明理性执法。

③ 参见林钰雄：《刑事诉讼法》（上册），中国人民大学出版社 2005 年版，第 224 页。

④ 转引自［德］汉斯·约阿希姆·施奈德：《国际范围内的被害人》，许章润等译，中国人民公安大学出版社 1998 年版。

面：犯罪人与被害人，犯罪行为的实施者与犯罪行为的承受者。① 刑事实体法上所界定的主要是被害人财产权和其他权利被侵犯的事实状态，而刑事程序法所关注的却是财产权被犯罪侵害之后通过怎样的途径得以救济。这是宪法明确要求国家承担的义务。国家承担保障所有公民财产权的义务，对于公民个人而言，就是一种宪法基本权利。从这个意义上讲，刑事诉讼法又是一部保障被害人财产权利和其他权利的法律。②

被害人通过刑事诉讼来保障自己的财产权利是司法文明进步的重要标志。被害人是合法权益遭受犯罪行为侵害的人，他们控诉、提供证言（在我国称之为“被害人称述”）、直接参加诉讼，目的是通过请求赔偿或补偿恢复合法权益，保护自己的财产权。这种保护财产权的方式，是和平理性的，被害人或其代理人所依赖的是一系列的诉讼程序和国家司法权力，比如通过提起刑事附带民事诉讼、提起国家补偿、请求有关机关追回被犯罪人占有（包括卷款外逃）的财产、申请强制执行等方式使财产权得到有效保障。这种理性文明的财产权保障制度经历了漫长的发展历程。远古时代，人们散居各地以部落作为其主要的社会共同体。当时几乎不存在严格意义上的社会法制，不存在任何典章制度，更谈不上刑事诉讼上

---

① 参见［美］乔治．P．威尔逊等：《国家干预和无被害人的犯罪》，载《法学译丛》1987 年第 3 期。该观点认为，有一些犯罪案件没有被害人，这类案件在欧美国家被称为“无被害人犯罪”案件。这些犯罪行为所侵害的客体是公共秩序或社会利益，它虽没有直接的明显的被害人，但仍存在间接的、潜在的被害人。如贩毒案件，由于吸毒者自愿购买毒品而不能成为受害者，但实施戒毒，吸毒者家属或社会为此支付的高昂费用，使吸毒者家属或纳税人成为间接受害者。只不过这种间接被害人一般不被看作是刑事被害人。

② 比如俄罗斯刑事诉讼法明确规定刑事诉讼的第一目的就是保护被害人的权利。我国《刑事诉讼法》第 2 条所规定的刑事诉讼法的任务之一是“保护公民的人身权利、财产权利、民主权利和其他权利”，这里面当然包括了保护被害人财产权利。其他国家尤其是英美法系国家的刑事诉讼法更是把保护公民权利作为刑事诉讼的主要目的。

财产权等系列概念。然而，各个部落都存在着所谓的通用的“习惯”，由各部落的首领组织制定，所有部落成员共同遵守。当出现纠纷时，就由首领出面主持公道。如果行为人的行为侵害了生命或身体健康这种重大权利时，则将被驱逐于部落之外，不受本部落保护，或者直接将其处死；如果属于侵犯一般财产权利的事情，则对行为人处以赎金、非议、绝交等。① 随着社会形态的发展，部落间的交易日益频繁，部落间成员的彼此关系反而淡化、疏远。在此期间，人们之间的任何纷争，无论是刑事的还是民事的，都由人们自行解决，已不再是部落的事情，这就是所谓的“以牙还牙，以眼还眼”的同态复仇时代。因此，当时的社会允许存在私刑，如果财产权受到侵害，被害人有权自己实施制裁，以弥补所受的损害。例如，当时的汉穆拉比法典就规定：任何刑事案件的判决，由当事人自行执行。② 人类社会进化到君主时代之后，各个部落通过武力争斗逐步结合成一个团体并产生领导者，形成了国家制度，刑罚权统一由国家行使，也逐步形成了近现代的刑事诉讼制度。任何国家的刑事诉讼制度都必然会规定被害人救济其财产权的特定程序，不再允许人民私下解决刑事纠纷，而必须由国家侦查、审判和惩罚。顾培东先生说：“由国家权力而非冲突主体来解决社会冲突，这是诉讼的本质特征所在。”③ 因此，被害人必须依赖国家专门机关的力量，通过特定的程序才能真正保护其财产权。相对于以同态复仇、私力救济保障财产权的野蛮时代，现代的刑事诉讼制度避免了随意烧杀抢掠引发的社会动荡，逐步走向理性和文明。被害人财产权保障制度和有关程序越科学越完善，就越能体现出人类文明的进

① 转引自李卓儒：《西方犯罪（刑事纠纷）处理程序之演变》，台湾大学法律研究所硕士论文，1997 年 6 月。

② 参见林容年：《外国法律制度史》，法律出版社 2000 年版，第 21 ~ 31 页。

③ 左卫民、周长军：《刑事诉讼的理念》，法律出版社 2000 年版，第 1 页。

步程度。

有权利必有救济，有损害就有赔偿，被害人的财产权遭受不法侵犯，行为人当然要予以赔偿；而财产权保障本就是一项宪法、刑事诉讼法等法律赋予的权利。综观世界各主要国家的刑事诉讼法，被害人保障财产权的程序制度或权利主要有：受到犯罪行为侵害后，向司法机关告发或控诉犯罪，请求保护自己的合法权益并要求惩罚犯罪；亲自参加诉讼或委托代理人参与诉讼帮助自己取得赔偿；通过附带民事诉讼或取得赔偿令获得赔偿；[①] 请求国家补偿，等等。刑事诉讼中的被害人可以充分行使宪法、刑事诉讼法赋予的各项权利，通过上述具体的程序制度，来达到保障财产权的目的。

（三）国家权力和财产权之间的平衡点：建立完善、科学的刑事诉讼制度

刑事诉讼，本质上是一种实现国家刑罚权的活动。在刑事诉讼中，为了达到刑事诉讼的目的，国家一般都会动用强制性手段，这些手段在运用过程中必定会损害被追诉人及其他刑事诉讼参与人的财产权。这种基于公共利益的目的，在法律授权的范围内干预公民的财产权的做法，应当认为是正当的。公民也有义务承受。但是，国家权力具有天然的扩张趋势，加之居于刑事诉讼中的公民，相对于国家权力机关而言，在力量上十分渺小，如果不从法律原则或程序制度上对公民财产权予以充分保障，那么公民的财产权就极有可能受到国家权力的侵犯，并且无法得到救济。这就需要一系列的程序制度或机制，既能使国家权力依法、适度地行使，又能使当事人财产权不至于受到恣意侵害，这就是刑事诉讼中国家权力行使和财产权保障之间的平衡点。主要包括程序上的预防机制和财产权被侵

---

① 被害人在受到犯罪行为侵害后，有权在刑事诉讼过程中要求犯罪人给予赔偿。被害人要求赔偿的途径，一些国家是通过附带民事诉讼的方式加以解决的，在另一些国家，比如欧美国家，则是以赔偿令的形式来解决的。

犯后的救济制度两方面，比如对物的强制处分的程序设定重在对国家权力的防范，而国家刑事赔偿制度则侧重于财产权受损害之后的救济；同样，刑事诉讼中追究犯罪是国家的义务，因为犯罪行为侵犯了被害人包括财产权在内的系列权利，并且危及了国家社会的稳定，扰乱或破坏了生产生活秩序，在要求犯罪行为人承担身体刑、生命刑刑事责任的同时，要求其承担因犯罪行为给被害人财产权造成的损失，同样是刑事诉讼的任务。对被害人财产权的保障，主要侧重于事后救济，比如刑事附带民事诉讼制度、国家补偿制度、资产追回机制、判决没收财产返还被害人等。对于财产权而言，其本质上是一种实体性权利，但要实现财产权保障的目的，必须通过完善科学的刑事诉讼制度赋予公民一系列的程序性权利方可达成。而这一系列的程序权利，正是刑事诉讼法所规范的重要内容。“徒法不足以自行，实体刑法虽然规范国家刑罚权产生的要件，但却不是一个能自我实现的法律。从实体刑法与刑事诉讼的关系来看，刑事诉讼法正是确定并实现国家于具体刑事个案中对被告刑罚权的程序规范，实体法借此而得以实现。”① “刑事诉讼是犯罪的必然的后续结果，是刑法的两个最基本要素——犯罪与刑罚——之间一个必不可少的连接号。没有刑事诉讼，刑法的实体规则就得不到适用，犯罪也就不可能随之受到当处之刑罚。”② 可见，正是刑事诉讼具体制度或规则的存在，使国家刑罚权得以实现；也正是由于这些具体制度或规则的存在，限制了国家权力对财产权的恣意侵犯，国家权力行使和财产权保障能尽量达到平衡。

---

① 林钰雄：《刑事诉讼法》（上册），元照出版有限公司 2004 年版，第 4 页。

② ［法］卡斯东·斯特法尼：《法国刑事诉讼法精义》（上册），罗结珍译，中国政法大学出版社 1998 年版，第 6 页。

第二章　财产权保障的基本原则

在宪政精神的指引下，现代刑事诉讼法承担着保障公民基本权利，限制国家权力恣意妄为的重大使命。刑事诉讼中财产权保障的原则是宪政精神和宪法原则的具体化，是构建各项刑事诉讼制度的基础。从对英、美、法、意、德等国刑事诉讼基本原则的比较研究中，我们可以清楚地发现，无论是美国宪法修正案中的“正当程序条款”，还是英国宪政历史上产生的“合法性”原则，以及晚近意大利宪法的修改、法国宪法性刑事诉讼原则的法律化、德国基本法对刑事诉讼原则的统摄等，刑事诉讼原则宪法化已成为一种历史大趋势。正是这种刑事诉讼原则宪法化的趋势，促使我们在设计刑事诉讼中财产权保障的原则时，必须立足于宪政的高度，为作为公民基本权利之一的财产权提供完善的制度保障和原则指导。正当法律程序原则、司法审查原则、比例原则等基础性原则，在刑事诉讼的整个过程都具有统率性和普适性，是刑事诉讼中保障公民财产权的最低限度准则。正当法律程序原则，其内涵十分宽广，可以随着时代的发展不断地对现实做出及时的反应与规制，同时作为英美刑事程序法中的基本权利，它又是其他个人权利的源泉，正是这些特点又使它具有大陆法系刑事诉讼法基本原则的功用。而司法审查原则和比例原则共同构成了刑事程序中对公民权利进行限制的两大宪法“界限”。[①] 由于在刑事程序中，对公民权利的干预主要体现在审前程序和强制处分的使用上，因此这两个原本贯穿刑事程序全过程的诉讼原则，更多在审前程序中或者说是在国家公权力干预私权利的过程中被强调。这些原则是刑事诉讼中财产权保障的坚强卫士，是相关具体制度构建的依据。如果不遵循这些原则，刑事诉讼中当事人及其他关系人的权利将处于随时被践踏的境地。

一、正当法律程序原则

（一）正当法律程序原则的历史发展

美国联邦最高法院大法官本杰明·卡多佐曾经指出，“一个原则有自身扩展到其逻辑极限的倾向，这种倾向也许会为另一种倾向所抵消，这就是，一个原则本身的历史限度会限定其自身。”[②] 正当法律程序原则自身的发展历程为这一论断提供了形象的诠释。作为一种发端于英国，盛行于美国，普及于世界的理念、原则和制度，正当法律程序原则在自身的形成过程中既有自发的历史演变，也有自觉的逻辑演绎。也正因为如此，正当法律程序原则在其影响不断扩大的同时，自身也在不断发生变化。

1. 正当法律程序思想的起源。

正当法律程序观念在英国普通法中有着悠久的历史，其中有些可以沿着英国历史追溯至大宪章。对于财产权的保障在正当法律程序思想起源之时就是其应有之义。1215 年自由大宪章的第 39 条第一次表述了这样的基本思想：“凡自由人除经其同等地位者依法判决或根据当地法律，不得被逮捕、监禁、没收财产。”[③] 从其中世

---

① 参见林钰雄：《刑事诉讼法》，2001 年台湾自版，第 254～257 页。

② ［美］本杰明·卡多佐：《司法过程的性质》，商务印书馆 1998 年版，第 51 页。

③ 陈运财：《宪法正当法律程序之保障与刑事诉讼》，见刘孔中、李建良主编：《宪法解释之理论与实务》，中山人文社会科学研究所 1998 年版。

纪背景来理解，“当地法律”似乎意指支配性的法律和习俗，即由国王制定的“虔诚和公正的爱德华国王的法律”。这一条款有两种实体法内涵：它首先意味着应当依据既定的法律对待人民，然后又具有了更进一步的含义：国王无权任意改变那些法律。后一内涵依赖于这样的假设：哪些事物构成法律是经过明确界定的，国王颁布的与法律相矛盾的法令是专横而没有效力的。到17世纪，爱德华·柯克有意无意地将“当地法律”和正当法律程序相等同，从而将自由大宪章作为英国法和保护自由的基础。这种看法在赋予现代正当法律程序思想以正当性和权威性方面无疑是有帮助的，但是它是否是对自由大宪章的忠实解释，仍然是一个有争论的问题。不可否认的是，14世纪以来正当法律程序一词就大量地出现于成文法中。一个典型的例子是英王爱德华三世在1354年颁布的一个成文法：“任何人，不分身份或地位，非经正当法律程序，不得被剥夺土地、房产，不得被逮捕、监禁……。”① 该成文法同样将正当法律程序的保护范围界定于财产权和人身权。当时的正当法律程序的确切含义并不清楚，但是不久它就表述为这种方式：“任何人，在未经合法的原告亲自出庭并且有机会为洗清对他的指控而提供辩护之前，不得被判决或者处刑。”② 这里的问题无疑是程序性的，而且迄今已经发现了六个14世纪的成文法以这种方式明确规范了程序问题。无论现代的正当法律程序概念走得多远，其思想的萌芽是：只有遵循特定的程序，即令状中明确指明的程序，才可以对一个人判刑或者对之采取其他的不利行为。

---

① ［英］丹宁：《法律的正当程序》，李克强、刘庸安译，法律出版社1999年版，“前言”第1页。

② ［美］亚菲德·凯雷、温非德·哈比逊：《美国宪法之渊源及其演进》，金作镆译，中华文化出版事业社1960年版。

2. 美国法的正当法律程序。

英国和美国在正当法律程序问题上的一个主要差异是：在英国，正当法律程序是普通法的产物，而美国的正当法律程序则体现于宪法中。财产权同样是其宪法中正当法律程序所保护的重要内容。美国的宪法修正案中有两条规定了正当法律程序，即1791年通过的修正案第5条和1868年通过的修正案第14条。规定“未经正当法律程序，不得剥夺任何人的生命、自由或财产。”第5条修正案适用于联邦政府的法律和诉讼，而第14条修正案将正当法律程序扩大适用于各州。正当法律程序条款本身的出处表明了它们与英国普通法的联系。其直接的来源是当时一些州的宪法，如弗吉尼亚、马里兰、北卡罗来纳和马萨诸塞的宪法中都包含正当法律程序的条款。而这些殖民地的宪法则是受到了它们在英国法下所享有的权利和自由的启发。1765年在纽约召开的殖民地议会宣布，各殖民地享有由自由大宪章所肯定的大不列颠的臣民们所享有的权利。大约在同时，议会中的殖民地和种植园主代表宣布他们的人民有权享有永恒的自然法和英国宪法原则所保障的权利和自由。正当法律程序就是具有悠久而光荣传统的权利之一。柯克写于17世纪的《论制度》是18世纪殖民者的一个理论依据。根据柯克的观点，正当法律程序原则可以追溯至自由大宪章，大宪章中关于“当地法律”的表述指的就是正当法律程序。可见，美国正当法律程序渊源于英国普通法。

由于体现于宪法之中的仅仅是“正当法律程序”这一笼统的表述，因此留给司法解释的余地相当大。美国联邦最高法院完全可以根据社会条件的变化作出符合时代要求的解释。正是这一点决定了美国正当法律程序的开放性特征。在1873年到1898年间，联邦最高法院在一系列重要的判例中对正当法律程序作了革命性的解释，从而使法院成为私人财产的保护人，在美国社会生活中取得了新的权威地位。需要注意的是，美国最高法院在解释过程中，不仅将正当法律程序条款引用来支持程序性正当法律程序，而且也支持实体性正当法律程序，例如保护隐私权，包括妇女堕胎的权利，都是通过实体性正当法律程序获得宪法保护的。

3. 日本法对美国正当法律程序的继受。

日本《宪法》第三章“国民权利及义务”中，第33条至第35条规定了不受非法逮捕、拘禁、搜索、扣押等强制处分的权利，随后的条文相继规定了辩护，公平、迅速、公开审判，一事不再理，国家赔偿等权利，在刑事诉讼法上，对于犯罪嫌疑人及被告人的诸多重要权利保障，也予以直接明文规定。近代立宪主义的宪法典，关于刑事程序的保障通常仅仅规定若干原则条款，而日本《宪法》从第31条至第40条总计达10个条文，十分罕见。[①] 二战后，关于人权的保障，日本宪法有如此详细具体的规定，具有以下历史背景：

（1）保障人权规定的不足。

二战前，虽然日本《明治宪法》第23条规定了“日本臣民非依法律，不受逮捕、监禁、审问处罚”，但同时其天皇可依照《明治宪法》第8条规定，以“紧急敕令”的方式制定刑罚或者通过发布命令来科处刑罚，此规定使罪刑法定主义流于形式。同时，因宪法上有关刑事程序的规定极少（除了第23条外，仅有第24条关于接受裁判的权利和第25条住所不可侵犯的权利），因此刑事程序上对于公民权利的保障范围，基本只能依照法律规定的内容来确定。但是二战前的刑事诉讼法（包括1890年的明治刑事诉讼法和1922年的大正刑事诉讼法）所规定的程序，因过于偏重实体真实

---

① 与美国联邦宪法修正案中的人权规定相比较，美国有而日本宪法没有规定的主要有：第5条修正案的“大陪审团起诉”、第6条修正案的“接受公平的陪审团审理”、第8条修正案的“禁止过高的保释金”等条文。相对而言，日本宪法有而美国宪法没有规定的主要有：拘禁理由的揭示、自白的补强证据法则以及国家赔偿等。参见［日］松尾浩也：《刑事诉讼法》（上），1987年补正第2版，第6页。

的发现及对嫌疑人和被告人的必罚主义，而未充分顾及程序上嫌疑人和被告人的权益保障，所以侦查中侵犯公民权利的事情经常发生。本来具有审查监督权的法院，也重视依职权调查积极发现犯罪事实，放纵违法的侦查行为。

（2）对于侵犯公民权利状况的深刻反思。

在二战前，日本关于刑事程序中权利保障的规定十分缺乏，导致许多侵犯公民权利的案件发生。比如，1933年2月20日，小林多喜三被特高课警察逮捕，当晚被刑讯逼供致死；1945年1月28日，三木清因违反治安维持法被警视厅逮捕后长期不当羁押，最后病死在狱中。而过高收取保释金、随意搜查、扣押公民的财物等侵犯财产权的案件更是经常发生。[①] 从这些案例可以知道，整个刑事诉讼都以实体真实主义、职权主义、必罚主义作为理念是造成程序中公民权利受到严重侵害的主要原因。正是基于这样的反思，二战后的日本宪法以将近十分之一的条文规定刑事程序中重要的基本权利保障，是有其历史必然性的。

（3）美国法的影响。

二战后日本宪法规定了如此多的人权保障条款，主要得益于对美国法的继受。其中，尤其以联合国占领军司令部主导修宪的影响最为突出。

二战中日本向联合国无条件投降后，实质上使明治宪法就此终止。日本的统治权转移到由联合国最高司令官行使后，修宪就成为重要而迫切的工作。占领军总司令部命令民政局，基于麦克阿瑟所指示的天皇定位、放弃战争、民主革新、废除封建制度这几项原则

---

① 曾参与“麦克阿瑟草案”草拟过程的美军人员拉威尔曾经指出：在日本对于个人权利最严重的侵犯，主要是警察机关，特别是特高课警察和宪兵队不受规范的行为及检察官的行为，而横行无阻……即使未经起诉的案件而拘禁长达数个月或数年的案件，也不少见，而在此期间，则试图从被告口中强行取得自白。参见［日］杉原泰雄：《人身及自由》，见［日］卢部信喜编：《宪法与人权2》，成文堂1978年版，第85页。

进行研究起草，在不到十天内就完成了宪法草拟稿（即所称的“麦克阿瑟草案”），即二战后日本宪法的蓝本。[①] 其第31条规定，“任何人非经国会所定之程序不得剥夺其生命、自由或科以任何之刑罚。且任何人不得剥夺其向法院提起诉讼的权利。”可见，从该宪法制定的宗旨、过程及条文的表现方式看，日本《宪法》第31条与美国宪法的正当法律程序条款具有十分密切的联系。

总之，二战后，日本在美国法的强烈影响下，在宪法上以详尽而具体的条文直接规定刑事被告人的权利保障，奠定了以尊重基本人权为核心的立宪主义价值体系。“就过程而言，或许有满怀的无奈；但从人权保障之角度观之，却是何其的有幸。”[②]

4. 正当法律程序的国际化趋势。

二战后，出于对战争践踏财产权等基本人权的深刻反省，程序性正当法律程序的思想逐渐摆脱狭隘的国界，甚至是传统的法系限制，开始走向国际社会。

联合国《公民权利与政治权利国际公约》第14条、《欧洲人权公约》第6（2）条和《美洲人权公约》第8条都涉及程序性正当法律程序的一般原则。其中，《公民权利与政治权利国际公约》第14条第1款规定：“在判定对任何人提出的任何刑事指控或确定他在一件诉讼案中的权利和义务时，人人有资格由一个依法设立的合格的、独立的和无偏倚的法庭进行公正的和公开的审讯。”《欧洲人权公约》是这样规定的：“在确定其民事权利和义务或对之提出的刑事指控时，任何人有权在合理的时间内获得由法律规定的独立和公正的法庭举行的公正和公开审判的权利。”《美洲人权公约》第8条第1款规定：“人人有权在适当的保证下和一段合理的时间

---

① ［日］小林植树：《宪法讲义》（上），1980年新版，第127页。

② 陈运财：《宪法正当法律程序之保障与刑事诉讼》，见刘孔中、李建良编：《宪法解释之理论与实务》，中山人文社会科学研究所1998年版。

内由事前经法律设立的独立公正的主管法庭进行审讯，以判定对该人具有犯罪性质的任何控告，或决定该人的民事、劳动、财政或具有任何其他性质的权利和义务。”

上述公约中关于程序性正当法律程序的一般规定与美国法具有相似的逻辑结构：一部分规定了在适用特定程序以前必须要满足的起始条件，另一部分规定适用什么样的程序。逻辑结构是类似的，但是起始条件和程序要求却是不同的：上述公约均没有将起始条件限定于生命、自由或财产利益，仅是要求在刑事诉讼或者其他诉讼中确定当事人的义务时适用特定的程序要求；在设定具体的程序要求时，也不像美国那样，采取以对抗式审判为核心的灵活路线，将具体适用的程序留给法官掌握，而是在相关条款中详细列明当事人所享有的程序权利。

（二）正当法律程序原则的基本含义及要求

正当法律程序的含义有不同的表述方式。按《布莱克法律大辞典》“正当法律程序”条的解释，正当法律程序是指“通过法庭审判的正规执法过程。在每个特定案件中，正当法律程序都意味着按照法律允许或者要求的既定箴言并按照这些箴言为特定案件规定的对个人权利的保障来行使政府权力……除此之外，正当法律程序还意味着基本公正。”“程序性正当程序的中心含义是指，其权益受到判决影响的任何当事人都享有被告知控诉性质和理由、陈述意见并获得听审的权利……合理的告知、获得审判机会以及提出主张和抗辩等都包括在程序性正当法律程序中。”① 丹宁勋爵认为，正当法律程序系指“法律为了保持日常司法工作的纯洁性而认可的各种方法：促使审判和调查公正地进行，逮捕和搜查适当地采用，

① *H. C. Black's Law Dictionary*, West Publishing Co., 1979, p. 1083.

法律援助顺利地取得，以及消除不必要的延误等等”①。日本学者则认为，正当法律程序是依据宪法保障人权原则的程序，也就是指“宪法性刑事诉讼”。② 美国学者认为：“在美国，‘正当程序’或者‘国家法律的正当程序’这一概念的含义是：为了与刑事诉讼程序的两造对抗相一致，刑事案件的被告人必须享有一定的受保护的权利，并按照同样程序对他们进行侦讯。政府当局只有遵守这些程序从而保障被告人的权利，才可以采取反对被告人的行为。”③美国实务界也将正当法律程序分为程序性正当法律程序和实质性正当法律程序。④ 笔者认为，正当法律程序是一种权利保障机制，这一机制有两个基本要求：

1. 对公民生命、自由、财产等重要权利的剥夺或者限制必须通过一定的程序才能决定，无论这种剥夺或限制是个别进行的还是具有一般的性质。这实际上是关于立法和实体法的要求，即不得制定直接剥夺被告人实体权利的一般性文件。大法官菲尔德在 1873 年“屠宰场案”和 1887 年“芒恩案”中建立了实质性正当程序权利理论。依据他的观点，实质性正当程序权利指的是，每个美国公民享有的权利中，包含一项受实质性正当程序保护的权利，即在对这项权利进行法律程序的规范和限制时，除非对所有人都一样，这

---

① ［英］丹宁：《法律的正当程序》，李克强、刘庸安译，法律出版社 1999 年版，“前言”第 1 页。

② 参见［日］谷口安平：《程序的正义与诉讼》（增补版），王亚新、刘荣军译，中国政法大学出版社 2002 年版，第 4 页。

③ ［美］乔治 . F. 科尔：《美国刑事案件中被告人的权利》，见《程序法论》，中国政法大学教务处印，第 267 ~ 269 页。

④ 美国法学界通说认为“正当法律程序”包括两重含义：程序性正当法律程序和实质性正当法律程序。参见莱尔 . T. 阿尔弗森、托马斯 · 迪恩斯：《美国宪法概论》，刘瑞祥、潘嘉玢、颜福祥、董承玺、林红译，http://10. 40. 28. 40/books/zxzj/theory/m/mgxf/index. html，素心学院收集整理。

项权利将不受到任何限制。[①] 实质性的正当程序主要限制立法部门，它要求国会和州制定的法律必须符合公平和正义的标准。一项不合理的法律，即使通过法定的程序生效和实施，也是违宪的。这种思想实质上等于承认效力高于现实法律的自然法的存在。

2. 这种程序本身必须公正，其核心要求是权利受到影响的当事人获得被告知、听审并辩护的机会。这是一种程序性正当法律程序的思想，关注程序本身的完善。从实践中看，当政府机关为相对一方提供正当程序保障时，这种程序保障的基本要求或最低标准应当包括三个方面：（1）告知相对一方有关的事实和权利；[②]（2）为相对一方提供有效的听证机会；[③]（3）主持程序活动的决定者必须是独立的。[④] 在这三项程序要求中，相对一方的听证权被认为是最重要的，甚至被认为是正当程序的最低限度要求。早在1908年，最高法院在Londoner v. Denver一案中就指出，“就其本质意义上讲，听证要求享有听证权的人有权通过论辩支持自己的主张，无论其论辩多么简单；在必要时，有权提供证据支持自己的主张，反驳对方的观点，无论这些证据多么非正式。”[⑤] 1974年，最高法院大法官怀特在Wolff v. McDonnell一案中，代表法院对正当

---

① 参见王希：《原则与妥协——美国宪法的精神与实践》，北京大学出版社2000年版，第411页。

② 在1950年的Mullhane v. Central Hanover Bankand Trust Co.一案中，大法官弗兰克福特（Frankfurter）代表最高法院提出，告知是正当程序的一项基本要求，“个人有权获知针对他们的案件的相关情况并获得听证的机会。”339 U. S. 306(1950)。

③ 例如，在1970的Goldberg v. Kelly一案中，最高法院认为，行政机关决定终止公民的社会保险福利之前，必须为相对一方提供“有效的听证”。397 U. S. 254(1970)。

④ 在1973年的Gibson v. Berryhill一案中，最高法院认为，如果程序主持者或决定制作者通过其主持的程序或作出的决定有可能获得某种利益，程序不仅是不公正的，也是违宪的。411U. S. 564（1973）。

⑤ 210 U. S. 373,386(1908)。

程序所要求的剥夺财产权的听证作出了总结性的意见。他写道："法院一贯认为，在个人被剥夺财产或利益之前的某个时间，某种形式的听证是必须的。"[①]"某种形式的听证"（some kinds of hearings）被认为是程序性正当过程最基本的要求。从最高法院的以上态度看，程序性正当过程的要求与英国普通法上古老的自然正义原则的要求几乎没有什么不同，两者都要求政府机关进行某些活动之前必须告知可能受不利影响的个人有关情况，并提供听证的机会，以及由一个没有偏私的、独立的裁判者来主持程序和作出决定。其目的是为了保障程序的公平。最初的正当法律程序的含义主要是指程序性的正当法律程序，"美国第5条宪法修正案首先确认正当程序条款之时，其最初含义仅是一个程序性原则，而且只适用于法院的诉讼程序。"[②]

（三）美国正当法律程序下的财产权保障

按照《美国宪法概论》的解释，"财产"包括范围很广，一般指重要的、法律上承认的所有权利益。[③] 今天，财产的主要界定是"依法应享有的权利"。一旦政府承认某人合法地享有某项利益，就形成了一种可期望的情况：这项利益不得任意被中止，一项财产利益遂告成立。但要注意，依法应享有的权利仅仅适用于"目前享有的"权利或利益，正当程序并不保护申请获得利益的人。[④] 通过比较"罗思案"与"佩里诉辛德曼案"（1972年），可认清"依法应享有的权利"所起的重要作用。在"罗思案"中，最高法院裁定，按照固定一年期限所雇用的州的非终身职务的教师可予以解

---

① 418 U. S. 539,557－558(1974)。

② ［美］伯纳德·施瓦兹：《美国宪法史》，中国政法大学出版社1989年版，第55页。

③ 参见［美］莱尔．T. 阿尔弗森、托马斯·迪恩斯：《美国宪法概论》，刘瑞祥、潘嘉玢、颜福祥、董承玺、林红译，中国社会科学出版社1995年版。

④ 见"州立学院校务委员会诉罗思案"（1972年）。

雇，无需说明理由或听取意见。斯图尔特大法官代表最高法院裁定，该教师不拥有财产利益，并强调说，至关重要的是“受到威胁的利益的性质”。他解释说，财产利益的“形成及其范围的界定靠的是现行的基于独立来源（如州法）的规则或谅解，即获取某些利益的和支持依法享有这些利益之权利要求的规则或谅解”。在这一案例中，没有契约约定要重新雇用罗思；州没有任何法规，大学也没有任何规定“确保他重新被雇用”或“使他具有要求”被重新雇用的“合法权利”。简言之，州没有确立任何称得上是财产利益的依法应享有的权利。

在其姊妹案件“佩里诉辛德曼案”（1972 年）中，最高法院在学校正式的《教职员指南》中，发现了可被合理地解释为产生一种事实上终身制的这一依法应享有的权利。斯图尔特大法官说，财产利益可来自支持应得权利要求的“相互之间的明确的谅解”。因此，一个教师按一连串的为期一年的合同被连续地雇用了 12 年后，他可以试图证明，这个学院尽管没有实行正式的终身制，但实际上已创设了一种相当于终身制的“非成文的普通法”。

在其他的案例中，对“财产利益”的认定是根据政府采取的下列行动：协助讨债［见“斯奈亚达奇诉贝维尤家庭金融公司案”（1969 年）（工资扣押）］；协助作判决前的没收［见“北佐治亚整修公司诉迪切姆公司案”（1975 年）（使用和享用物品）］；终止法定的福利费［见“戈尔德贝格诉凯利案”（1970 年）］；强制从州保证的教育机构休学 10 天［见“戈斯诉洛佩斯案”（1975 年）］；中止被公共部门雇用［见“佩里诉辛德曼案”（1972 年）］；吊销一名司机的执照［见“贝尔诉伯森案”（1971 年）］；取消州确定的一项诉因［见“洛根诉齐默尔曼刷制品公司案”（1982 年）］。

尽管一个州可以自由地规定对一项要求作种种限制，但确定这一附加条件的要求是不是构成一项“财产”利益则是司法部门的职能。例如，当州对公共部门雇用人附加的条件扩大到州可以任意地而非“事出有因”地终止雇用时，这种雇用被裁定不构成财产利益［见“毕晓起诉伍德案”（1976 年）］。但在“克利夫兰地方教育委员会诉劳德米尔案”（1985 年）中，州法规定分类的公务员无“渎职、违法或失职行为”者都可保住其职位，该州法被裁定创设了一项被继续雇用的利益，即使州规定了终止雇用的程序。怀特大法官代表最高法院强调说，实质性自由或财产权利的问题是与程序性问题不同的：“正像生命或自由那样，‘财产’是不能靠规定剥夺它的程序来界定的。”哪些程序是正当的问题乃是一个宪法问题，不是州的法规所能决定的。

从 1970 年到 1972 年，最高法院作出了“戈德伯格诉凯利”等五个具有里程碑意义的判决，这几个重要判决通过对“财产和自由”的拓展性解释，大大扩展了正当程序原则的适用范围，这种扩展被称为“正当程序革命”。[①] 这几个重要案件的判决的作出，使正当程序原则的适用范围迅速扩张。目前除了外国人的入境利益不受宪法保护外，当代社会中个人和组织的财产和自由利益几乎都能成为法律上可以主张的权利而受到正当程序原则的保护。[②]

可见，正当法律程序在维护美国社会财产权的过程中发挥了重要的作用。该程序既适用于行政程序，又适用于刑事司法程序；它既约束议会的立法活动，又作用于国家权力限制、剥夺公民基本权利的具体程序。所以，正当法律程序不是僵化和固定的概念，它是随社会的发展而不断发展的。[③]

---

① 参见［美］理查德.J. 皮尔斯：《20 世纪 90 年代正当程序革命中的反变革趋势》，朱拥政译，见樊崇义、夏红编：《正当程序文献资料选编》，中国人民公安大学出版社 2004 年版，第 157 页。

② 参见杨炳超：《论美国宪法的正当程序原则——兼论我国对该原则的借鉴》，载中国法律信息网，2005 年 1 月。

③ 参见伍光红：《论司法正当程序的实施与保障》，载《广西民族学院学报》（哲学和社会科学版）2002 年第 3 期。

就美国的正当法律程序而言，应明确以下几点：

（1）美国《宪法》第 4 条至第 8 条有关刑事程序保障被告人权利的具体规定，逐渐被吸收进第 14 条修正案中有关正当程序的保障范围，对于各州的刑事程序都有规范作用。[①] 正当法律程序的宪法原则仅提供了最低限度的程序保障，联邦或州的立法机关有权规定比宪法上的正当法律程序更为严格的程序。

（2）第 14 条修正案对权利的保障扩展到“正当之实体”。涉及国家权力对人民的自由或财产权进行实质干预时，属于实体法的正当性问题，也是第 14 条修正案的适用范围。

（3）正当法律程序的适用有两个阶段。在美国，程序性正当法律程序仅限于影响到生命、自由、财产的诉讼。因此，在第一个阶段首先要表明一个人的生命、自由或财产受到了法律或者政府行为的影响，不是说一个人的所有权利都会获得正当法律程序的保护。这是适用正当法律程序的起始条件。一旦表明有生命、自由或财产方面的利益受到威胁，第二个阶段的问题就是，什么样的程序是正当的？这就需要一个基本的标准，当然，最基本的标准是，判决应当根据法律作出。也就是说，应当准确适当地运用法律或判例。

（四）正当法律程序原则与我国财产权保障

1．借鉴正当法律程序原则的意义。

从前述日本的经验可知，借鉴移植美国的正当法律程序原则，对于保障公民的基本权利发挥了极大的作用。我国传统法律文化有“重实体轻程序”的倾向，因此适当地借鉴正当法律程序原则的精神，对我国是有积极意义的。

首先，借鉴正当法律程序原则有利于我国的法治建设。建设社

① 参见陈运财：《宪法正当法律程序之保障与刑事诉讼》，见刘孔中、李建良编：《宪法解释之理论与实务》，中山人文社会科学研究所 1998 年版。

会主义法治国家是我们的目标。法治是静态规范和动态运作的有机结合。从静态的规范来说，法治所需之“良法”首先取决于正当的立法程序。从动态的运作来说，法治之“治”是法的运用与执行这样一个程序问题。“徒法不足以自行”，使纸上的法律变为现实的法律，关键在于执法程序和司法程序，正当的程序不仅是建设法治的起点，也是法治运作的保障。因此，在我国的立宪、立法、执法和司法的程序中借鉴正当法律程序原则的精神，有利于促进我国的法治建设。

其次，借鉴正当法律程序原则有利于树立宪法权威。由于历史和现实的种种原因，我国的宪法权威并没有真正树立。增强宪法的权威，树立人们对宪法的信仰是非常必要的。权威既来源于强制，又来源于确信和承认。法律程序的“正当”要求程序主体的自治性和程序行为的依法性。宪法权威的基础是国家强制力，但强制力不是根本，只有建立在人民同意基础上的强制才有被服从的力量。因此，宪法的程序正当性优于其强制性，正当的法律程序相比国家的强制力更有利于建立起宪法的权威。通过正当的宪法程序，可以树立人们对宪法的确信，从而加强宪法的权威。在宪法程序“正当性”的条件下，人民可以充分表达自己的主张，各种价值或利益得到综合考虑与权衡，形成一种相对完善的宪法规定。这种通过正当的法律程序产生的理性权威最具有说服力，容易引起人们对宪法的道义上的共鸣。

再次，借鉴正当法律程序原则有利于更好地保障公民权利。正当法律程序原则自从其发端就以保障个人权利为目的。在美国，正当法律程序已成为“各种人权的守护者”。维护公民权利是我国政府的重要责任。考虑到政府权力和公民权利天然的、明显的强弱区分，我们应当认真地设计具体的法律制度保证后者不受前者的侵犯。我国现行《宪法》第 2 条规定：“人民依照法律规定，通过各种途径和形式，管理国家事务，管理经济和文化事业，管理社会事务。”第27条规定：“一切国家机关和国家工作人员必须依靠人民的支持，经常保持同人民的密切联系，倾听人民的意见和建议，接受人民的监督，努力为人民服务。”对这些规定加以解释，可以看作是各部门法律规范体现正当程序原则的宪法依据。这从我国的现实状况出发来看是可行的，从进行更加深入的法治建设来看是必要的。在立法上赋予和保障公民程序性的权利，可以保证政府在从事影响公民权益的活动时能够遵循法定的程序，保障公民在参与国家和政府活动时有更多的主动性，保障公民在程序性和实体性的权利受到侵害时能够有畅通、及时的救济途径。

2. 正当法律程序原则与我国刑事诉讼中的财产权保障。

正当法律程序原则源自英美国家，它的发端、发展，以及所发挥的作用，都有赖于彼国特定的社会条件。若要将其思想借鉴到我们的制度建设之中并发挥积极的作用，是需要一些前提作为条件的。这些前提包括权力分立、人民自治程度的提高等。前面所论述的日本对正当法律程序原则的继受及该原则对日本法治和人权保障进步所起的推动作用，能给予我们许多启发。我们应当从既存的本土资源入手，寻找有利于发展正当程序原则的契机。

鉴于我国的实际情况，把正当法律程序原则作为宪法的基本原则的条件尚不成熟。而且可以明确的是，借鉴实质性正当程序是不现实的，因为要求司法机关以“抽象的原则”约束立法机关和行政机关制定普遍性规则的行为在我国并不具有可行性。我们首先应当考虑的是借鉴程序性正当程序。对此，笔者认为，在宪法中，我们应当对宪法保护公民财产权的条款作适当修改，规定限制或剥夺公民的财产权必须经过法定的程序；同时，刑事诉讼法被称为“适用之宪法”[①]，因此在刑事诉讼法中，我们应当建立和完善程序

① 林山田：《刑事诉讼法与宪法之关系》，载《法律评论》第44卷第2期，1978年。

性正当法律程序的核心——被告知权、听证权和辩护权。

(1) 刑事诉讼中被告知的权利。刑事诉讼中财产权的保障不仅涉及被追诉人，而且还涉及其他诉讼参与人。

这种告知不宜仅限于犯罪嫌疑人和被告人，还应当扩及所有的诉讼参与人。比如，刑事诉讼中被害人的财产权被侵害后同样存在被害人财产权保障的问题。同理，对财产权的干预或侵犯在刑事诉讼的任何阶段都可能发生，因此告知不应只限于刑事诉讼的开始阶段，还应及于起诉、审判甚至执行阶段。在我国，妨碍实现刑事诉讼公正的重要因素之一，就是确立的告知程序还不完善，突出表现在公民被纳入刑事诉讼之后，法律没有规定比较完备的告知诉讼权利和义务的程序；对于单位犯罪案件的诉讼，还未规定告知程序。笔者认为，对于财产权可能在刑事诉讼中被干预或侵犯的公民，除了一般的告知内容外，还应突出告知下列内容，以体现正当程序对保障财产权的要求。

立案阶段诉讼权利的告知范围。此阶段，对于公诉案件，必须告知财产权被侵害的被害人、控告人、举报人享有知晓是否立案的结果权、不立案的原因权、不服不立案决定申请复议权、不服不立案决定向人民检察院提出立案要求权以及要求在法定期限得到答复权；告知被害人、报案人、控告人和举报人享有被告知要求司法机关对报案、控告、举报行为保密权，以及被告知诬告应当负法律责任权。这些告知内容，必须以交付书面告知和口头宣读方式完成，并必须有被告知者的确认。

侦查阶段诉讼权利义务的告知范围。对财产的鉴定结果有异议，要求重新鉴定、补充鉴定权；要求搜查人员出示搜查证明文件权；核对扣押物品清单权；要求退回被扣押或者被冻结的与案件无关的物品、钱款权；要求扣押机关赔偿因扣押不当使被扣押的与案件无关物品损坏的权利。必须告知犯罪嫌疑人应当履行诉讼义务的范围是：依法接受侦查机关搜查；依法接受人身检查；依法接受侦查机关对与案件有关证据的查封、扣押；依法承担赔偿给被害人造成的物质和精神上的损害。

对于证人，除了应当告知前述共有的权利之外，还必须着重告知证人：享有要求侦查机关为其作证保密权；请求侦查机关保护其本人、近亲属的人身和财产安全权；要求补偿因作证增加的经济支出权。

审查起诉阶段的告知内容。要求检察机关听取自己的意见权；要求检察机关依法不起诉权；对检察机关依据《刑事诉讼法》第142条规定作出的不起诉决定不服，依法申诉权；对驳回申诉仍然不服，在法定期限向管辖法院申诉权。

审判阶段的告知内容。除了现行刑事诉讼法已经明确确定的诉讼权利之外，我国刑事诉讼法尚需对当事人增补下列可告知的诉讼权利：被害人与被告人同时取得判决、裁定法律文书权；被害人提出对判决有影响的新证据而检察机关拒绝抗诉时，对第一审裁判享有上诉权；被告人拒绝以简易程序审判权；对拟判处罚金或没收财产的具体数额异议权。

（2）要求举行听证的权利——程序性正当法律程序的核心内容。

听证制度发源于西方资本主义国家。英国普通法中的“自然公正（natural justice）”原则一般被认为是西方听证制度最早的法理基础，以后美国的正当法律程序又深化了这一法理基础。德国的法治国家理论特别是依法行政理论的完善，为大陆法系国家的行政听证制度直接提供了法理基础。

自然公正原则是英国非常古老的一个普通法原则。它包括两个最基本的程序原则：任何人不能成为与自己有关案件的法官（no man shall be judge in his own cases）；任何人的辩护必须被公平地听取（a man’s defense must always be fairly heard），即“听取另一方意见”原则。自然公正原则中的第一个程序原则要求所有权力必须正当行使，并要实行最低限度的公正的原则。该原则在制定法上最早体现在英国1215年的自由大宪章，其中第39条规定："自由民非依据国法予以判刑者，不得逮捕或禁锢，也不得剥夺其财产，放逐外国，或加以任何危害。"1354年的《自由律》也规定："任何人不论其财产和身份如何，不得未经过正当法律程序加以逮捕，禁锢，剥夺继承权或处以死刑。"自然公正原则中的第二个程序原则要求"当事人非经听取意见不受人身或财产的处罚"。美国行政法学家伯纳德·施瓦茨在评述英国行政程序时说："英国行政法中的听证权基于'自然公正'的概念。""最低限度地'听取对方意见'这一格言是自然公正的根本要求。""公正将要求一个或许会受到行政决定不利影响的人有机会在决定作出之前，代表自己的利益为导致一个有利的结果而作出陈述，或决定作出以后为了促成改变这一决定而作出陈述，或两者兼而有之。"[①] 英国行政听证制度的发展以及听证权的不断扩大都被认为是"自然公正"原则的进一步适用。

较早在法律上确立听证制度的是美国1946年制定的《联邦行政程序法》。从法律的历史渊源上看，美国法源于英国法，美国的正当法律程序原则可追溯到英国的普通法自然公正原则和英国1215年的自由大宪章。美国宪法第5条、第14条修正案规定当然包含了听证的内容。

德国的听证制度是大陆法系国家的一个典型代表。德国的听证制度与世界上的许多国家一样，仅限于行政领域，但已经有扩张的趋势。德国的听证制度不像英国、美国有深刻的法哲学基础，而直接源于德国基本法确立的法治国家原则以及在其行政程序法中确立的依法行政原理。其依法行政原理认为："行政权发动时，只要形式上依照法律即可；如果行政权的发动违反了法律，对行政相对人

① 王名扬：《美国行政法》，中国法制出版社1995年版，第383页。

造成利益损害，除了行政机关自身纠正以外，只要允许行政相对人提起行政诉讼即可达到法治主义的目的。”不过这种观点已受到冲击，最明显的表现是在现行的德国行政程序法中确立的行政听证制度：“行政处分之听证系于行政决定作成之前，给予当事人就重要事实表示意见的机会，借以避免行政机关之恣意专断，保障当事人之权益。”① 行政相对人除了运用传统的法律救济手段以外，还可以在行政决定影响其权益时，享有申请听证的权利，这便产生了听证程序的理论基础。

听证制度与司法审查制度十分相似，但还是有差异的。首先，就提起的主体而言，听证主要由被追诉人或被害人等提起。司法审查则既可以由控诉方也可以由辩护方提起。其次，在时间上，司法审查一般是在实施强制处分前向法官提起并由法官负责审查与授权。司法听证则主要是在实施强制处分后由犯罪嫌疑人、被告人等向中立的裁判者提起，由其审查强制处分的合法性和合理性。最后，二者所体现的理念不尽相同。司法审查所体现的理念是审判中心主义，由法官控制侦查、起诉程序，听证程序所体现的则是中立裁判维护最低限度公正的理念。

司法活动的根本特征在于利益冲突的双方当事人在中立的司法官员的主持下进行的理性的而非暴力的对抗活动，即以一种司法的或诉讼的方式来解决争端，并且应当贯穿整个司法活动过程中。对于刑事诉讼中财产权受到侵害的公民而言，听证程序具有如下功能：一是对国家机关干预财产权的行为是一种制度上的震慑，促使有关机关慎重使用干预财产权的手段。当公民认为国家机关干预财产权的行为错误时，可经听证程序予以救济。二是在公开的听证会上，财产权受到干预的人的辩护权可以很现实地得到实现，因为辩

① 杨海坤：《关于听证制度若干问题的探讨》，载《江苏社会科学》1998 年第 1 期。

护本身就是听证会的重要内容。三是对于财产权受到犯罪侵害的被害人，也是救济自己权利的一次机会。被害人在出庭提供证据时，同时可以就自己财产权遭受犯罪侵害的情况向中立的法官陈述并请求判令嫌疑人或被告人赔偿。同时，在缺席听证时，被害人还可以就死亡或外逃的嫌疑人或被告人给自己造成的财产权损失向法院提出主张。基于保护财产权的考虑，我国司法听证制度可从以下几方面建立：

侦查起诉机关错误干预财产权听证制度。公民财产权遭到国家机关干预时，公民有权向法官申请举行听证，以确认某干预行为的合法与否。具体程序为：听证会由法官主持，嫌疑人、被告人或其他利害关系人及其代理人、人大代表、公安机关负责人、人民检察院负责人、法学专家参与。由法官在听取各方陈述辩论后作出判定。

刑事附带民事诉讼的执行听证。刑事附带民事诉讼的执行直接关系到刑事被害人财产权的救济与实现。刑事附带民事诉讼判决的执行有时会遇到和民事执行同样的问题。传统的执行模式是执行员个人负责、执行权高度集中、执行员一案到底的模式，使执行工作缺乏有效的监督与制约，具有很大的随意性。并且人民法院执行中常会遇到需要对执行中追加、变更执行主体和案外人对执行标的提出执行异议要求进行审查、裁定。进行审查、裁定须依事实作出，而此时法庭调查已然结束，那么就迫切需要有一个公开的事实调查程序。[1] 该程序就是"执行听证"，具体可分为听证预备、听证和评议裁决等阶段。

刑事赔偿听证。这直接关系到嫌疑人或被告人的财产权保障的程序问题。我国司法赔偿委员会的程序规定无法回避的一个实质矛盾是：国家赔偿法事实上赋予了司法赔偿机关对违法司法行为的终局决定权。这违背了程序正义的基本要求——"任何人不得成为自己案件的法官"，所以，其决定结果的公正性就难以保证。而司法赔偿听证可以减轻这种程序设置的不合理程度。2002 年 1 月 19 日，最高人民法院在江苏无锡召开全国高级人民法院赔偿委员会主任会议，确定了国家赔偿审判方式改革重点，即在国家赔偿案件审理过程中引入听证程序，这大大增加了审理国家赔偿案件的透明度，为财产权保障提供了正当的程序保证。

司法缺席听证。现行刑事诉讼法的一大漏洞是未设立缺席审判程序，致使很多时候在刑事诉讼程序中实体权利义务流转遇到障

---

① 关于"执行听证"，实践中已有尝试。北京市第一中级人民法院已经出台了三个规定，即《执行听证程序规则》、《关于执行中变更、追加被执行主体的审查规则》和《关于案外人对执行标的提出异议的审查处理规则》，就如何启动执行听证程序等进行规范。对执行中变更、追加被执行主体的审查和对案外人对执行标的提出异议的审查，北京市一中院一般采用执行听证的形式。依照相关规则，北京市一中院进行执行听证，有以下三个阶段：听证预备、听证和评议裁决。听证预备，是在执行听证之前，听证法官、书记员对执行听证的前期准备。裁判合议庭成员要根据具体案情，确定听证参加人；认真阅卷，熟悉案情，核对有关证据和材料。对于重大、复杂的案件，可以在这个阶段由裁判合议庭成员主持当事人或听证参与人之间交换证据。执行听证要公开进行，允许旁听。异议人、申请人无正当理由缺席的，取消听证，视为自动撤回异议或申请。听证包括准备、调查、辩论和最后陈述四个阶段，与民事案件庭审程序相同。听证结束后，合议庭对案件及时评议，实行少数服从多数原则。评议要制作笔录，由合议庭成员签名。评议中的不同意见，必须如实记入笔录。合议庭作出处理决定后，根据审批权限的规定，向主管庭长、主管院长、审判委员会逐级汇报，并制作裁定书。听证结果公开宣布。适用执行听证程序审查的案件须在 60 日内完结，遇特殊情况经庭长批准，可适当延长审查期限。

碍。尤其是被告人死亡或外逃时，财产权受到侵害的一方无法得到补救。司法缺席听证是很好的解决办法。虽然被告人死亡或外逃，刑事责任无法追究，但仍可通过司法缺席听证程序追究民事赔偿责任，为被害人及其近亲属找回正义；或解除财产的查封、扣押，为被告人的家属或继承人找回正义。[①]

(3) 辩护权的有效行使。

正当法律程序的目标是实现司法正义。正如美国学者所言："司法正义——不管是社会主义、资本主义或是其他任何种类的，都不仅仅是目的，而且还是一种程序；为了使这一程序公正地实行，所有被指控犯罪的人都必须有为自己辩护的权利。"[②] 正当法律程序要求诉讼手段、诉讼方式具有正当性，诉讼参与人在诉讼过程中受到公平的对待。刑事辩护制度是一项不可缺少的制度。它在正当法律程序中的作用突出表现为：第一，有助于刑事诉讼中形成合理的诉讼结构。控、辩、审三种诉讼职能分离，裁判者中立，控辩双方平等对抗，是现代刑事诉讼中的基本格局，也是刑事司法体现程序正义的重要方面。刑事辩护制度的建立，是诉讼过程中被告方与控诉方拥有平等地位的基础，也是审判者相对中立的重要条件。第二，它使财产权受到干预的公民积极参与诉讼过程，通过辩护来捍卫自身权利。公正的诉讼程序应当确保权利受损害的人受到尊重，并尽可能对非法搜查、扣押所获取的证据予以排除。刑事辩护制度使被指控人有机会反对控诉方的指控，并可对证据提出质疑并申说自己一方的理由。被指控人对诉讼过程的积极参与，使其享有部分的程序控制权从而能够富有成效地影响诉讼结局，真正成为

① 缺席听证也有先例，比如《广东省法院司法赔偿案件办案规程（暂行）》中已初步规定了缺席听证，适用于司法赔偿听证但赔偿义务方拒不参加听证的情况。

② ［美］艾伦·德肖微茨：《最好的辩护》，唐交东译，法律出版社1994年版，第483页。

诉讼的主体，而非司法官吏任意摆布的被追诉者和处罚者。辩护制度是被指控人保护自己的合法权益的最重要的形式。第三，它是对国家权力的一种监督和制约。刑事诉讼中的侦查权是一项国家权力，对该权力最直接的监督力量来自嫌疑人或被告人。比如嫌疑人或被告人在遭遇侦控机关的搜查、扣押、检查、冻结等调查取证时，有权提出自己的辩护意见，或者申请律师到场，监督侦查权的行使，及时保障财产权不受非法侵害。这是对国家权力的一种制约。控审分离是国家权力的内部制衡，而刑事辩护制度则是对国家权力的外部制约。刑事辩护制度的存在意味着每个被指控人都可以向追诉方提出异议，决定一个被指控人是否应被认定有罪，是否应受到惩罚，追诉方必须提供证据，而被指控人应享有公平的辩护机会，这是正当法律程序的基本要求。

二、司法审查原则①

财产权保障虽然是宪法所规定的基本权利，但财产权保障的落实必须建立在一个前提之上，即宪法规定的基本权利具有可诉性，因为“无救济就无权利”，如果不建立可行的防范、救济途径，宪法权利也可能沦为一纸空文。正如季卫东教授提出的，“为了重构社会公正观、实现利益民主主义的目标，我希望2004年春天的宪法修正案以及相应的政治改革举措能够提供一个支点、一根杠杆以及一股推动力。这个支点就是具有可操作性的人权保障条款。这根杠杆就是司法审查制度。这股推动力就是不同利益群体的代表在透

① “司法审查”一词最早产生于美国，其原意是指最高法院的违宪审查权，体现了司法权对立法权、行政权的制约。但本书的“司法审查”一词并非在如此宽泛的意义上使用，而是指在刑事诉讼范围内，法院对侦查、检察机关所实施的涉及公民人身、自由、财产等实体权利和辩护权等诉讼权利的行为进行授权、审查和救济的权力，主要是“司法权控制行政权”之意。参见徐柄：《美国司法审查制度的起源——马伯里诉麦迪逊案述评》，载《外国法译评》1995年第1期。

明的程序中围绕资源再分配所进行的讨价还价。”这是我国学者对于在宪法层面上建立司法审查制度的期待和呼吁，也是宪法和程序法学者的共同愿望。从司法审查制度的历史看，该制度是普通法上的法律至上学说在美国的进一步发展，它最终将法律至上原则导向了由司法权对立法权和行政权进行全面控制的分权制衡体制。作为行政权的侦查、控诉权与公民权利的冲突一直贯穿刑事诉讼的始终，只有通过司法权对行政权严格控制的司法审查制度才是将财产权保障落到实处的基础和关键所在。

（一）司法审查原则的理论依据

1. 分权与制衡。

从政治制度架构的层面上说，司法审查原则实质上是一种分权制衡机制，它通过法院行使司法审查权来对议会的立法权和政府的行政权进行平衡、制约，以防止立法权和行政权的膨胀、扩张或滥用。“现代国家庞大的立法和行政部门有时压制性地对大范围的活动进行干涉，给作为国家第三部门的司法机构带来新的责任。对立法和行政行为的司法审查是其中的两方面，在有些现代国家这些必须通过宪法法院和行政法院的发展来进行。强大的立法和行政之间的平衡机制同样需要一个强大的司法，这对于司法来说似乎是一项重要的任务，因为其对于类似的社会自由的存续是至关重要的，尽管不能忽视司法对政府各政治部门的监督机能所具有的危险性。必须仍然维持一种相互监督的平衡机制。”① 从司法审查原则的理论渊源看，司法权优越主义是孟德斯鸠三权分立学说构建政府组织的基点。孟德斯鸠在《万法精义》中，在说明英格兰政治制度时，曾发表一段谈话：每一个国家有三种权力：立法权、有关国际法事项的行政权力、有关民政法规事项的行政权力。依据第一种权力，

---

① ［日］小岛武司：《司法制度的历史与未来》，汪祖兴译，法律出版社2000年版，第209页。

国王或执政官可以制定临时的或永久的法律，并修改或废止已制定的法律。依据第二种权力，他们媾和或宣战，派遣或接受使节，维护公共安全，防御侵略。依据第三种权力，他们惩罚犯罪或裁决私人讼争。[①] 我们称第三种权力为司法权力。一个公民的政治自由是一种心境的平安状态。要享有这种自由，就必须建立一种政府，在它的统治下一个公民不惧怕另一个公民。当立法权和行政权集中在同一个人或同一个机关之手，自由便不复存在了，因为人们害怕这个国王或议会制定暴虐的法律，并暴虐地执行这些法律。如果司法权不同立法权和行政权分立，自由也就不存在了。如果司法权同立法权合而为一，则将对公民的生命和自由施行专断的权力，因为法官就是立法者。如果司法权同行政权合而为一，法官便将握有压迫者的力量。如果同一个人或是由重要人物、贵族或平民组成的同一个机关行使这三种权力，即制定法律、执行公共决议和裁判私人的犯罪或争讼权，则一切便都完了。[②]

这就是孟德斯鸠对于权力分立与制衡的经典论述。犯罪是个人行为，犯罪人需要对抗国家的制裁活动，在国家和个人之间就形成力量悬殊的两极，在这种情况下国家权力如果不受任何约束，则被追究者的财产、人身包括精神无疑会处于极为悲惨的境地。封建纠问式诉讼即是一个鲜明的例证。改变这种状况的唯一途径就是“以权力制约权力”。正如孟德斯鸠所言：“政治自由……只有权力不被滥用的时候才存在。但是一切有权力的人都容易滥用权力，这是万古不变的一条经验。有权力的人们行使权力一直到遇有界限的地方才休止。……从事物的性质来说，要防止滥用权力，就必须以权力制约权力。”这里孟德斯鸠揭示了维护自由与权利的根本途

① 转引自游伯钦：《司法审查之一般理论》，载中国宪政网，2005年1月24日。
② 参见［法］孟德斯鸠：《论法的精神》，张雁琛译，商务印书馆1961年版，第154页。

径：以权力制约权力。刑事侦查控诉权本质上是一种行政权力。①美国学者施瓦次在对美国和英国的司法审查制度比较时指出："行政机关不是飞机，不能我行我素。它只是一个下级行政机关，必须服从司法审判权。法院在几个世纪中一直对这种案件行使审判权。即使法律没有规定复审，法院也有监督行政官员的手段。"② 德国学者赫尔曼对刑事诉讼中国家权力的划分及法院对侦查起诉权力的制约和监督进行了论述："德国的法学思想一直认为，允许以强制性侵犯公民权利时，关键的是一方面必须对国家权力的强制性明确地予以划分和限制，另一方面必须由法院对强制性措施进行审查，使公民由此享受到有效的法律保障。"③ 刑事司法领域内的控诉权与审判权的分离从根本上来说就是这种思想的体现。控审分离原则要求法官专司裁判职能，追究、控诉犯罪的职能则委请于警察机关和检察机关。但这并未揭示出分权与制衡原则的全部内容，分权的目的在于约束权力，因此，权力之间的相互制约才是这一原则的最终落脚点。在刑事诉讼中，这种制约体现在：没有警检机关的起诉，法官不能主动行使其职权。更为重要的是，警检机关诉讼活动的合法性与正当性需要接受来自法官的审查。

分权与制衡原则要求，在刑事诉讼中，一些具有裁判性质的处分权应当由法院来行使。除了审判程序外，主要指对被追诉人的人身、财产等权利所采取的搜查、扣押等强制处分，应由法院来审查决定。对于该处分的性质问题，我国已有学者提出"是否采取强制处分，实质上具有一种裁判性质，是对程序进行的一种处分裁判"

① 参见陈永生：《侦查程序原理论》，中国人民公安大学出版社2003年版，第39页。

② Bernard Schwartz, *Administrative Law* (a casebook), Little. Brown Company, 1988, p. 625.

③ ［德］阿希母·赫尔曼：《德国刑事诉讼法典》，李昌珂译，见《德国刑事诉讼法典》，中国政法大学出版社1995年版，"中译本引言"第6页。

的观点[1]，因此，其决定权应当属于法院；除此之外其他追诉权力（其中包括对强制处分裁判的执行权）则由侦查、检察机关来行使，这是刑事诉讼中权力分配规律的要求，体现了裁判权对追诉权的制约，体现了司法权对行政权的制约。刑事诉讼只有采取这种权力关系模式，才能最有效地防止滥用权力的现象发生，防止侦查控诉机关在搜查、扣押或进行其他强制处分时任意侵犯公民的财产权。

2. 人权保障与权利救济。

财产权是人权的重要内容。但是，宪法或法律仅仅宣示列举财产权保障还远远不够，必须同时要求当权利遭受侵犯时要有相应的救济渠道。没有法律制度的保障，财产权是无法实现的。国家行政权力有天然的扩张倾向，在实现国家管理、社会控制过程中往往容易造成对公民财产权等基本权利的损害，因此当公民权利遭受这样的损害时，赋予公民寻求法院保障救济的权利，从而以司法权这种国家公权力来制约同样作为国家公权力的行政权和立法权的行使，对于保障公民财产权必不可少。“公民权利的精髓在于公民受到侵害时，每个公民都有权请求法律保护。政府的职责也就在于这种保护。人们强调美国政府是法治政府而不是人治政府，如果法律不对法定权利受侵犯的人予以救济，它就不能再享受这一美称了。”[2]美国哥伦比亚大学亨金教授也指出，“美国宪法在域外最强有力的影响也许是由于它的司法审查非常成功。法院在维护宪法约束中的作用被看作是美国宪政的标志，并被看作是稳定美国各项制度和保障个人权利的手段。”[3] 刑事诉讼是以解决国家与公民之间的权利冲突为使命的诉讼形式，在刑事诉讼中集中体现了公民的个人权利

---

① 参见陈瑞华：《刑事审判原理论》，北京大学出版社 1997 年版，第 55 页。

② Marbary v. Madison, 5 U. S 137, 2 L. Ed. 60(1803).

③ 转引自胡铭：《人权保障的宪政之维》，http://www.dffy.com/faxuejieti/ss/200501/20050129194603－2.htm。

与国家权力的紧张冲突与衡平关系。在刑事诉讼程序中，作为国家利益代表的刑事追诉机关，代表国家行使着强大的刑事追诉权。由于国家权力本身的特质，刑事追诉机关行使侦查权与控诉权时几乎伴随着一定的强制性，从而对犯罪嫌疑人、被告人的个人权利构成威胁。虽然基于保障法秩序的需要，允许刑事追诉机关对公民采取强制性侦控手段，比如搜查、扣押、冻结、检查等广泛权力，这些权力均存在侵犯财产权的极大可能性。如果司法权不加以控制，则公民，尤其是犯罪嫌疑人或者被告人将处于非常不利的地位。所以，为了防止侦控机关滥用强制权非法侵犯公民的权利，必须给予犯罪嫌疑人、被告人甚至被害人向法院请求审查的权利，由法院对刑事追诉机关权力行使的合法性进行审查，刑事追诉机关对公民的重大权益进行强制性处分，必须由法院经过正当的法律程序加以审查后才能做出；未经法院的审查，不得对任何人剥夺生命、自由、财产；未经法院审查，不得对公民实施搜查、扣押等强制措施，从而以这种方式使公民在国家的强制权面前得到有效的法律保护。在刑事诉讼过程中，“对于国家权力，必须进行划分和限制，同时对于公民，必须给予他可以要求法院审查的权利；以这种双重方式，使公民不仅在国家权力的强制性措施前得到保护，而且还在任何的，也就是说包括国家权力对其权利的非强制性侵犯面前得到保护。”① 不仅公民在其财产权遭受损害后有权向司法机关寻求救济，而且基于程序正义的要求，司法机关也有义务在公民财产权遭受干预或侵害前对有关机关的干预行为进行审查，并通过颁发令状的形式予以认可、授权，即实行令状主义原则。

宪法的功能在于规范、限制国家权力，保障人权。对于财产权保障问题上的司法审查原则，法治国家的宪法大多有明文规定。德

---

① ［德］阿希母·赫尔曼：《德国刑事诉讼法典》，李昌珂译，中国政法大学出版社1995年版，“中译本引言”第6页。

国《基本法》第19条第4款规定："其权利受到公共权力侵犯的任何人，都可以要求法院对侵犯进行审查。"日本1946年《宪法》第31条也规定："任何人，未经法律规定的程序，不得剥夺其生命、自由或者科处其他刑罚。"第33条及第35条规定，没有法官签发的令状，原则上任何人均不得被逮捕，也不得侵入、搜查以及扣押任何人的住所、文件以及所有物品。从刑事诉讼制度发展的世界性趋势来看，上述规范正得到越来越多国家的肯定和支持。葡萄牙《宪法》第20条规定："一、任何人都享有依法提起法律诉讼并受到法律保护的权利。二、任何人为保护自己权利而向法院起诉的权利受到保障；司法机关不得以起诉人财力不足而予以拒绝。"将公民请求法院审判的权利规定在宪法中的国家还有很多，比如西班牙《宪法》第24条、荷兰《宪法》第167条、巴西《宪法》第153条、菲律宾《宪法》第4条、土耳其《宪法》第36条、希腊《宪法》第20条、墨西哥《宪法》第17条等。不仅如此，一些国际性法律文件还把公民请求法院审判的权利作为一项基本人权加以规定。比如，《联合国人权委员会关于公正审判和补救权利的宣言》（草案）第38条规定："任何国家应当确保建立人身保护令程序或近似的程序、制度。"《世界刑法学协会第十五届代表大会关于刑事诉讼法中的人权问题的决议》第8条宣称："影响被告人基本权利的任何政府措施，包括警察所采取的措施，必须有法官授权，并且可受司法审查。"《欧洲人权公约》第13条规定："任何人在他享有的本公约规定的权利与自由受到侵犯时，有权向国家当局申请有效的补救，即使上述侵权行为是担任公职身份的人员所为。"财产权本身是实体性权利，但对财产权的干预或侵犯却是发生在刑事诉讼过程中，因此保障财产权的措施，尤其是司法审查权，对于当事人来讲便成了向司法机关申请保护的重要权利。

3．程序正义。

司法审查原则的理念是在西方国家传统中的"正当程序"观

念基础上展开的。“正当程序”的思想可以溯及于1216年制定的英国自由大宪章，正当程序概念一般认为出现于1354年爱德华三世时代。原来这一词语只是指“刑事诉讼必须采取正式的起诉方式并保障被告接受陪审裁判的权利，后来扩大了其适用的范围，意味着在广义上剥夺某个人利益时必须保障他享有被告知和陈述自己意见并得到倾听的权利，从而成为英美法中人权保障的根本原则”①。随着两大法系的日渐融合，正当程序观念的某些思想也逐渐为大陆法系所采纳。正当程序观念的核心思想是“程序正义”及“以程序制约权力”，即要求国家机关在处分公民权益时必须遵循正当、合法的程序，以防止国家权力的恣意擅断。程序正义是社会对刑事诉讼程序提出的内在价值要求。西方传统的自然法理论以自然正义作为程序是否公正、是否正义的标准。自然正义有两项基本要求：(1) 任何人不得做自己案件的法官；(2) 应当听取双方当事人的意见。美国学者戈尔丁对自然正义作了详细的分析，并在此基础上提出了关于评价和判定司法程序公正性的九条标准，这九条标准从内容上可以分为三个方面即中立原则、对等原则和理性原则。其中，中立原则要求：(1) 与自身有关的人不应当是法官；(2) 结果中不应当包含纠纷解决者个人的利益；(3) 纠纷解决者不应有支持或反对某一方的偏见。戈尔丁所提出的关于中立原则的三条标准实际上是对自然正义第一项要求，即“任何人不得做自己案件的法官”的具体化。应当指出的是，中立原则不仅是对审判程序提出的要求，而且适用于刑事诉讼任何阶段，尤其是在侦查起诉阶段具有更重要的价值。

刑事诉讼过程中，主要存在两种不同的权力：一是侦查控诉权，即搜集证据、查明犯罪事实、抓获犯罪人，向司法机关提出控

---

① [日] 谷口安平：《程序的正义与诉讼》，王亚新、刘荣军译，中国政法大学出版社1996年版，第4页。

诉的权力，本质上这是一种行政权力，该权力的行使必然涉及对财产权的干预或侵犯；二是裁判权，即决定是否应当适用搜查、扣押、冻结等干预或侵犯公民财产权的措施并对控辩双方的争议进行裁决的权力，这是一种司法权。司法权应当由司法机关（法官）来行使。刑事诉讼中侦查控诉方和被追诉人是对立的双方当事人，如果在刑事诉讼中侦查控诉机关对自己将要做出的干预或侵犯被追诉人财产权的行为进行决定、执行，即出现了行政权和司法权由同一人操作的现象，违反了程序正义中“任何人不得做自己案件的法官”的要求。

而司法权一旦介入侦查控诉活动，则有利于控制强大的侦查控诉权的滥用。需要使用搜查、扣押等干预公民财产权措施的时候，必须呈请司法机关认可授权后方可实施，否则便违反了程序正义的基本要求。同时，如果程序中控辩双方产生关于被追诉方的财产、人身等实体权利或者辩护权、沉默权、证据先悉权等诉讼权利方面的争议时，基于中立原则的要求，可由中立、无任何利益牵涉的第三方——法官——对争议进行审查并作出裁决。因为，只有在司法审查程序的介入下，被追诉人才能获得向中立的法院陈述自己的意见及得到倾听的机会；否则被告人的权利就将受到漠视，丧失权利获得救济的机会。正如美国诉讼法学者哈泽德指出的：“司法审查的机会是一种宪法权利。宪法观念认为，没有这种机会，受其影响的私方当事人将在未经正当法律程序的情况下遭受丧失权利的危险。也就是说，审理人身权利的正当法律程序，只有在其决定受置于司法审查的法院或行政法庭方能得以实施。”①

4. 公民及整个社会对于司法权权威的信赖。

美国由司法权（法官）控制行政权，保障公民权利的制度可

① ［美］杰弗里.C. 哈泽德等：《美国民事诉讼法导论》，张茂译，中国政法大学出版社1999年版，第60页。

以说是历史上最伟大的创举之一。自其创立之后，逐步深入人心，并为世界上其他法治国家所沿用。美国司法权（包括各级各类法院至联邦最高法院）之所以能一直受人民信赖与敬重，其原因不一而足，美国、日本及其他国家的学者，都对此进行过分析研究，可谓见仁见智，各有所属。按照我国台湾地区宪法学者游伯钦先生的论述，我们可以看到美国人民对于司法权信赖的深层次原因，这也是司法审查原则生存且不断发展的肥沃土壤。游伯钦先生将其概括为下述各点："第一，美国建国初年立宪制度及客观环境，很有利于使联邦最高法院建立自己的优越地位。当时制宪元勋及一般民众都认为：①联邦宪法对行政及立法权之扩大，深具戒心，对这两机关之权能，限制甚严；唯独对司法权则限制甚少；由权力受限制之行政、立法机关，来审查自己权能之运作是否违反宪法、逾越宪法所赋予之权限，自难期能衡平，因此，由司法机关运作司法审查权能，以判断行政、立法是否违宪，并加以排拒限制，以收'制衡功能'自然最为适当。②在三权分立之立宪政治制度下，司法机关乃三者之中力量最薄弱者。既不控制财政、又不具有武力，其机关构成人员比较不易介入政争，或受社会环境、气氛与感情之强烈影响；较能客观、中立及公正地以理性来判断是非、定纷止争；国民对之较能信赖与敬重。对司法权能之扩张，即建立'司法权优越'，比较不持戒心，不汲汲于排拒或攻讦。③司法功能，在本质上，乃是就系属于法院之特定讼案，加以审理；并决定何者为法律而予适用，以作为裁判之根据。第二，在美国宪法史上，联邦最高法院始终显示其独立超然、公平正义、理性衡平之优异特色，而且充分发扬了法底良知和学识。法官必须依据宪法及合宪之法律，本着其学识和良知，超寒独立行使审判权，作合乎法律之公平正义之裁判，不受立法或行政权力之干涉，才能维持国民之信赖和敬重。第三，联邦最高法院在运作其司法权能时，都敬谨审慎不敢稍有侵犯三权分立原理，以维持权力间和平的制衡；但对保障人民之自由与权利，却择善固执，不易退让；对维护宪法与立宪主义思想，亦坚毅刚强，不可假借。美国宪法为贯彻三权分立原理，乃限制司法机关仅能于审理诉讼案与争讼事件之际，方能行使司法权能，联邦最高法院本身一直严守这权力分立之畛域，只对有关权利、义务、责任等具体而提起之诉讼案件，行使司法权而为案件之审理与判决。第四，联邦最高法院运作司法权能之程序及方法，极为理性、客观而超然。详言之，在审理诉讼时，不但适用所谓苏格拉底式的问答对话，法官彼此以口头讨论、辩难，最后再行评议投票，以多数决定法庭判决。法院于做成判决、由审判长签署前，不但将判决之多数意见记入，且将居反对立场之少数意见也一并列入，分发各法官，审慎斟酌，俾能有助于其裁判之决定。第五，联邦最高法院不但罗致了美国法学硕儒，而且这些法官之任务，又多长久，因而使联邦最高法院成为法曹之泰山北斗，全国人民亦极信赖敬重。”①

国家是人民的国家，人们可能不信任行政（政府），可能不信任议会，但人民对于司法的信任和依赖已成为社会文化的一部分，诉诸司法权来保护自己权利已渗透到社会生活的方方面面，在刑事诉讼中财产权等权利受到干预或侵犯必须要有司法授权或许可，或者对于该干预或侵犯行为不服而诉诸司法权就成了理所当然的事情，甚至成为公民的一种习惯。

（二）司法审查原则的基本含义及要求

以限制政治权力和保障公民权利为出发点，现代法治国家都确立了司法审查原则。现代意义上的司法审查制度，是 1803 年马歇尔大法官对“马伯里诉麦迪逊”一案进行审判所确认的原则而建立起来的。在“马伯里麦迪逊案”中，马歇尔主要依赖如下三个论点：（1）宪法是法律，而不仅仅是一套政治理论或者一个政治

① 游伯钦：《司法审查之一般理论》，中国宪政网，2005 年 1 月 2 日。

理想；（2）宪法是最高的法律，可以推翻法律体系内任何与其相冲突的法律渊源；（3）法官的责任与权威不仅仅适用于一般法律，也适用于宪法。这就提出了一个命题：要实施宪法，实行宪政，就必须建立某种形式的司法审查制度；没有司法审查，宪政就根本不可能实现。

司法审查制度的确立，其一开始的目的，主要是为了防止立法机关制定违反宪法的法律，要求代议制政府当中授权立法的机构所通过的较为具体的法律，必须符合作为“高级法”的宪法的一般性规定。这使得司法审查制度似乎是作为一个法律原则而存在的。但是，司法审查制度的真正价值，却在于它所追求的有限政府，进而最大限度地维护和保障公民的基本权利与自由。从这个层面讲，它同时又是一个政治原则，是与分权制衡、司法独立相表里的一个原则。由于司法审查制度所追求的这些目的，在以后的政治和司法实践中，其指向就不再限于违宪的立法，而且也包括行政机关不当的行政行为；只要这些法律或行为对于公民的基本权利和自由构成了威胁或侵害，司法机关都可以宣布违宪而使之无效。

加强对人权的保护，尤其是对刑事被告人人权的保护，是20世纪中后期司法审查在法治国家出现的一种新趋向。以美国为例，法院在不断加大在公民基本权利和公民自由保护等方面的力度。美国联邦最高法院通过对宪法第14条修正案规定的正当程序原则和平等保护原则的解释，给权利法案注入了新的生机，而最显著的则是，它发展了一系列保护被追诉人权利的证据规则，如隐私权、非法证据排除规则，等等。德国、意大利、日本等国在二战结束以后建立起来的宪法与司法审查制度，也体现出了同样的价值取向。可以说，对被追诉人人权的保护，不但成为当代宪法史上的一个新现象，而且也构成当代宪政国家司法审查的新内容。

刑事诉讼中的司法审查原则适用范围包括两大方面：一是实体性的刑事制裁措施，二是程序性的刑事侦查措施。实体性的刑事制裁措施是指行为人的行为触犯了刑法和刑事诉讼法律规范的规定，应当受到剥夺财产权、人身自由权甚至生命权的制裁。在现代文明的法治国家，这种制裁不是由被害人、也不是由社会大众，而是由检察机关代表国家来提起公诉，最后由代表司法权的法官或法院来决定的。如法国学者所言，“刑法本质上是一种‘裁判法’。原则上，只有通过诉讼并且只有在经过诉讼之后，刑法才能得到适用。对某一犯罪人适用刑法，始终要求有法官参与，始终意味着一场诉讼。刑事诉讼是犯罪的必然的后续结果，是刑法的两个最基本要素——犯罪与刑罚——之间一个必不可少的连接号。没有刑事诉讼，刑法的实体规则就得不到适用，犯罪也就不可能随之受到当处之刑罚。”① 这种由法官或法院来决定对被追诉人的刑罚处罚，也是司法审查制度在刑事诉讼中的一个方面。然而在刑事诉讼中，尤其是侦查控诉阶段公民财产权受侵犯的可能性，比在法院审理和判决阶段受侵犯的可能性要大得多，因此笔者主要研究的是司法审查原则适用于程序性的刑事侦查措施时的基本要求。

宋英辉教授指出：“强制处分权涉及被强制处分的一方的人身、财产、住宅等权利；是否采取强制处分，实质上具有裁判的性质。”② 即是否应当采取搜查、扣押、拘留、逮捕等措施以及采取这些措施后可能引起的争议也是刑事诉讼需要解决的纠纷。公正是司法的生命，是诉讼程序的内在要求。无论是纠纷的解决还是公正的实现，都必须存在一个基本前提，即有一个具有客观、公正的诉讼立场的中立的裁判者。在侦查程序中，仅仅只有控辩双方是不够的，而应具备控、辩、裁三方，各自承担相应的职能，才能维持程序的公正。心理学研究亦表明，由同一个人承担两种完全不同的职

---

① ［法］卡斯东·斯特法尼：《法国刑事诉讼法精义》，罗结珍译，中国政法大学出版社 1998 年版，第 5 ~ 6 页。

② 宋英辉：《刑事诉讼目的论》，中国人民公安大学出版社 1995 年版，第 194 页。

能，远比两个人承担两种不同的职能更为困难。因此，搜查、扣押等侵犯财产权的强制处分的采用，原则上不能由承担追诉职能的警察、检察机关决定。否则，不仅打破了控辩双方理应保持的某种平衡，使得辩护一方的诉讼地位呈客体化趋势，而且无法维持程序的中立性。之所以应赋予法院对适用强制处分的决定权，是因为在诉讼中作为中立的裁判者的法院更具超然性，对嫌疑人是否适用强制处分更能进行理性的判断。由于不存在利害关系，法院更倾向于严格而准确地把握强制处分的适用条件，使处分的适用更加符合立法要旨。这既是法院在刑事诉讼中的地位使然，更是法治原则和程序正义的必然要求。

对可能侵犯财产权的强制处分而言，主要体现为搜查、扣押等对物的强制处分的运用。这些措施在刑事诉讼中发挥着重要的功能，既能证明犯罪事实的有无或轻重，也能削弱行为人犯罪能力，保护被害人的财产权，更能为将来裁判的顺利执行奠定基础，因此这样的强制处分在刑事诉讼中是必不可少的。最重要的问题是如何在程序上对它予以制约，使执行机关不至于为了控制犯罪而牺牲公民的财产权。司法审查制度在西方法治国家是比较发达、成熟的，我们可以通过对两大法系国家对搜查、扣押这两种最可能侵犯公民财产权的强制处分进行司法审查的做法入手进行分析，以期对我国构建司法审查制度有所启发。

对搜查的司法审查。搜查包括对人身的搜查和对场所的搜查，是办理刑事案件普遍采用的一种重要的侦查行为。其实施时对相关公民的财产权、隐私权、住宅不受侵犯以及人身不受侵犯的权利影响较大，因此，在各国刑事诉讼中，尤其在强调保护公民财产权、隐私权的国家的刑事诉讼中受到较大关注。例如，在美国，搜查证由治安法官或审判法官颁发，且一般不适用于对人身的搜查。“经法院同意，执行逮捕的警官有权搜查任何一个合法逮捕并置于之下的公民”，即对人身的搜查，除非属于可以“阻留和拍身搜查”的情况，否则必须在逮捕之后。在英国，一般说来，搜查要持治安法官签发的搜查证，但对住所的搜查，必须是有证的搜查，除非警察是对其依法执行逮捕的人的住所进行搜查。日本《刑事诉讼法》第102条规定搜查决定权在法院：法院在必要时，可以对被告人的身体、物品、居住或其他的场所，进行搜查。第106条规定：在公审庭以外进行的查封或者搜查，应当签发查封证或者搜查证而实施。在大陆法系国家的奥地利，对住宅进行搜查要由治安法官按照法官的搜查令进行；但在紧急情况下，可按照其他法定人员和治安机关的官员发布的命令进行；在极其特殊情况下，治安机关的官员可以在没有法院法官发布命令的情况下进行。在德国，是否搜查，只允许法官——在延误有危险时也允许检察院和它的辅助官员——决定。

对扣押的司法审查。德国《刑事诉讼法》第98条规定：（1）是否扣押，只允许由法官——在延误就有危险时也可以由检察院和它的辅助官员——作出决定。对于第97条第5款规定的在编辑部、出版社、印刷厂或者广播电视台房间里的扣押，只允许由法官决定。（2）未经法官决定而扣押了物品的官员，如果实施扣押时既无扣押当事人又无他的成年亲属成员在场，或者当事人、他不在场时他的成年亲属成员明确地对扣押提出了异议时，应当在3日以内提请法官确认扣押。但是，当事人可以随时申请法官裁判。同法第100条第3款规定，扣押邮件开启权为法官所有。为了不造成拖延时的侦查成果受到影响，法官可以在必要的范围内将开启权移交检察院。对移交开启权不得要求撤销；对移交的开启权可以随时撤回。日本《刑事诉讼法》第99条针对查封、扣押措施规定：法院在必要时，可以查封证物或者应当予以没收的物品。第100条规定：法院可以查封由办理通讯事务的官署或其他的人保管或持有的由被告人发出的，或寄交给被告人的邮件或有关电讯文书。在奥地利，特殊情况下预审法官可以扣押由被告发出或寄给他的邮件，并要求邮局或电报局和其他地方机构递送这些邮递品，直到法院作出决定。被扣押的邮件只能由预审法官检查，并应取得被告人的同意。如果被告人不同意，则只要情况允许，预审法官应及时请求参议室批准。美国法律规定联邦治安法官或联邦辖区内的州记录法院是对扣押进行司法审查的主体。法官签发的令状中要明确拟扣押的财产和人员，并具体描述被搜查人的名字或地点名称。法官可要求被告人亲自到庭接受询问。英国法规定的搜查和扣押是一体的，扣押财物可以依附于搜查，不需要专门的审批程序或令状。警察对于被授权搜查的任何目标物品，都可以实施扣押。

从法律规定看，虽然大陆法系国家和英美法系国家都实行对搜查、扣押的司法审查，但出发点并不完全相同。英美法系国家强调法官监控强制处分，主要是基于对个人基本人权的尊重和保护。他们认为个人具有一些天赋的、不可转让的权利，这些权利以生命权、自由权和财产权最为基本，不受非法干预和剥夺，一旦被限制、剥夺，则构成对个人权利的最大侵害。以强大的国家权力与微弱的个人权利之间剧烈冲突为特点的刑事诉讼，其发动往往和人身自由限制、生命被剥夺、人格受辱等严重后果相联系。而依据他们的建国理念，国家是公民按照契约建立起来并保护公民而存在的，在个人权利与国家权力的关系上，个人权利处于优先地位。因此，除了赋予个人充分权利对抗国家机关，维护个人利益外，还必须对国家侦查权进行严格限制，以弥补个人天生的弱势。因此，在刑事诉讼中，他们不承认国家机关有优于个人的侦查权，强调个人的程序权利不容政府非法干预，因此，司法机关是保障个人权利的坚强后盾。可见，在采用强制处分这样严重侵犯公民基本权利的行为上，决定权由中立的法官享有也就顺理成章了。

大陆法系国家对强制侦查的监控，不是像英法美系国家那样是采用彻底的当事人主义的结果，而是基于审判机关对侦查机关的制衡作用。大陆法系国家虽然也认为国家建立的基础是公民之间的契约，但在自由与秩序上，他们优先选择后者。体现在刑事诉讼上，他们将控制犯罪、维护社会秩序与安宁当作刑事司法的根本目的，认为对自由的维护，是建立在不妨碍打击犯罪的前提下。在侦查方面的体现就是采取单轨的侦查模式，不承认诉讼双方在侦查阶段的平等地位。因此，刑事诉讼法仅规定国家侦查机关的侦查权，而否认或限制辩护方的侦查权。但由于三权分立、权力制衡政治体制的存在，他们坚信“绝对的权力导致绝对的腐败”，为了防止不受辩护方制约的侦查权过分膨胀，导致权力失控，必须对权力进行制约。另外，由于无罪推定原则的深入人心及国际刑事司法对保障人权的日益重视，大陆法系国家也非常重视保障人权。因此，在强制措施的采用上，由作为第三方的法官介入，用权力制约权力，以达到既能防止侦查权失控又能保护人权的功效。

（三）司法审查原则与我国财产权保障

历史学家朱学勤在考察我国传统社会的结构特征时指出，我国“以往的社会管理几乎没有中立因素，全部呈一边倒单向排列，故而整个结构呈刚性整体，十分强悍，也十分脆弱”①。这种“一边倒”的社会结构特征在各个领域的影响至今。包括在构建有关制度的观念上，依然是在坚持“一边倒”的前提，而拒绝引入中立的制约因素。在已经意识到实务中财产权和其他权利受侵犯较严重的情况下，国家有关部门在全国范围内开展了集中处理信访问题的活动。下面的案例就能从一个侧面说明司法审查制度的构建远远未纳入国家有关部门的视野，但同时也能说明司法审查制度的必要性。“全国公安机关集中处理群众信访问题工作简报”第 151 期刊载了如下上访案例（一个正面报道）：“2005 年 5 月 9 日，上访人苗景顺（男，67 岁，退休教师）称：2001 年 11 月 15 日，其子苗秋成因伤害罪被捕，在抓获时办案人员从其身上搜走人民币 2700

---

① 朱学勤：《书斋里的革命》，长春出版社 1999 年版，第 425 页。

元，要求返还。经查，苗秋成系网上通缉逃犯，因伤害他人潜逃。2001 年在全国追逃专项行动中，牡丹江刑警支队得到情报，苗潜逃在大兴安岭地区，民警经过一周工作将其抓获。当时从其身上搜出人民币 2700 元。因办案经费不够，加上车辆事故，便把 2700 元暂时用掉了。苗景顺为此事多次到有关部门上访。在开门接访期间，总队领导认真接待了苗景顺，向其讲明了事情真相，并当场退还了 2700 元钱。苗景顺激动地说：我真没想到，你们公安机关还承认这件事情，虽然我儿子受到了法律制裁，但我对你们办案民警无怨无恨。”公安机关知错就改是件好事，也是值得报道表扬的。但立足于刑事诉讼的角度，我们必须深思的，一是申诉上访途径是行政途径，作为行政机关的侦查机关纠正自己的决定的机制是否科学、理性，能否真正防止侵害公民财产权的问题发生？二是控告申诉只是事后的一种救济方法，只有事后的救济方法而无事前防范机制的制度是不是一个周全的制度？三是信访制度本就是十分粗陋而且随意性很大的制度，实务中像苗景顺这样通过信访制度达到财产权保障目的的能有几人？从实务的角度考察，信访制度和随后研究的国家赔偿制度，只算是刑事诉讼中被追诉人保障其财产权的相对有效的渠道。可见，解决问题的根本方法还是对财产权的刑事强制处分进行司法审查和令状主义。

司法审查原则所蕴涵的法律至上观念如此重要，以致人们将其视为现代法治的前提和基本要素。在国家权力结构层面上，司法权可以被看作是一种“中立因素”，这不仅是因为司法权本身是一种中立性权力，而且因为司法权的独立可以制衡立法权和行政权。独立的司法权作为一种中立因素在国家权力结构中的出现，可以使这一结构变性为柔性结构。而中国社会的问题恰恰就在于缺乏这样一种较为有效的中立因素。美国著名学者 R. M. 昂格尔在论现代社会与法律的关系时指出：在法治现代化进程中，中国形成了主要表现为行政命令方式的法，而未形成自主的、普遍适用的现代法律体系和法律至上的观念。[①] 由于缺乏一种法律至上、司法至上的观念和制度，在我国法治实践中，司法权对行政权的制约作用非常有限。因此，笔者认为，必须在我国建立司法审查制度，以司法权来控制侦查权，才是有效保障公民财产权的根本措施。

1．现实中的可能性和必要性。

我国现实中大量存在司法权介入刑事诉讼中维护公民财产权的情况，这说明即使在现实情况下，司法权介入刑事诉讼活动维护公民财产权也存在可能性和必要性。

笔者经过研究数百个案例后，在本书中列举了典型的50个案例。[②] 从该50个案例中司法权介入的情况看，案例1是人民法院确认控方强制处分合法；案例7、15、21、29、36、39是控方纠正自己错误的强制处分行为，人民法院予以准许；案例30是人民法院未受理当事人的财产权保护请求；其他42个案例的结果都是人民法院受理了当事人要求保护财产权的请求，且撤销了控方的强制处分行为，救济了当事人的权利，占所有案例的84%。在这些案件中，当事人救济自己权利的途径是通过提起行政诉讼或者发动国家赔偿程序。发动国家赔偿程序无可非议，因为国家赔偿法已经明确规定了国家机关工作人员在行使职权过程中侵害公民合法权益的，受损害的公民可以向赔偿义务机关或人民法院提起国家赔偿。刑事案件的当事人如果认为公安或检察机关在刑事诉讼中，违法对物进行强制处分，侵害了其财产权益，完全可以根据国家赔偿法的规定提起刑事赔偿。但是，从现行法律和最高人民法院的意见看，

① 参见［美］R. M. 昂格尔：《现代社会中的法律》，吴玉章、周汉华译，译林出版社2001年版，第97～99页。

② 详见随后的“对物的强制处分制度与被追诉人财产权保障”一章所列案例。

对认为刑事侦查行为违法的，不可提起行政诉讼，① 人民法院也不应作为行政案件受理。② 但从上述这些案件的情况看，人民法院不

---

① 1990年10月1日实施的《中华人民共和国行政诉讼法》第11条规定了行政诉讼案件的受案范围：(1) 对拘留、罚款、吊销许可证和执照、责令停产停业、没收财物等行政处罚不服的；(2) 对限制人身自由或者对财产的查封、扣押、冻结等行政强制措施不服的；(3) 认为行政机关侵犯法律规定的经营自主权的；(4) 认为符合法定条件申请行政机关颁发许可证和执照，行政机关拒绝颁发或者不予答复的；(5) 申请行政机关履行保护人身权、财产权的法定职责，行政机关拒绝履行或者不予答复的；(6) 认为行政机关没有依法发给抚恤金的；(7) 认为行政机关违法要求履行义务的；(8) 认为行政机关侵犯其他人身权、财产权的。除前款规定外，人民法院受理法律、法规规定可以提起诉讼的其他行政案件。

上述八项，全是国家机关的具体行政行为，并不包含对物采取强制性措施等刑事诉讼中的行为。因此，对于有关机关在刑事诉讼中实施的行为，应理解为不能提起行政诉讼。

② 就此相关问题，四川省高级人民法院在1991年向最高人民法院有相关请示。请示内容是：最高人民法院：我省有的公安机关主要的是公安派出所，接到群众和单位被盗的报案后，没有立案，也未具有合法搜查手续，在没有掌握任何证据的情况下，即对作案怀疑对象的住宅、人身进行搜查。被搜查人以公安机关非法搜查侵犯住宅、人身权利为由向法院提起诉讼，要求公安机关恢复名誉，消除影响。对此类诉讼，法院可否按行政案件受理，我们在讨论中有两种意见：第一种意见认为，这种搜查住宅、人身的行为，虽不符法定手续，但仍属刑事侦查措施，不属行政诉讼法调整的范围，应告知被搜查人向其上级公安机关反映解决，或向检察机关提出控告，人民法院不应按行政案件受理。第二种意见认为，刑事侦查措施应当按照刑事诉讼法的规定采取，公安机关既未依法立案，又未具备合法搜查手续，即对公民的住宅、人身进行搜查，侵犯了公民的人身权利，根据《行政诉讼法》第11条第8项的规定，行政机关及其工作人员在执行职务中侵犯了公民的人身权、财产权，应属行政案件的受案范围，人民法院应按行政案件受理。在判决方式上，可宣告公安机关搜查违反刑事诉讼法的规定，造成对公民名誉权的损害，责令公安机关赔礼道歉，恢复名誉，消除影响。如果搜查中造成公民人身伤害和财产损失的，应按行政侵权赔偿一并审理。我们倾向于第一种意见，当否，请批复。对于四川省高级人民法院的请示，最高人民法院行政审判庭1991年6月18日作出了《关于公安机关未具法定立案搜查手续对公民进行住宅人身搜查被搜查人提起诉讼人民法院可否按行政案件受理问题的电话答复》：你院川法研〔1991〕22号请示收悉。经研究，同意请示中第一种意见。公安机关在侦破刑事案件中，对公民的住宅、人身进行搜查，属于刑事侦查措施。对于刑事侦查措施不服提起诉讼的，不属于行政诉讼调整范围。如果公安机关在采取上述措施时违反法定程序，可以向该公安机关或其上级机关及有关部门反映解决，人民法院不应作为行政案件受理。

仅作为行政诉讼案件受理了，而且大多数还裁决撤销了控方的处分。这些案件发生的时期不同，并由不同地方的人民法院进行裁决，但裁决的结果是如此相似，且受理和裁决的理由也大致相同，那就是：警察、检察机关违法的侦查措施不仅仅是刑事诉讼法意义上的侦查措施，也是行政机关滥用职权的行为，可以作为行政诉讼案件受理并裁决。无论人民法院的这种意见正确与否，司法权通过不同途径介入侦查、起诉，对侦查、起诉进行约束，救济当事人的权利，从现实看来效果极好：尽管一些当事人最终被判处了刑罚（比如案例 1、7、12、18 中的当事人），但当事人的程序权利得到了救济和保护；作出强制处分决定的机关对人民法院的裁决也必须服从，而且这样的裁决对这些机关将来的强制处分决定必然产生约束的效果，使其不敢滥用强制处分权，这样，彰显了司法的权威，增进了社会大众对司法的信任度。在法律和最高人民法院都明确规定刑事侦查行为不可以作为具体行政行为起诉并受理的情况下，不同的人民法院却在不同的时期，基于同样的理解，作出了几乎相同的裁决，这表明司法权介入侦查，介入对物的强制处分是有现实可能性的。这些为数不多的案例映射出的另一个结论是司法权介入的必要性。试想，如果不是司法权的介入和救济，这些案件的当事人的权利怎样能得到救济呢？其他大量的、人民法院没有受理的此类案件的当事人的权利如何保障呢？靠作为法律监督机关的检察机关那虚无缥缈的法律监督权显然远远不够；靠侦查机关的自律和纪律惩戒措施只能收到皮毛之效而不能解决根本问题;[①] 靠向作出处分决定的机关或其上一级机关反映抑或是靠控告、申诉、上访途径这种行政救济手段来保障财产权，较之通过司法权来保障财产权更是不能同日而语。

2. 在我国进行司法审查的主体是法官，可以通过建立侦查法官制度来落实司法审查制度的要求。

---

① 比如重庆公安新闻网2005年3月30日报道，2004年共查处全国公安机关民警违反“五条禁令”案件491起、636人。公安部纪委书记祝春林在正在举行的全国公安机关党风廉政建设暨队伍建设会议上表示，公安机关反腐倡廉工作虽然取得明显的阶段性成果，公安民警违法违纪案件呈逐年下降趋势，但与党和人民的期望相比，还有不少差距。祝春林列举了公安队伍中伤害群众感情、漠视群众疾苦、损害群众利益的种种问题，突出表现在：极少数领导干部利用手中掌握的公安行政审批、执法办案等权力搞权力寻租、权钱交易；一些民警严格依法履行职责的意识不强，执法不作为；有的单位和民警受经济利益驱动，乱收滥罚，插手经济纠纷，滥用权力搞“创收”；个别民警知法犯法，导致队伍中“大、丑、恶”案件时有发生，有的谋财害命，有的因奸情杀人，有的利用职务之便买卖赃车，甚至有的充当黑恶势力的“保护伞”；少数民警执行公安部“五条禁令”的自觉性不高，心存侥幸，明知故犯，顶风违令的案件屡有发生；一些民警特权思想严重，对待群众态度“冷硬横推”。特别是仍有少数基层民警在办案过程中急功近利，作风粗暴，搞刑讯逼供。“从已经查处的违法违纪重大典型案件看，几乎无一例外地存在着监督缺位或流于形式的问题。”祝春林说，“这些问题的存在，与共产党员先进性格格不入，与执法为民思想背道而驰，必须下大力气解决。”应该说，这些年侦查机关自身的队伍建设和纪律约束的力度还是很大的。侦查机关自己也意识到了执法人员在执法中的种种侵犯公民权利的问题，但屡禁不止，只能说明一个问题：权力只能靠外部力量的监督尤其是具有良好法律素养的法官的监督，靠内部监督和自律只能有一定的效果，但不能解决根本问题。

在我国学界，对于建立司法审查制度已经基本达成共识。[①] 在究竟应当由人民检察院还是人民法院来进行司法审查却存在针锋相对的观点。[②] 笔者认为，检察机关不能作为司法审查的主体。检察机关在我国是作为“法定”的“司法机关”存在的，但是并不能因为法律规定其为司法机关，它就具备了纯粹意义上的司法机关的性质。公正、中立、与案件不存在利害关系是司法机关的基本品格，我国的检察机关不完全具备这些品格，相反，它更具备当事人的特征。在刑事程序中，检察机关担负着控诉职能，与被追人是对立的一方当事人；检察监督是侦控机关的内部监督，具有严重的滞后性特征；实务中，检察机关无论是作为侦查机关还是公诉机关，往往更加重视对被追诉人不利的证据和事实。西方国家一般把检察机关视为同犯罪嫌疑人对应的当事人。我国立法虽未规定检察机关是刑事诉讼的一方当事人，但我们确实毫无理由否认它所具有的当事人特征。检察机关不具有作为裁判机关的基本特性——中立性、

---

① 2004年6月26日至27日中国政法大学诉讼法学研究中心主办的“刑事审前程序改革国际研讨会”上，来自中国、英国、美国、澳大利亚、荷兰、韩国、日本等12个国家及我国港、澳、台地区的120多名专家、学者，围绕上述主题，就中国刑事审前程序改革问题，进行了充满理性与智慧的交流，并达成这样一个共识：刑事审前程序改革，必须以权利保障为基石，并从权力控制入手，加强司法审查的力度，从而形成一个权利保障与权力控制相得益彰的体系。学者们一致认为强制措施应当在司法力量而不是在行政力量的控制之下运行。强调这一点，并不意味着司法者一定比行政执法者高明，而是由于司法者的中立地位和司法程序中所独有的诉讼参与人的平等参与权能够保障强制措施适用的公正和权威。

② 2004年6月26日至27日中国政法大学诉讼法学研究中心主办的“刑事审前程序改革国际研讨会”上，一种观点主张：在审前程序建立司法审查机制，并通过实行检警一体化加强检察对侦查的监督，以减少实行司法审查机制所带来的诉讼效率的降低。另一种观点主张：我国人民检察院国家司法机关的性质和对刑事诉讼活动实行法律监督的职能，决定了在中国的审前程序中，检察机关是对侦查权进行监督和控制的主体，可以行使原本在西方国家只有法院才能承担的裁判职能。这是我国的司法审查方式不同于西方法治国家仅将法院定性为司法机关之处。因此，改革应在现有基础上，进一步加强和完善检察机关监督、制约的措施，提高执法者的业务水平和职业道德。

被动性、公开性、独立性及终结性等。从国外情况看，无论是英美法系国家还是大陆法系国家，检察机关都没有司法审查权，即使检察机关的审查起诉活动也不被视为司法审查活动，而被认为是一种与侦查不可分割的追诉活动，并且这种审查起诉活动也一样要受到法官的独立审查。可见，我国检察机关也不宜成为司法审查主体。

在对司法审查权主体的选择上，西方国家几乎无一例外地将这一权力赋予了法官，英国是治安法官，美国是法官，法国是预审法官，德国在1974年刑事司法改革中废除了预审制度后，也是由法官对审前程序中的侦查行为实施司法审查。将司法审查权赋予法官的理论基础是现代法治国家刑事诉讼的三大原则：控审分离原则、司法最终裁决原则和正当程序原则。控审分离原则要求控诉职能与审判职能必须加以严格的区分，检察院和法院在刑事诉讼中分别承担追诉和审判的职能，并且只能在各自的职能范围内行使职权，不能相互代行职权。在刑事审前程序中，强制处分是必要的，但其实施必然会对公民的基本权利造成一定的限制或剥夺。这些强制处分的决定权，从本质上来说是一种司法裁决权，如果由侦控机关自行决定，就违反了“任何人不得作自己案件的法官”的自然正义原则，有违程序公正，只有由作为裁判者的法官来决定才符合控审分离原则。司法最终裁决原则要求所有涉及个人自由、财产、隐私甚至生命的事项，不论是属于程序性的还是实体性的，都必须由司法机构通过亲自“听审”或者“聆询”作出裁判，在审前程序中，追诉机关基于侦查的需要适用搜查、扣押等强制处分，就在公民个人权利与追诉机关的侦查权力之间形成了激烈的冲突或对抗。对于这种对抗，只有由中立的司法机构来裁断，才符合司法最终裁决原则。正当程序原则“意味着在广义上剥夺个人利益时必须保障其享有被告知和陈述自己意见并得到倾听的权利”①，即公民权益被处分时，侦控机关不能单方面作出决定。只有在中立的法院那里，被剥夺者才有机会充分陈述意见，也才能被充分地倾听，所以，由法院作为司法审查的主体，才符合正当程序原则。

据此笔者认为，在我国建立司法审查制度最重要的是建立侦查法官制度。所谓侦查法官，是指在侦查阶段，决定对犯罪嫌疑人、被告人是否采取羁押、搜查、扣押、冻结强制处分手段的法官。我国台湾地区学者对侦查法官的理解是这样的：“在以往侦查程序是由检察官主导，而有关于刑事诉讼法上基本权利之侵害行为，亦是由检察官来发动，但是检察官所发动之刑事诉讼法上基本权利的侵害行为，亦必须由法官来审酌是否有其必要性，此乃意谓在侦查程序中，即有法官介入其中，此种法官当然并非对侦查程序全然不了解的法官，而是一种对侦查程序有所认知，且能对刑事诉讼法上基本权利侵害之侦查行为作出判断的‘侦查法官’。”②

根据我国的情况，我国建立侦查法官制度或预审法官制度，目前有三种较为可行的方案：一是在人民法院内部增设预审庭和预审法官，专门负责强制侦查行为的审查批准，类似于现在人民检察院的批捕部门。二是由人民法院内部现有的业务庭兼任预审职能，如可以由现有的告申庭承担预审职能，因为基层人民法院的告申庭一般业务不多、任务不重，可以在不影响原有业务的情况下承担起预审的职能。三是由人民法院刑庭的法官轮流、随机性地承担预审职能。但是，无论采用哪一种方案，都必须注意两个问题：一是诉讼职能的分离问题，为了防止控审不分造成法官先入为主形成预断，参加过预审的法官绝对不能再参与同一案件的法庭审理。二是预审

① ［日］谷口安平：《程序的正义与诉讼》，王亚新、刘军荣译，中国政法大学出版社 1996 年版，第 4 页。

② 陈志龙：《法治国检察官之侦查与检察制度》，载《台大法学论丛》第 27 卷。

专业化问题。虽然都属于审判职能，但是预审职能与庭审职能的内容不完全相同，而带有自身的特点，这也要求我们在选拔、配置预审法官时，应当注意选拔那些对侦查程序的特点和要求比较了解和精通的人员来担任预审法官。

3. 通过大幅度削减机关警察编制，通过严格的培训、考试，充实侦查法官数量，应对大量的司法审查任务。

我国目前有公安民警约170万名，一线警员与机关警员几乎各占一半。[①] 以2005年的数据为例，全国公安机关共立刑事案件约500万起，共发现受理治安案件737.3万起。[②] 在刑事案件中，绝大部分刑事案件都会涉及搜查、扣押、检查、勘验等事关当事人财产权的侦查措施。在治安行政案件中，近三分之一的行为人会被行政拘留。这些侦查措施和行政拘留一般都是由机关警察批准。笔者认为，就刑事执法而言，一线民警所从事的主要是调查、抓捕等工作，侧重于技术或体力层面，这与实行司法审查制度国家警察的工作基本是一样的。而实行司法审查制度国家的治安法官所从事的工作与我们机关警察所从事的工作基本一样，即监督、指导具体侦查行为，审查批准强制处分。以2004年数据为例，中国法院系统法官和工作人员约30万名，审理刑事案件约65万件，判决约75万人，还要审理约450万件民事、行政案件，[③] 工作量是相当大的，如果把所有刑事案件中的强制处分全交由法官决定，在现实情况下绝不可能承担。笔者的建议是，既然警察工作的实质主要是立足于维护社会治安和从事技术层面的侦查、抓捕等工作而非适用法律的工作，在现在警察部门的机关警力过剩、且这些机关警力实实在在

---

① 公安部新闻发言人武和平在2006年公安机关基层基础建设年新闻发布会上所讲的内容。

② 2006年1月20日公安部新闻发布会公布的数据。

③ 2005年3月9日肖扬在第十届全国人民代表大会第三次会议上所作的《最高人民法院工作报告》。

又在从事本应由法官从事的对强制处分的监督、审批工作的现实情况下，应大幅度削减警察部门的机关警力，充实到人民法院中去，从而将对侦查行为的司法控制权原则上交由人民法院法官行使，实行侦查法官制度或者预审法官制度。

三、比例原则

比例原则是西方国家宪法、行政法、行政诉讼法、刑事诉讼法的一项重要原则，对于限制国家公权力、保障公民权利有十分重大的意义。我国台湾地区及其他国家或地区都不同程度借鉴和继受了这一原则。在我国的行政处罚法和治安管理处罚法中能看见该原则的影子，[①] 但在刑事诉讼法领域，除极少数理论研究者有所涉猎外，[②] 立法和实务中几乎是一片空白。然“世界潮流、浩浩荡荡，顺之则昌、逆之则亡”——我国的现状并不妨碍该原则成为刑事诉讼中保障公民财产权等基本权利的重要原则。

（一）比例原则的历史发展

比例原则思想保障财产权最早可追溯至1215年英国自由大宪章的规定。《自由大宪章》第20条规定：自由人犯轻罪者，应按照犯罪之程度科以罚金；犯重罪者应按其犯罪之大小没收其土地，与居室以外之财产。该条是专门针对公民财产权保障而规定的，即以比例原则来保障财产权。但当时的社会思想和制度运行受基督教神学的牢牢控制，比例原则的指向是人的自由及各种权利保障，在资产阶级革命胜利后才逐步走向成熟。它是从行政法领域中成长起

---

① 《行政处罚法》第4条第2款规定：设定和实施行政处罚必须以事实为依据，与违法行为的事实、性质、情节以及社会危害程度相当。《治安管理处罚法》第5条规定：治安管理处罚必须以事实为依据，与违反治安管理行为的性质、情节以及社会危害程度相当。实施治安管理处罚，应当公开、公正，尊重和保障人权，保护公民的人格尊严。办理治安案件应当坚持教育与处罚相结合的原则。

② 参见《侦查程序原理论》（陈永生著）等论著中的介绍和研究。

来的。1895年德国行政法先驱奥托迈耶在其《德国行政法》教科书中说："警察不可违反比例原则。"他将比例原则誉为行政法的"皇冠原则"，足见该原则在控制行政权力方面的巨大威力。在该书1923年的第三版中，他进一步阐述了比例原则的基本要求，并指出该原则来源于自然法思想。他认为："以自然法上的基础要求警察作合乎比例的防御并界定警察权力的发展范围。警察不得在法律一般授权下，超乎自然法的范围，作出逾越授权的防御。逾越必要的限度，则是违法的滥权。"① 第一次世界大战后，比例原则开始在成文法中出现。例如，1931年6月1日颁布的《普鲁士警察行政法》第49条明文规定："为排除一公共安全或秩序上之滋扰或为有效防御一警察危害有多种方法时，警察官应采取其一为已足，其处分应选择对关系人或大众危害最小的方法，若关系人请求使用另一种同样能有效防御危害之方法时应允许之，请求应在未提起行政诉讼前之期间内行之。"②

第二次世界大战后，德国将该原则从行政法领域提升到了宪法领域的高度，作为一条宪法原则，可以适用于任何法律部门和领域。只要涉及对公民权利实施干预或侵犯的，都必须受比例原则的约束。比例原则超越了行政法，适用于其他部门法。虽然主要在公法领域（比如行政法、刑法、刑事诉讼法、国际法），但原则部分或全部内容也被运用在其他领域，比如说企业宪法（或称为企业组织法）、罢工法、解雇保护法、民法、商法等，在此时期，司法判例被德国最高法院作为重要原则使用。之后比例原则在理论上与实践中均得到了极大的发展。例如，西班牙1992年《行政程序法》第96条、葡萄牙1996年《行政程序法》第11条都规定了比

---

① 陈新民：《宪法基本权力之基本理论》（上册），台湾三民书局1990年版，第258页。

② 陈永生：《侦查程序原理论》，中国人民公安大学出版社2003年版，第134页。

例原则。英美法系中的合理性原则、平衡原则等都包含了比例原则的内容。法国不仅在刑事诉讼制度的构建上严格贯彻比例原则，而且在2000年6月15日第2000—516号法律中明确将必要性原则作为刑事诉讼的一项基本原则加以规定。该法规定强制措施“应当严格限制在程序必要之范围内，与所追究的罪行的严重性相称，并且不应当侵犯人的尊严”。我国澳门地区的诉讼理论也认为：“关于以嫌疑犯为对象的强制措施，不论是属于财产性质还是限制自由性质的措施，皆需考虑其采用对象仍是一被推定无罪者，固其严厉程度不能超越社群所能忍受的程度。”① 20世纪70年代中期，欧洲共同体为缓和奶粉生产过剩的矛盾，制定了一项计划，规定在生产饲料时必须加入脱脂奶粉代替原来用以保证饲料蛋白质含量所使用的大豆。但奶粉的成本比大豆高出三倍，如此必然给饲料生产者造成损害。对此，共同体法院在1976年第116号案件中，判定有关此项计划的法规无效，理由之一就是违反了比例原则。因为强制购买脱脂奶粉并非是减少生产过剩的必不可少的办法，同时也不能以损害饲料生产者利益的手段达到这一目的。通过这一判例，德国的比例原则成为欧洲共同体法的不成文法的一部分。②

我国台湾地区的法律制度深受大陆法系法律传统的影响，其中尤以德国法观念和法理论的影响为甚。比例原则在我国台湾地区法学界得到了绝大部分学者的认同，部分学者更是就其进行了深入的理论探讨，进一步推动了比例原则理论的发展。台湾地区著名行政法学者陈新民教授认为：“比例原则是拘束行政权力违法最有效的原则，其在行政法学中所扮演的角色，可比拟‘诚信原则’在民

---

① 欧曼莉：《澳门刑事诉讼制度的结构及基本原则》，1995年澳门过渡期法律研讨会论文。

② 参见《德国宪法法院的地位及其审查范围》，载中国人民大学书报资料中心：《宪法与行政法》2001年第1期。

法居于帝王条款之地位，所以，吾人称比例原则是行政法中之‘帝王条款’，当不为过。”[①] 但是，台湾地区比例原则的发达并不限于法学理论方面，在立法、实践中，比例原则亦日益得到重视，其不仅涉及的领域越发扩展，而且规定的内容也更加全面。其“宪法”第23条规定：“对人民权利的限制唯有在公共利益所必须的范围内，方得为之。”“土地法”第208条也揭示了必要性原则（比例原则的子原则之一）的精神，较近的“行政执行法”第3条、“集会游行法”第26条或明示必要性原则或直接使用了“比例原则”的字眼。最近台湾地区的“行政程序法”更是对比例原则具体内涵作了完整全面的规定。当然“徒法不足以自行”，再前沿的理论，再完备的立法，没有司法实践的支撑，其价值必将大打折扣，并有被实践湮没的危险。我国台湾地区“司法院”“大法官会议”越来越重视对比例原则的运用，比例原则在大法官解释中出现的频率日渐增多，这也使比例原则在台湾地区司法实务中贯彻得更为广泛深刻。

（二）比例原则的基本含义及要求

按照我国台湾地区学界的观点，一般认为比例原则是一个广泛的概念，包括三个子原则，即妥当性原则、必要性原则、狭义比例性原则。[②]

1. 各子原则的具体含义。

（1）妥当性原则，又称适当性原则、妥适性原则，是指所采取的措施（一般包括行政立法行为和行政执法行为）必须能够实现行政目的或至少有助于行政目的的达成。在这里有一个问题引起

① 陈新民：《宪法基本权力之基本理论》（上册），台湾三民书局1990年版，第288页。

② 参见盛子龙：《比例原则作为规范违宪审查之准则》，台湾大学硕士论文，1985年；曾锦源：《公法上比例原则之研究》，辅仁大学硕士论文，1988年；林锡尧：《西德公法上之比例原则》，载《司法周刊》1982年第88期。

了学者们的注意：如何认定一项措施是否有助于目的的达成？对此通说一般采最低标准，即只要措施不是完全的不适当，就是符合妥当性原则。并且这个最低标准并非以客观结果为依据的，而是以措施做出时有权机关是否考虑到相关目的为准。从通说出发，在实践中由于一般情况下一个措施“多多少少”有助于达成目的，所以本原则很少起到实质作用。

（2）必要性原则，又称最小侵害原则，是指在能达成法律目的的诸方式中，应选择对人民权利最小侵害的方式。这里要注意两个问题，一是必须存在多个能够实现法律目的的行为方式，否则必要性原则无适用的余地；二是在能够实现法律目的的前提下，选择对公民权利自由侵害最轻的方式。对于必要性原则，德国学者F. Fleiner曾用“警察不可用大炮打麻雀”来形容，该法谚隐含着“打麻雀完全可以用鸟枪”的意思。“杀鸡焉用牛刀”也能较好表现必要性原则的内涵。

关于什么叫“最小侵害”，虽无精确标准，但公认的价值观一般认为，限制财产权比限制人身权，侵害要小；限制物质权益较限制精神权益，侵害要小；负担性的措施较禁止性的措施，侵害要小。也有学者提出，在能实现行政目的的诸方式中，由当事人自由选择侵害较小的方式，这似乎也是个可行的方法。

（3）比例性原则，又称狭义比例原则，是指措施所造成的伤害不得与其所欲达成的结果不成比例。对比例性原则的理解可以从两个层次进行，第一个层次是公共利益的保护与私人利益的保护之间要形成合适比例；第二个层次是指措施的负作用与措施所达成的目的之间要有适当比例。这里的核心问题是“法益”的衡量的问题，即公民受宪法保护但同时又受到具体行政措施限制的个人权益与该措施所欲保护的公共利益之间的比较，并不能因为一个较小的公共利益而去损害较大的公民权益。一般情况下由法官视个案具体情况而作“理性”、“公正”的判断。当然，这个标准也非漫无目的，法官至少要考虑两个因素：人类尊严和人的财产权等基本权利不可侵犯的基本准则、公益的重要性程度等。

德国科隆大学的托马斯·卫根特教授列举了一个非常生动的案例来说明侦查行为对公民权利的侵害程度与所要达到的目的的重要性必须成比例。① 警察P怀疑公民D在超市里偷了一块肥皂。为了找到那块肥皂，警察P就申请了一张搜查证去搜查公民D的身体和住宅，以及D的女朋友G（她和D一起去的超市）的身体。按照比例性原则，警察P不能获得搜查证：虽然，为了从D的身体、住宅以及G的身体上获取证据（肥皂），而采用广泛搜查是恰当的，并且，为了发现赃物，搜查也是侵犯性较低的手段，但是，采取搜查手段在某种程度上会侵犯D和G的隐私权及其他权利，这与其犯罪的轻微程度是不成比例的。但是，如果被盗窃的东西不是一块肥皂而是一条昂贵的钻石项链，结果当然会有所不同。

2. 各子原则之间的关系。

毫无疑问，妥当性原则、必要性原则及比例性原则均注重目的与手段的关联性，但三者对关联性的具体要求是不同的。妥当性原则要求手段有助于目的的实现，即从目的对手段的导向作用角度来定义关联性。必要性原则要求实现目的的手段是最小侵害的，即从手段的最小负面影响角度来定义关联性。比例性原则通过对手段负面影响的考虑，要求目的本身的适当、不过分，即是从目的的价值取向来定义关联性的。妥当性原则与必要性原则处于同一层次，两者均是从目的实现出发，注重手段的选择，而对目的本身妥当与否并不关心。比例性原则注重于目的本身的考虑，通过对手段负面作用大小的判断，来衡量目的的正当性。因此，在目的与手段关系上，前两个子原则注重于手段的考虑，而比例性原则注重于目的的

---

① 参见［德］托马斯·卫根特：《德国现代侦查程序与人权保护》，见孙长永主编：《现代侦查取证程序》，中国检察出版社2005年版，第338页。

考虑。

一般而言，妥当性原则是必要性原则的前置原则，某项措施只有符合了妥当性原则后，才能继而进行必要性原则的考虑，否则必要性原则无适用的必要。妥当性原则对手段的选择侧重于有助于达成目的，而不问该手段是否对公民权利自由造成损害及造成多大损害；而必要性原则选择手段时，侧重于尽量减少对公民权利自由的干涉，当然这种选择是建立在能实现法律目的的基础上的。

比例性原则较前两个原则，处于较高层次。比例性原则是对目的本身的考虑，而妥当性原则、必要性原则所涉及的手段完全依赖于目的。某项措施即使符合了妥当性原则和必要性原则，也不一定符合比例性原则的要求，换言之，比例性原则完全可以否认妥当性原则和必要性原则所无法排除的不适当、不成比例的手段。一般情况下，比例原则的启动是以妥当性原则、必要性原则得到满足为条件的，而比例性原则所体现的对公民各项权利自由的真切关怀也是妥当性原则、必要性原则所无法望其项背的。比例性原则直接体现“人权保障基本原则”的精神，能够突破制定法的制约，这是比例原则最珍贵的部分，也是比例性原则得以长期存在的关键。

从以上分析可知，在理论逻辑上，比例原则的三个子原则既相对独立，又有一定的位阶层次。三个子原则之间有一定层次性，但并无不可逾越的位阶关系。符合比例性原则的措施亦有可能违反必要性原则。从实践来看，当事人完全可以直接以违反比例性原则为理由提起诉讼，法院也可直接以违反比例性原则对权力行为的法律效力加以否定。

（三）比例原则与我国财产权保障

法学界普遍认为，我国刑事诉讼法新一轮修改中的重点和难点是如何更加完善刑事强制措施立法，实现惩罚犯罪和保障人权之间的平衡。从中国政法大学诉讼法研究中心于 2005 年 12 月 27 日召开的刑事强制措施立法完善研讨会的情况看，不管是学术界还是实务界，都一致认为要切实纠正当前执法活动中的错用、滥用强制措施侵犯公民权利的现象，必须在程序法定原则、司法审查原则及比例原则的约束和指导下，设计有关强制措施制度。① 笔者认为，按照比例原则基本内容的要求，在新的强制措施制度中应强调，采取强制措施必须首先限于“必要性”考虑，并且应当与犯罪严重程度和人身危险性相适应。具体讲应有如下要求：

1．侦查活动原则上以任意侦查的原则进行，强制侦查只有在法律规定的例外情形下才能使用。任意侦查指不采用强制手段，不对相对人的生活权益强制性地造成损害，而由相对人自愿配合的侦查，比如侦查机关经过被搜查人同意后对其人身或住所进行的搜查，经嫌疑人和知情人同意后听取其陈述或者对嫌疑人进行测谎实验等。在侦查权力的行使过程中，存在两种不同的利益需要：一是有效进行侦查，维护社会秩序；二是保护被追诉人的权利。侦查行为越是要求通过强制手段保证其成效，侵犯相对人权利的可能性就越大。因此，必须在侦查的必要性与人权保障的要求之间寻求适当的平衡。英国的丹宁勋爵指出：“人身自由必定与社会安全相辅相成的。每一社会均需要有保护本身不受犯罪分子危害的手段。社会必须有权逮捕、搜查、监禁那些不法分子。只要这种权力运用适当，这些手段都是自由的保卫者。但是这种权力也可能被滥用，而如果它被滥用，那么任何暴政都要甘拜下风。”② 我国台湾地区学者林钰雄先生专门针对实施扣押时的比例原则作过论述：“扣押，亦应受比例原则之限制，此点固与搜索及其他强制处分相同，但另有特别限制。首先，对于应扣押物之所有人、持有人或保管人，得

---

① 参见郭恒忠、雷小政：《刑事强制措施立法完善研讨会综述》，载《法制日报》，2005 年 12 月 28 日。

② ［英］丹宁：《法律的正当程序》，李克强等译，法律出版社 1999 年版，第 109 页。

命其提出或交付，若其无正当理由拒绝提出或交付或抗拒扣押者，得用强制力扣押之。”[①] 因此，为了防止侦查权力的滥用，各国宪法和法律普遍要求侦查行为应当尽可能不用或少用强制手段，强制侦查仅仅在例外情况下根据法定程序进行。这是比例原则对侦查程序的总体要求。

对侦查中需要使用公民（包括被追诉人、被害人等）享有财产权的物作为证据时，尽量不使用强制方法，而用任意侦查的方法取得，该物能发挥证据的功能即可，不必故意影响其效用或使财产权减损，至于该物的最终所有权归属，待法院的裁决后直接物归原主。如果有充分证据证明该物是违禁物或者犯罪所得时，则可采取措施扣押或没收，因为有些违禁物并不是财产，因此不涉及财产权；而如果是犯罪所得，比如贪污的钱物，则此时的持有人并不享有财产权，而应扣押后及时发还给该财产的所有人。

虽然在理论上和其他一些法治国家的法律中均肯定或规定了任意侦查，但在我国的法律规定和实务中是一片空白。尤其是在执法司法实务人员的眼中，刑事诉讼过程是充满强制、暴力的过程，不存在任意的情形。笔者曾利用出差之便调查过一些刑警支队和派出所的领导、民警，这些刑警支队和派出所分布在东西南北，有发达地区的，也有落后地区的。但调查的结果是没人知道任意侦查的含义，也没听说过任意侦查这个词汇。这种现状与执法司法人员的法律素质低下有关，但也和传统的思想观念有关，比如传统的马克思主义认为：“政府是镇压的工具，是权威的机关，是军队，是警察，是官吏、法官和部长、教士。”[②] “警察、法庭和行政机关不是市民社会本身赖以捍卫自己固有的普遍利益的代表，而是国家用以

① 林钰雄：《刑事诉讼法》（上册），中国人民大学出版社 2005 年版，第 315 页。

② 《马克思恩格斯全集》（第 7 卷），人民出版社 1986 年版，第 94 页。

管理自己、反对市民社会的全权代表。”① 在根深蒂固的传统观念下，执法司法者都以专政机关的代表自居，极端强调执法办案的强制性，忽视了非强制侦查措施的存在。这是违背比例原则要求的。笔者认为，考虑到财产权保障的要求，在刑事诉讼中可以采取以下方法获取证据，从而既能达到刑事诉讼的目的，又可避免对财产权造成侵犯：对于动产，可以拍成照片加笔录或工作说明入卷，对于其中容易损坏、变质的财产，应当征当事人同意后，采用笔录、绘图、拍照、录像、制作模型，或留存于财产持有人住所等方法取证；对于不动产，比如房屋、建筑、营业场所等，因其在一般情况下是不可移动或毁损的，作为证据的价值和作为将来执行标的的价值一般都会长期存在，因此尽量不要采用查封的手段（其实我国现行刑事诉讼法中也没有“查封”这一侦查措施），尽量不要影响其使用价值，给当事人带来财产权上的损失。

2. 即使必须用强制的方法取得某物时，强制的范围也只能限定在该物与犯罪有关、确属涉案财物的范围内，不能扩大范围。例如，我国台湾地区 1991 年公布的“社会秩序维护法”第 22 条第 3 项规定：“供违反本法行为所用之物，以行为人所有者为限，得没入之。但没入，应符合比例原则。”同时我国台湾地区的法院判例也曾明示过扣押范围和实体处分之间的关系必须符合比例原则的要

① 《马克思恩格斯全集》（第 1 卷），人民出版社 1986 年版，第 306 页。

求。[1] 强制处分的功能主要是为了搜集证据和诉讼保全，确保将来的裁决得以实现，而这一切都是围绕“与犯罪行为有关”进行的，该物或者能证实犯罪，或者本身就是犯罪所用或犯罪所得之物。超出此范围的处分即为违反比例原则，是侵犯财产权的行为。比如疑犯贪污受贿15万元，但侦查人员将其存有30万元的存折一并冻结，并移送起诉；又如疑犯利用电脑进行网络诈骗，侦查人员搜查其所有房间，并扣押带走了其电脑、网线以及连接于电脑但与案件无关的电视机、打印机、传真机等正常的工作生活设备。这些都是违反比例原则中有关财产权保障要求的做法。

3. 不得收取过高的保释金。这是联合国《公民权利与政治权利国际公约》中明确规定的权利，该权利直接体现的是比例原则的要求。保释金事关被追诉人或其亲属的财产权。保释金的金额应当与被追诉人所犯罪行的严重程度，以及被保释后逃避刑事诉讼的风险的大小和重新犯罪的可能性的大小来决定。对于保释金的收取必须分情况进行。我国的刑事诉讼法规定了类似保释的取保候审制度。为了防止办案部门收取过高的取保候审保证金，有关部门按照嫌疑人涉案标的金额的大小确定收取保证金的比例，尽管这种做法缺陷很多（忽略了嫌疑人罪行的严重程度），但还是基本符合比例原则的。同时，由于我国刑事诉讼法中立案程序的存在，刑事立案的立案标准与人民法院追究被告人刑事责任的标准相比相当低，导

---

① 我国台湾地区行政法院八十三年判字第二六一二判决：“本件被告机关科处原告所漏进口税二倍罚锾及追征素漏进口税捐之金额合计仅1,161,941元，而据原告陈称其所有上开扣押物标的物之总价值，复已超过被告机关裁罚及追征进口税捐之总金额，似此情形，是否仍得谓已具备‘海关缉私条例’第四十九条规定‘无扣押物或扣押物不足抵付罚锾或追征税款’之要件，诚待斟酌。乃被告机关于行使裁量权决定应否通知原告缴纳保证金时，竟疏于审酌实际情况，率为通知原告限期缴纳全部税捐二分之一之保证金，是否得谓无逾越必要范围，而悉符行政法上之比例原则，非无商榷余地。一再诉愿决定未予纠正，亦不无可议。”参见台湾司法周刊杂志社编：《公法私法之区别，行政法之一般原则，行政处分之定义解释、裁判选辑》，2000年版。

致大量的刑事案件立案后，检察机关无法批捕无法起诉，被迫在侦查阶段无论是否符合取保候审条件，一律办理取保候审，收取保证金后，了结案件，即实务中的“以保代放”、“保而不侦”、“保而不审”。另外，对于被取保候审人违反规定没收保证金的具体标准没有细致规定，也存在随意没收保证金的情况，这是目前实践中违反比例原则的两种最主要表现。这两种做法，都是以侵害公民财产权为代价的。

实践中与保证金的收取有关的另一个重要问题是对已没收的保证金的退还问题，这与当事人的财产权有直接关系。一般情况下，如果当事人遵守取保候审有关规定，在取保候审期满后，办案机关所收取的保证金应及时退还；如果当事人违反了取保候审规定，对其保证金予以没收，刑事诉讼继续进行，一般不会涉及对被没收的保证金的退还问题。但问题是如果侦查机关采取了取保候审措施，并没收了保证金，在人民检察院决定不起诉后，或者人民法院对该案终止审理或者判决无罪后，侦查机关对已没收的保证金应否退还？作出取保候审决定的机关一般是不会退还的，其理由是在侦查阶段只要是依法没收的，就不应退还，而且在侦查阶段没收保证金不可能预料到案件将来的诉讼进程。这种极端的观念和做法，对部分当事人的财产权是有损害的。笔者认为，应当区分情况，决定是否退还已没收的保证金。一是先确认取保候审的合法性。根据《刑事诉讼法》第51条、第141条、第162条的规定，取保候审的条件与起诉、作出有罪判决的条件不同，对事实和证据的要求也存在较大差异，不能简单地根据人民检察院不起诉、人民法院终止审理或者作出无罪判决，就认定公安机关采取的取保候审违法。取保候审是否合法应当依据刑事诉讼法的规定来确认。二是关于是否退还保证金问题。对于人民检察院不起诉、人民法院终止审理或者判决无罪的案件，公安机关应否退还已经没收的取保候审保证金，应当分析具体情况，分别处理。如果被取保候审人在取保候审期间未违反《刑事诉讼法》第 56 条规定，也未故意重新犯罪，而被没收保证金的，没收的保证金应当退还；如果被取保候审人在取保候审期间违反《刑事诉讼法》第 56 条的规定，被依法没收保证金的，原则上不退还；如果被取保候审人确实无罪，且违反规定行为的情节较为轻微，其被没收的保证金可以退还。

4. 比例原则对人民法院判处被告人罚金和没收财产（以下简称“财产刑”）的要求以及执行罚金和执行没收财产刑的要求。我国《刑法》第 52 条规定，判处罚金，应当根据犯罪情节决定罚金数额。第 59 条规定，没收财产是没收犯罪分子个人所有财产的一部或者全部。没收全部财产的，应当对犯罪分子个人及其扶养的家属保留必需的生活费用。在判处没收财产的时候，不得没收属于犯罪分子家属所有或者应有的财产。这些规定，在一定程度上体现了比例原则的要求。但这远远不够，既然是财产刑，则存在侵犯财产权的极大可能性。因此，必须对财产刑的执行环节进行周密的立法，“罚当其罪”，以比例原则来落实对财产权的保障。

目前看来，由于立法规定过于粗陋，财产刑中违反比例原则、侵犯公民财产权的情况十分常见。在我国现行刑法中，有 58% 以上的条文规定了应该和可以适用财产刑的罪名，主要针对个人或单位实施的财产犯罪。为贯彻立法精神，最高人民法院要求在依法适用主刑的同时必须依法充分适用财产刑，法律规定应当并处财产刑的要坚决适用，法律规定可以并处的一般也要适用。随着近年来相关犯罪的增多，财产刑在司法实务中的适用率已经达到案件总数的 50% ~60%。作为一类刑罚，财产刑在经人民法院作出有效判决后，就应得到切实执行。但来自基层的统计表明，财产刑在判决后很难得到实际执行，其执结率甚至不到 4%，致使绝大多数的财产刑判决处于空判状态。[1] 由于执行困难，实践中许多人民法院对于可能会判处财产刑的案件采取预交“保证金”或者“押金”的做法，即在判决之前让被告人家属预交一定数额的金钱，在判决确定后按照“多退少补”的原则执行罚金等财产刑。实践中得以执行的财产刑基本上都是靠这种方法完成的，其“有效性”在司法实务中得到普遍认可。但是，这种做法存在以下问题：其一，于法无据，这种做法实质上是先执行后判决，显然是违背基本法理的。其二，违背罪责自负原则。“押金”的称法在刑事诉讼中不是一个严谨的用语；如果将其看作是对执行的保全措施，称作“保证金”是比较合适的，但保证金通常是由被告人的家属缴纳，在判决后被作为财产刑执行的对象予以执行，显然违背了罪责自负的基本原则，不可避免地会侵犯其他人的财产权从而造成事实上的不公平。其三，违反比例原则。罚当其罪是比例原则的表现之一，提前交纳的“押金”或“保证金”的数额，其实就是将来判决罚金或没收财产的数额，对当事人的财产刑实际上建立在其经济实力之上，与其应受的处罚不成当然的比例关系。因此，应废止这种提前交纳执行“押金”或“保证金”的做法。

另外，在判决没收财产的问题上，不管是立法本身还是实务都存在违反比例原则要求的情况。刑法规定没收财产是没收犯罪人的部分或全部财产，这本身就有问题。因为没收财产的目的虽然是增加国库收入，但没收对象应当是与犯罪有关的财产，比如犯罪所用、犯罪所得，或者犯罪收益。犯罪人的财产中也有合法财产，合法财产是受法律保护的，刑法不能与其他部门法相对抗。另外，由于不合理的立法存在，导致实务中也不分情况地“没收全部个人财产”。但到底没收多少，当事人不知，社会公众不知，辩护人也

---

① 参见张雪妲：《财产刑执行监督问题初探》，最高人民检察院检察理论研究所2006年调研报告。

不知，只有人民法院的执行人员知道。2005 年 7 月 28 日，北京市第二中级人民法院对马德卖官案作出一审判决，依法对马德以受贿罪判处死刑缓期二年执行，并处没收个人全部财产。同日，备受瞩目的全国人大代表桑粤春涉黑案也在吉林市中级人民法院终审宣判，桑粤春被依法判处死刑，没收个人全部财产。以上两案同一天宣判纯属巧合，笔者之所以把两案放在一起，是因为两案的判决结果中有一个共同点，都是“没收个人全部财产”。但是，人民法院的判决却没有告诉人们，两被告人的“个人全部财产”究竟有多少。纵观以往刑事判决，人民法院在判处没收犯罪分子个人部分财产时，往往有明确的数额规定，如绥化市原市长王慎义在被判处 15 年有期徒刑同时，还并处“没收个人部分财产 15 万元”。而在判处“没收个人全部财产”时，却总是笼统地一语带过，既不列举犯罪分子“个人全部财产”的内容和范围，也不写明财产的具体数量或数额，这种做法，显然违反比例原则规定，可能会造成对被执行人合法财产权的侵犯。

5. 刑事诉讼中公民财产权受犯罪行为侵害的任何情形都应当是刑事附带民事诉讼的受案范围，应当允许公民在刑事诉讼中向人民法院提起附带民事诉讼，以实现财产权的司法保障。① 我国刑事附带民事诉讼制度是保障刑事诉讼中被害人财产权利的重要制度，但是对于规范刑事附带民事诉讼受案范围的司法解释本身，却违反了比例原则的规定。《最高人民法院关于刑事附带民事诉讼范围问题的规定》第 1 条规定，因人身权利受到犯罪侵犯而遭受物质损失或者财物被犯罪分子毁坏而遭受物质损失的，可以提起附带民事诉讼。第 5 条规定，犯罪分子非法占有、处置被害人财产而使其遭受物质损失的，人民法院应当依法予以追缴或者责令退赔。在现实

① 此问题在第六章“刑事附带民事诉讼制度”部分有明确论述，此处仅仅论述法律文件的内容也应符合比例原则的问题。

中侵犯财产权犯罪案件越来越多的情况下，刑事被害人的损失远不止“因人身权利受到犯罪侵犯而遭受物质损失或者财物被犯罪分子毁坏而遭受物质损失的”情形，大量的情况是“犯罪分子非法占有、处置被害人财产而使其遭受物质损失”，但司法解释却阻止被害人提起附带民事诉讼，实际上是堵塞了被害人保护自身财产权的法律途径。

从国外或其他地区的做法看，由法院认定某一法律文件的规定违反比例原则的情况是存在的。这是因为比例原则不仅是刑事诉讼的原则之一，更是宪法原则之一。① 法院有权认定某立法包括司法解释是否违反比例原则。比如我国台湾地区“司法院释字第 439 号解释”明确认定台湾的“海关缉私条例”的内容违反了比例原则的规定，侵犯了公民的财产权。该解释的内容为：“海关缉私条例”第 49 条规定：申明异议案件，如无扣押物或扣押物不足抵付罚锾或追征税款者，海关得限期于 14 日内缴纳原处分或不足金额的二分之一保金或提供同额担保，逾期不为缴纳或提供担保者，其异议不予受理。这个规定使未能于法定期限内缴纳保证金或提供同额担保之声明异议人丧失行政救济的机会，系对人民诉愿及诉讼权利所为不必要之限制，与“宪法”第 16 条所保障之人民权利意旨抵触，应不再适用。本院释字第 211 号解释相关部分应予变更。在该解释中，“大法官会议”完全可以以“海关缉私条例”第 49 条

① 二战后，基于对战前纳粹政权滥用国家权力造成深重灾难的反思及法治国理念在宪法中的确立，德国逐渐将比例原则由行政法领域提升到宪法领域，并将其适用范围拓展到一切国家公法活动中。这一转变的标志性事件是 1958 年的“药房案”。在该案中，联邦宪法法院认为，为达到“禁止大量生产药物”的目标，对药商的销售额度进行限制或者对药物制造业者进行限制，都是不符合比例原则的。因为在本案中只需要求药商提出其药物供应担保就可以了，所以前二者较之后者，并非同样有效的手段。自此，比例原则被提升到宪法领域，不仅可以用来审查行政权的行使是否符合法律规定，而且可以用来审查立法权的行使是否符合宪法的标准，是否侵犯了公民的基本人权。转引自陈永生：《侦查程序原理论》，中国人民公安大学出版社 2003 年版，第 134 页。

违反比例原则而予以推翻，而且该条规定更多的是违反了比例原则，使保护的公共利益与公民被剥夺的权益不成比例，但“大法官会议”对此未予采纳。[1] 从该解释我们可以发现比例原则对“大法官会议”解释的影响有一个发展的过程。随着大法官们对比例原则的态度越发开明，掌握的技巧越发高明，比例原则对保证公民合法权益免遭行政权任意侵害的重要作用已初现端倪，但“大法官会议”对比例原则的适用有时还“缩手缩脚”，不是非常积极主动，其解释中有时也含糊其辞，从而导致了比例原则的应有作用还未得到充分发挥。有台湾学者认为，我国台湾地区的“宪法”第23条所谓的必要性原则在概述上应与比例原则同义，而且应视为“宪法”上比例原则的条文化。今后为落实保护人民权益，“大法官会议”似乎应尽速释明“必要”的意义及标准为何。[2] 这也是我国最高人民法院作司法解释时所面临且所必须考虑的问题。

---

① 参见台湾司法周刊杂志社编：《公法私法之区别，行政法之一般原则，行政处分之定义解释、裁判选辑》，2000年版。

② 参见蔡宗珍：《公法上之比例原则初论——以德国法的发展为中心》，载《政大法学评论》1999年第62期。

第三章　对物的强制处分制度与被追诉人财产权保障

一、对物的强制处分的概念

（一）对物的强制处分的含义和性质

按照我国台湾地区学者的观点，强制处分是指国家机关追诉犯罪时，为保全被告或者搜集、保全证据的必要，而对受处分人施加的处分。[①] 强制处分的目的，主要在于保全被告，例如拘提、通缉、逮捕、羁押等，以及搜集、保全证据，例如搜查、扣押、身体检查、通讯监察等。不过，一种强制处分可能同时具备以上两种目的，比如拘提或者羁押，一方面是为了防止被告人逃亡，同时也是为了将来刑事诉讼程序能顺利开展，并确保刑罚的执行。按照德国学者罗科信的观点，强制处分是对基本权利的侵犯。[②] 拘提命令、逮捕、羁押、为勘验其心神状态令人到精神病院的处分、人身搜索、照相及暂时性扣押驾照等处分，是对人格自由权的侵犯；抽验血液、脑波检测等是对生理不得侵犯的权利的侵犯；扣押是对财产

① 参见林钰雄：《刑事诉讼法》（上册），中国人民大学出版社 2005 年版，第 224～225页。

② 参见［德］克劳思·罗科信：《刑事诉讼法》，吴丽琪译，法律出版社 2003 年版，第 273 页。

权的侵犯；对住宅、住所的搜索，是对住宅权的侵犯；暂时的职业禁止，是对职业自由权的侵犯；网络追缉、数据比对、科学仪器的使用、布建秘密侦探等是对信息自主权的侵犯；还有对邮电通讯秘密权的侵犯等。而上述所提到的财产权、信息自由权、住宅权、人格自由权等都是为宪法所保护的基本权利。从强制处分关于打击犯罪的功能看，主要有四个方面：（1）搜集证明犯罪事实的证据；（2）保全证据的完整性，并以此作为司法审判程序的基础；（3）保障刑事诉讼程序的顺利进行；（4）确保国家刑罚权的顺利实现。[①] 因此，强制处分的基本功能，在于通过司法的作用，以确保犯罪受到追诉与处罚，具有国家打击犯罪、保障公民生命、财产权利的重要使命。强制处分主要是在侦查阶段实施的。孙长永教授指出："就司法实践而言，起诉和审判都在很大程度上依赖于侦查的结果。99%以上的有罪判决率，事实上是靠强有力的侦查来维系的。如果单从国家追究犯罪的效果这个角度来观察中国的刑事程序，侦查毫无疑问是整个程序的中心，在一定意义上也可以说，真正决定中国犯罪嫌疑人和被告人命运的程序不是审判，而是侦查。"[②] 可见，常见于侦查程序中的强制处分对于整个刑事诉讼程序是何等的重要！对于被追诉人权利的干预是何等的广泛深刻！因此，在具体的强制处分权能（比如搜索、扣押权）的分配与运作时，必须考虑到，如何调和强制处分，以避免公民的权利受到不当干预，同时又能实现犯罪追诉与惩罚。所以对强制处分权的规范以及具体权限的分配，必须在保障公民权利与有效打击犯罪这二者间，进行适当且合理的调整、设计。

我国台湾地区学者认为，强制处分属于传统用语，深受诉讼行

① 参见柯耀程：《刑事诉讼法强制处分部分条文修正拟议（甲案）》，载《台湾法学》2001年第19期。

② 孙长永：《侦查程序与人权》，方正出版社2001年版，"序言"第1页。

为论的影响，着眼于国家强制力量的运用，将强制处分定位于单纯的诉讼行为。[①] 强制处分属于单独的诉讼行为，并不表明强制处分无任何实体性质。比如搜查、扣押行为属于刑事程序中的暂时行为，不是对财产权的最终的实体处理决定，但该项处分却实实在在侵犯了公民的财产权、隐私权或住宅自由权。

基于强制处分具有实体性的基本权干预的特点，德国学者 Amelung 更进一步指出，刑事诉讼法应根本放弃强制处分的传统用语，改以"刑事诉讼上的基本权干预"替代，这样才能精确描述这种公法行为的特征。Amelung 认为，传统的强制处分用语并不能掌握许多现代形态的干预行为。比如，通讯监察虽然列入强制处分的概念讨论，但这种干预行为的特性在于秘密进行，受处分人根本不知不觉，与传统形态的逮捕、羁押或扣押等明显使用直接强制力量的干预处分根本不同。这类措施欠缺强制的特性，因而不宜成为强制处分。但是，通讯监察属于干预公民基本权利的行为则毫无疑问。在德国，Amelung 的主张已经得到多数认同。[②]

根据我国台湾地区学者的分类，按照强制处分的对象划分，强

---

① 参见林钰雄：《刑事诉讼法》（上册），中国人民大学出版社 2005 年版，第 225 页。林钰雄认为，诉讼行为，除了法律有特别规定外，不受法院的事后审查。事实上，排除法院审查，正是提出诉讼行为论的根本目的。为避免诉讼拖延，诉讼行为与本案裁判一并接受审查即可，不用再个别审查其是否适当。就此点而言，确实有其立论的基础，因为整个刑事诉讼程序，从侦查、起诉、审判，其间可能经过数百计的诉讼行为，假如大大小小的诉讼行为每个都可以单独申请救济，案件势必难以终结，更何况如果这些诉讼行为分别救济、分别审查又分别确定，容易产生裁判矛盾的情况，因此就一般的诉讼行为而言，除非法律另有考量而予救济规定，否则仅仅需随同本案一并为终局裁判即可。

② 参见林钰雄：《刑事诉讼法》，台北学林文化事业有限公司总经销，2000 年，第 244 页。

制处分分为对人的强制处分和对物的强制处分两种。[①] 按照王兆鹏和林钰雄的观点，对物的强制处分主要包括搜索和扣押两种。按照德国学者罗科信的观点，扣押必然直接侵犯作为公民基本权利的财产权；[②] 而搜索，则会对财产权和隐私权都造成侵犯。[③] 因此，本文中的对物的强制处分主要围绕搜索和扣押行为以及搜索、扣押之后的对物的处分行为比如返还被害人等处分展开。

（二）强制力及其理论依据

强制力一词与制裁的概念密切相关，可以认为，制裁就是强制力的具体实现。从法学思想发展的早期开始，人们就习惯于从法律义务和控制权力的视角观察、分析法律现象，这样，对法律义务和控制权力的实现的期待，使人们寄希望于制裁，也因此，人们深信没有强制力的法律便是无源之水，无本之木。近现代西方法学思想的历史发展中，无论是推崇应然价值的法学还是充满实证精神的法学，都大致沿袭这种观念。“人们普遍认为，制裁、强制和武力在法律中起着重要甚至必要的作用，理解这些现象是恰当地理解法律和法律制度的基本前提。”[④] 中世纪神学自然法倡导者阿奎那（St. T. Aquinas）主张：“法律有两个基本的特点：第一个是指导人类行动的规则的特点；第二个是强制力量的特点。”[⑤] 近代英国分析法学大师奥斯丁（J. Austin）断言：法律是一种命令，而“命

① 参见王兆鹏：《搜索扣押与刑事被告人的宪法权利》，台湾大学法学丛书编辑委员会编辑，第 2 页；王兆鹏：《刑事诉讼讲义（一）》，元照出版公司 2002 年版，第 22 页；林钰雄：《刑事诉讼法》（上册），中国人民大学出版社 2005 年版，第 231 页。

② 参见［德］克劳思·罗科信：《刑事诉讼法》，吴丽琪译，法律出版社 2003 年版，第 273 页。

③ 参见王兆鹏：《刑事诉讼讲义（一）》，元照出版公司 2002 年版，第 23 页。

④ T. 班迪特：《作为规则和原则的法律》，美国斯坦福大学出版社 1978 年版；月旦出版公司 1995 年版，第 142 页。

⑤ ［意］阿奎那：《阿奎那政治著作选》，马清槐译，商务印书馆 1982 年版，第 121 页。

令、义务和制裁是不可分割的相互联系的术语，换言之，每个术语都像其他术语一样具有同样的含义"①。他还认为：并非任何一种命令都是法律，只有普遍的命令，即强制某个人或某些人必须为某种行为或不为某种行为的命令，才具有法律的性质。较为重要的是，随着近代分析法学的法律命令说的影响日渐扩大，在后来的各种法理学理论中，强制力的观念成为分析法律本质特征的基本出发点。现代意大利新康德主义法学家韦基奥（G. Vecchio）指出：强制力与法律是两个在逻辑上具有必然联系的概念，"哪里没有强制，哪里就没有法律。"② 美国社会法学派法学家庞德（R. Pound）认为："法律包含强力。调整和安排必须最终地依靠强力，纵使它们之所以有可能，除了对一种反社会的残余必须加以强制，主要是由于所有的人都有服从的习惯。其实，服从的习惯在不小的程度上是依靠聪明人意识到如果他们坚持作为反社会的残余，那么强力就会适用于他们。"③ 美国法学家帕特森（E. Patterson）同样认为："任何法律在一定意义上都具有某种法律制裁形式"，而且"制裁是任何法体、任何法律规定的必要特征"。④ 可见，法律具有强制力是法律思想家的一致认同。强制力作为法律的基本特征具有以下四个理论支撑点。

1. 人性恶论。

在20世纪50年代末以前，将人性恶作为法律得以产生的基本

---

① ［英］J. 奥斯丁：《确定法理学范围》，H. 哈特编，英国伦敦，1954年版，第17～18页。

② ［美］G. 韦基奥：《法律哲学》，英译者T. 马丁，美国华盛顿，1953年版，第305页。

③ ［美］R. 庞德：《通过法律的社会控制》，沈宗灵译，楼邦彦校，商务印书馆1984年版，第17页。

④ 参见［美］帕特森：《法理学：法学家及法学思想》，美国布鲁克林，1953年版，第169页。

前提是西方法学思潮的重要特征。人们以为，人类本身便是罪恶的化身，其本性中根植着黑暗与危险的力量，即使承认人类具有某些良知的意念，也必须看到其内在的贪欲以及腐化的倾向时常使良知的意念所剩无几。所以，为使人类社会不致彻底毁灭，就必须用法律对人性予以强制性的控制。早期基督教思想家奥古斯丁（St. Augustine）声称，人类来世以后，其本性已被原罪完全败坏了，以前那种爱的秩序已经让位给色欲、贪婪和权欲，这样，理性不得不设计出政府、法律以惩罚遏制人的腐败。从人性恶的角度反观法律强制力的必要性的思维观念，在近代英国哲学家霍布斯（T. Hobbes）那里发展到了极致。他从心理学出发，认为人类自然而然地便具有贪婪的心理基础，于是在自然状况中人对人像狼一样处在战争之中，因此“没有有形的力量使人们畏服、并以刑法之威约束他们履行信约和遵守……自然法时，这种战争状况便是人类自然激情的必然结果”①。正是在霍布斯的理论之后，人们开始普遍接受人性恶论作为法律强制力观念的心理学基础。在现代，庞德较为典型地表达了这种论说，他认为：对人类内在本性的约束，过去和现在都是通过社会控制即通过对个人所施加的压力来实现的，法律就是一种社会控制，其“目的在于迫使个人尽守本分，支持文明社会并制止个人违反社会秩序”②。

2. 权力至上论。

像人性恶论一样，对法律依赖统治者权力的强调，是20世纪50年代末以前西方法学思潮的又一特征。人们时常认为，法律是以统治者的权力为基础的，法律的力量主要在于统治阶层的权力。在一般社会中，统治者可以制定法律并实施法律，完全是由于统治

① ［英］霍布斯：《利维坦》，黎思复、黎廷弼译，商务印书馆1985年版，第128页。

② ［美］R. 庞德：《法理学》，美国西部出版公司1959年版，第6页。

者具有主权或权力。反之，如果法律失去了效力或实效，也正是因为统治者失却了至上的主权或权力。这样，在法律背后具有权力进而具有强制力的支撑是顺理成章的事情。阿奎那认为，法律是由任何负有管理社会职责的人予以公布的；在此基础上，他承认强制的力量属于“代表社会的负惩罚之责的官吏”①。而在16世纪，随着主权的、独立的、民族的国家的崛起，法国政治学家布丹（J. Bodin）首先将统治者权力的思想系统化，并将其和国家主权概念紧密联系在一起。在他看来，统治者的最高权力是不受任何限制的权力，不同于在特定时间内所授予的有限的权力；最高权力不受法律的约束，因为主权者是法律的来源；统治者的权力的特点就在于不经他人同意便可为公民制定法律。布丹的主权理论经由霍布斯加以发挥，伴随奥斯丁的法理学的详尽分析，最终成为近代法律“强制力”观念的政治学基础。而17世纪古典自然法学派思想家洛克亦类似地认为：“……谁能对另一个人制定法律就必须是在他之上。”② 在现代，即使是极为强调法律科学纯粹性的凯尔森，也部分地接受了这一政治学基础。他在批评奥斯丁法律命令说并主张国家权能依赖法律规范的同时，也承认法律规则在某一方面是权力所创立的规范，用以规范个人的行为，而制裁由法律秩序所规定，用以促成立法者所希望的个人行为，并据此以为法律是规定制裁的一般规范。

3. 立法意志论。

法律是由人制定的，因此它必然体现了人的尤其是制定者的愿望或意志，这种立法（包括法官创立判例）意志说（辅之以统治

---

① ［意］阿奎那：《阿奎那政治著作选》，马清槐译，商务印书馆1982年版，第106页。

② ［英］洛克：《政府论》（下篇），叶启芳、瞿菊农译，商务印书馆1983年版，第92页。

者权力至上说），在近现代西方法理学中颇为流行。显然，如果接受这样一种观点，并承认在现实社会中，人们的愿望会出现彼此矛盾的情况，而且并非所有人都会自觉或自愿或习惯地遵从法律制定者的意愿，那么，就自然会导致主张用强制力来确保法律的遵守与实施的思维观念。近代德国哲学家康德也宣称立法权属于公众的联合意志，在任何情况下对立法意志是不能抗拒的；忍受立法权的滥用是人民的义务，因为体现立法者意志的立法是一切法律的渊源。正是以此为出发点，他认为国家制定的法律才具有现实的强制性。① 立法意志说在奥斯丁的法律命令说中得到了较为详尽的阐述。奥斯丁认为，法律是一种命令，这种命令表达的是命令者要求他人为一定行为或不为一定行为的愿望，而愿望和意志在命令者那里是一致的。他确信，如果被命令的人未能满足命令者的愿望，就会出现对被命令者的不利状态即制裁。② 可以看到，随着18世纪西方立法运动的展开，立法意志说便逐渐成为法律“强制力”观念的立法学基础。

4. 功利主义论

法律具有或应当具有“强制力”的观念，意味着法律要对那些不服从法律的人予以强制约束。这必然会引出一个较深层次的问题：法律进行强制的社会目的是什么？功利主义的基本信念是学者们考虑比较多的原因。作为对社会进行整体思考的伦理学的“目的论”或“效果论”，功利主义以为，行为或实践的正确与错误仅仅取决于其对受其影响的全体人们的普遍福利所产生的结果；所谓行为在道德上的对错，是就该行为所产生的总体善或恶而言的，它

① 参见［美］E. 博登海默：《法理学》，美国哈佛大学出版社1974年版，第63～64页。

② 参见［英］奥斯丁：《确定法理学范围》，H. 哈特编，英国伦敦，1954年版，第17～18页。

与行为本身是无关的。与此相适应，功利主义主张权利和义务的概念从属于最大利益的概念或由最大利益所决定。而功利主义的基本信念与法律应当强调“秩序”价值的意识默契配合，从而使手段性的法律制裁在目的性的法律价值之下得以获得法律基本特征的地位。阿奎那便说：“社会的利益大于个人的利益，并且更为神圣。所以，对于某一个个人的伤害有时是可以容忍的，如果这种伤害是有利于社会福利的话……。”① 他将社会福利和社会秩序联系起来，并以此作为法律的目的，进而阐明法律强制力量的必要性。庞德则指出：作为社会控制形式之一的法律控制，其最终目的就是尽可能地以最小损失满足最大多数人的需要。② 而在社会利益中，和平与秩序是法律承认的第一个利益，所以法律包含着强制力。在近现代，由于边沁的政治伦理学说和社会法学派的理论影响逐步扩大，社会伦理学意义的功利主义便成为法律“强制力”观念的伦理学基础。

刑罚是国家施加于公民的最严厉的惩罚，是以强制力为强大后盾的；强制处分是刑事诉讼具有强制力的主要体现。刑事诉讼的目的在于保障人权与打击犯罪，在侦查犯罪、控诉犯罪及判决和执行刑罚等一系列诉讼行为中，强制力是根本，是刑事诉讼行为能正常、顺利进行的砝码。如果没有强制力的存在，刑事诉讼也就不会存在，因为没有任何人天然就会服从强制；同时，法律强制力的效力也及于国家的追诉机关及司法机关，这些机关及其工作人员必须按照法律规定的程序进行诉讼活动，不能违反程序恣意侵犯当事人的权利，否则应承担相应的法律后果——程序性制裁。强制处分是刑事诉讼法的重要内容，强制力的存在决定了强制处分的存在。

---

① 《阿奎那政治著作选》，法律出版社 2000 年版，第 70 页。

② 参见［美］R. 庞德：《我的法律哲学》，美国波士顿法律丛书公司 1949 年版，第 249 页。

二、对物的强制处分制度的立法考察

中国：强制处分仅指针对人的强制处分，并无对物的强制处分一说。学界中所谓的“对物的强制处分”的内容实际上设置在《刑事诉讼法》第二编“立案、侦查和提起公诉”的“侦查”一章中。该章第五节规定了“搜查和调取证据”，第六节规定了“扣押、查询、冻结”。同时在第三编“审判”的“第二审程序”一章的第198条规定了“对被害人的合法财产，应当及时返还”。公安机关、人民检察院、人民法院都可以决定对物采取强制处分，对物采取强制处分的理由十分简单：或者是“与案件有关”，或者是“能够证明犯罪嫌疑人有罪或无罪”等。

法国：将对物的强制处分如搜查、扣押和其他侦查措施如讯问、对质，及与对人的临时羁押同时设置在法典“预审管辖”一章中。法典第97条规定：凡扣押的物品和文件，必须立即开列清单并封存……经预审法官同意，司法警官可以只查封有助于查明案件真相的物品和文件……。第99条规定：在侦查过程中，预审法官有权决定将已查封的物品恢复原状……对物品拥有权利的任何人的请求，作出附理由的裁定。还可以在征得共和国检察官同意后，依职权将已查封且其所有权没有争议的物品退还或者责令退还犯罪被害人……如果恢复原状有碍于查明案件真相或者保护当事人的权利，或者对人员或物品可能造成危险，则不应恢复原状……决定恢复原状，则应通知检察院和一切其他利害关系人……对这样的裁定不服，可以要求刑事审查庭复议。此期限内，裁定暂停执行。

德国：将对物的强制处分如搜查、扣押和其他侦查措施如讯问、监视电信通讯等，与对人的逮捕和暂时逮捕并行同时设置于在法典第一编“通则”中。法典第94条规定了扣押标的物（又称扣押的功能）：对可以作为证据，对侦查具有意义的物品，应当提取保管或者以其他方式予以保全。第95条规定了拒绝交出拟扣押物品时，可以科处罚款或强制处分。第 97 条还规定了不可扣押之物品，主要包括被控人与享有拒证权人之间的书面通讯、医生的检查结果等。第 97 条规定了扣押的主体：只允许由法官、在延误有危险时也可以由检察院和它的辅助官作出决定。对于未经法官决定而扣押了物品的官员，当事人对此提出异议时，应由法官对此扣押行为予以确认。第 111 条 K 款规定了对扣押的物品归还给被害人。对于依法扣押的动产，在明确被害人，明确无第三人的请求权与此相抵触并且明确刑事诉讼不再需要的时候，要归还给被犯罪行为夺走的被害人。另外，在第六编的特别种类程序中，其第三章还专门规定了没收、扣押财产程序。明确了扣押的具体对象范围，这主要用列举的方式，对刑法典、武器法、麻醉品法中的一些应扣押的对象予以明确。

日本：日本的扣押、查封规定在刑事诉讼法及刑事诉讼规则的总则中。第 99 条规定：法院在必要时，可以查封证物或者应当予以没收的物品。第 107 条规定了查封证的记载事项：查封证应记载被告人的姓名、罪名，应予以查封的物品，有效期及该期间经过后不得着手执行并将令状退回的意旨，及签发的年月日和法院规则规定的其他事项，由审判长签名、盖章。第 123 条规定了扣押物的返还和暂时返还：没有扣留必要的扣押物，应当不待被告案件终结，以裁定返还。第 124 条规定了返还被害人和扣押赃物：扣押的赃物没有必要扣留时，以应返还被害人的理由明显时为限，应当不待被告案件终结，在听取检察官和被告人或者辩护人的意见后，以裁定将扣押物返还被害人。

意大利：物的强制处分作为搜集证据的一种重要方法被规定在刑事诉讼法典第三编关于证据的规定中，其目的和功能都是为了获取证据，以证明犯罪行为的有无。为与第四编区别，我们称为一般扣押。同时，其第四编分别规定了对人身的防范措施和对物的防范措施。其中对物的防范措施里面分别规定了保全性扣押和预防性扣押，其目的和功能是为保证将来的执行，或满足民事当事人（被害人）的利益或者防止犯罪人继续犯罪（第 316 条和第 321 条分别规定了保全性扣押和预防性扣押的条件、对象等）。第 253 条规定：司法机关采用附理由的命令的形式决定对犯罪物证及与犯罪有关的、为调查工作所需要的物品进行扣押。被用来或者针对其实施犯罪的物品及属于犯罪产物、收益或得利的物品是犯罪物证。第 257 条规定：被告人、其物品受到扣押的人及有权要求返还被扣押物的人，可以依照第 324 条的规定要求对扣押令进行复查。第 263 条规定了返还被扣押物的程序：如果对被扣押物的归属不存在疑问，对被扣押物的返还由法官以裁定的形式决定。当物品是在第三人那里被扣押时，只有在依照第 127 条规定的形式在合议庭室听取该第三人的意见后，才可以决定向其他人实行返还。但同时也规定了并不是一切返还都由法官决定。第 263 条之四规定：在初期侦查过程中，对被扣押物的返还由公诉人以附理由命令的形式决定。对此，关系人可以提出异议，由法官进行处理。

俄罗斯：强制处分规定在刑事诉讼法的通则及审前调查中。其强制处分包括对人的强制处分和对物的强制处分。通则第四编关于“诉讼强制处分”的第 111 条规定，为了保障法典规定的刑事诉讼程序的进行和刑事判决的正确执行，调查人员、侦查员、检察长或法院有权对嫌疑人或刑事被告人适用扣押财产的措施。第 115 条专门规定了扣押财产：扣押财产的定义是向财产的所有人或占有人发出处分财产和在必要的情况下使用财产的禁止令，以便于将来收缴财产并交付保管；目的是保障执行刑事判决中附带民事诉讼部分、其他财产处罚或可能的没收财产；申请程序是检察长以及调查人员和侦查员经检察长同意可以向法院提出申请扣押犯罪嫌疑人、刑事被告人或依法对其行为负有财产责任的人的财产。法院依照法典第 165 条规定的程序对申请进行审议；对第三人的财产如果有足够理由认为系因犯罪嫌疑人或刑事被告人的犯罪所得，也可以进行扣押

(善意取得人持有的无记名有价证券不得扣押)；关于扣押后的处理程序是根据实行扣押人员的裁量，被扣押的财产可以收缴，或者交付该财产的所有人或占有人或其他人保管。在“审前程序”第185条专门规定了“扣押、检查、提取邮件电报”的具体程序，比普通扣押程序规定得更为复杂。

美国：美国是判例法国家，其联邦刑事诉讼规则的结构设置也较混乱和怪异。比如，对于搜查、扣押财产的规定，本可以设置在审前程序的预备诉讼或准备审判的一些章节中，但却放在第九章的补充诉讼和特别诉讼中，而这一章只规定了“提交另一地区”、“搜查和扣押”、“刑事藐视法庭罪”这三个互不相关的条文，不拘常理。但基于人权保障和程序至上的理念，该规则对于物的强制处分的程序却规定得十分详尽、具体。第41条规定：(1)签发令状的权限：联邦治安法官或联邦辖区内的州记录法院。(2)可以依令状扣押的财产或人员。构成刑事犯罪证据的财产或违禁品，犯罪结果或其他通过犯罪持有的物品，或预备或意图用作犯罪工具、手段或者已经用作犯罪工具、手段的财产，或者具有合理根据应逮捕的人员或被非法拘禁的人员。说明该国的扣押对象除了财物外还有人员。(3)签发令状的条件和内容：提交经宣誓的请求报告，法官确立签发令状的理由后。令状要明确需要扣押的财产和人员，具体描述被搜查人员的名字或地点名称。法官还可要求请求报告人亲自到庭接受询问。该条还明确了返还被扣押财产的程序，即遭受非法扣押或被剥夺财产的人可以向财产被扣押地的地区法院以本人是该财产的合法所有人或持有人为由，申请返还财产，由法院根据证据情况作不同的决定。

英国：警察与刑事证据法中搜查、扣押、逮捕、羁押、讯问等涉及人或物的强制处分的行为，都顺序规定在第60章的第一到第五部分中。其第60章第8条规定：对警察的申请，治安法官如果有合理理由相信，他就可以签发一份旨在授权警察进入并搜查某地的令状。警察对于被授权搜查的任何目标物品，可以实施扣押。这说明英国的搜查和扣押是一体的，扣押财物可以依附于搜查，不需要专门的审批程序或令状。

我国台湾地区：我国台湾地区对物的强制处分的理论和立法均受大陆法系影响，同时又具有英美法系的当事人主义特征。从2002年到2003年，台湾“刑事诉讼法”经历了实施以来最为迅速且剧烈的蜕变，连续两次修法共变动了百余条文，并解构原来本法之架构基础。[①] 台湾“刑事诉讼法”对于搜索、扣押的规定本就十分详细，修法之后，就更为复杂了。关于搜索权、扣押权，搜索已明确由法院决定，但扣押却仍然可以由检察官决定。“只不过扣押经常是搜索的结果，因此法院在签发搜索票时，一般都一并记载应扣押之物。”[②] 关于搜索的种类，法律规定了有令状搜索（包括搜索的决定、申请、审查及搜索票的内容）、无令状搜索（包括附带搜索、径行搜索、紧急搜索、同意搜索）；关于搜索的程序，法律规定了令状、证件之出示、搜索之在场及通知、搜索之必要处分、搜索后的处置等；关于扣押，法律规定了扣押的决定机关、扣押的令状（包括有令状扣押和无令状扣押）、扣押的程序、扣押的限制、扣押物的处置及对扣押物的发还等内容。

通过对上述九个国家和地区刑事诉讼法对物的强制处分的立法考察，可以得出以下结论：

1. 将对物的强制处分设置在法律文本的不同位置，体现了各国在财产权保障问题上不同的立法思想及价值取向。

（1）将对人的强制处分和对物的强制处分完整并列在一起，强调二者本质的同一性，而忽视其对象的差异性，不管是对人身的

① 参见林钰雄：《刑事诉讼法》（上册），中国人民大学出版社2005年版，“第三版序”。

② 林钰雄：《刑事诉讼法》（上册），中国人民大学出版社2005年版，第314页。

强制，还是对财产权或其他权利的强制，强调的都是这些措施强制性的一面。二者的本质都在于允许法律对人的权利的强制性侵犯。同时，在这种侵犯的过程中，一方面对国家权力明确地予以划分和限制，另一方面由中立的司法机构——法院——对这种强制性措施进行审查，使公民财产权利或人身权利被侵犯时有救济途径可循，比如法国、德国、日本、英国。这里面又分两种情况，德国、日本的立法模式比较集中而紧凑，对物的强制处分都设置在刑事诉讼法通则中。而一些在刑事诉讼法中不设置通则的国家，比如法国，是设置在“预审管辖”一章中。虽然法国的预审法官主宰着侦查程序，但是，对物的强制处分毕竟在刑事诉讼的任何阶段都会出现，因此，将它规定在预审管辖一章中还是有些缺陷，但这也是由于法国的刑事诉讼法缺少统管整个程序的通则的缺陷造成的。

（2）将对物的强制处分从内容和目的上进行划分，分别规定在不同的章节中，比如意大利和俄罗斯。意大利刑事诉讼法中，当对物的强制处分作为搜集证据的一种重要方法时，就被规定在有关证据搜集或证明一章中；当对物的强制处分作为一种保全性或预防性措施时，则在第四编有所体现。这种立法的方式比较科学，值得我们借鉴。俄罗斯对物的强制处分的立法和意大利类似，分别在法典的几个不同地方规定。比如在“证据”一章中有关于物证保管的规定，这是围绕搜集证据而规定的。在“其他诉讼强制处分”这一章中，也有对财产扣押的规定，但此时的扣押主要是保全性质的，即为将来的执行或没收的顺利实现。同时在“审前调查”中，又有将对物的强制处分作为调查手段的规定，此时当然是为了搜集证据的目的。

（3）中国的模式。中国的强制处分规定虽然在刑事诉讼法“总则”中，但这仅仅是对人的五种强制处分。而对于物的强制处分，基本都设置在“侦查程序”一章中，将其作为重要的侦查方法或侦查手段。这说明中国在考虑对物的强制处分的主要功能时，偏重于控制打击犯罪，而对于当事人财产权的考虑很少甚至没有考虑。它强调的是对物的强制处分是搜集证据的极其重要的手段，同时又因为它是由侦查机关单方实施的行政性手段，多少带有惩罚的功能（惩罚被追诉人）和补偿的功能（比如涉财犯罪案件中的“追赃”、扣押、发还被害人等功能）。至于实施时可能出现的强制性，可能出现的对公民财产权利的侵犯，则是立法者次要的考虑。

美国是判例法国家，它对强制处分立法的体例与大陆法系国家的立法体例没有太大的可比性。因此，我们不能苛求它对于物的强制处分的规定应在立法中有怎样科学的体现。但从其联邦刑事诉讼法或刑事诉讼规则中，都可以看出它在程序上注重保障人权、程序至上的立法意旨。

2．在对物的强制处分的决定权和救济程序上，除中国外，其他国家一般都由法院或法官决定，一些例外情况也可由检察官作出决定，即采用的是基本都是司法审查制度和令状主义原则。

法国只允许预审法官决定是否对物采取强制处分。德国只允许由法官、在延误有危险时也可以由检察院和它的辅助官作出决定。对于未经法官决定而扣押了物品的官员，当事人对此提出异议时，应由法官对此扣押行为予以确认。日本规定扣押、查封的决定权在法院。意大利由司法机关决定。美国联邦刑事诉讼规则规定，签发扣押令状的权限属于联邦治安法官或联邦辖区内的州记录法院。英国规定，对物的强制处分的决定权在治安法官。俄罗斯 2002 年的刑事诉讼法确立了司法审查原则的内容，这是与旧刑事诉讼法相比变化最明显之处。对住宅的搜查和提取物品（但在刻不容缓的特别情形除外），对邮件的扣押等对物采取强制处分的行为，只有经过法院才能决定，而以前是侦查员申请检察院批准后就可以实施。中国的刑事诉讼法和俄罗斯刑事诉讼法在源流上一脉相承，现在俄罗斯对部分侦查活动引入司法审查制度，对刑事诉讼法进行深入的改革，我们应适时观测它在实践中执行的情况和效果，这对我们的改革有重大的参考价值。

关于对物采取强制处分后的救济程序。这实际上是对物采取强制处分进行司法审查和令状主义的延伸。对物的强制处分涉及犯罪嫌疑人或公民的财产权利的剥夺，除该处分应由相对中立的司法权决定外，还应赋予被剥夺该权利的犯罪嫌疑人或公民得到同样中立的司法权的救济。德国法律规定当事人对法院关于搜查、扣押的决定有抗告权。对于未经法官决定的扣押，当事人可以随时申请法官裁判。意大利《刑事诉讼法》第 257 条规定：被告人、其物品受到扣押的人及有权要求返还被扣押物的人，可以依照第 324 条的规定要求对扣押令进行复查。

3. 在对物实施强制处分的具体操作程序上，各国由于立法理念的不同，在规定上有不同的体现。

相对而言，当事人主义国家对操作程序的规定更为细致，更具有可操作性。美国长期以来保持宪政的传统，在立法上十分注重程序的价值，注重国家权力的合理配置，关注犯罪嫌疑人的财产权利。从对扣押令的具体操作程序的设计上，就可以看出在诉讼的每一个环节上，体现的都是程序优先和权利保障的特征。比如美国《联邦刑事诉讼规则》第 41 条（B）项规定了可以依令状扣押的财产或人员的具体范围：构成刑事犯罪证据的财产或违禁品，犯罪结果或其他通过犯罪持有的物品，或预备或意图用作犯罪工具、手段或者已经用作犯罪工具、手段的财产，或者具有合理根据应逮捕的人员或被非法拘禁的人员。（C）项规定了签发令状的条件和内容：申请人要提交经宣誓的请求报告，法官确立签发令状的理由后。令状要明确要扣押的财产和人员，具体描述被搜查人员的名字或地点名称。除法官进行中立的决定外，法官还可要求请求报告人亲自到庭接受询问，不是仅仅的书面审查后决定，还可以当面听取意见后再决定，这又能见到直接言辞原则的影子。最后，该条还明确了返还被扣押财产的程序。即：遭受非法扣押或被剥夺财产的人可以向财产被扣押地的地区法院以本人是该财产的合法所有人或持有人为由申请返还财产。由法院根据证据情况作不同的决定。前面已经论及，中国将物的强制处分的功能仅仅定位于对证据的搜集，因此其单方面的行政色彩十分浓厚。这种定位之下导致了我国关于对物的强制处分的立法，只有几个简单的条文里的简单的内容，这为侦查员违法办案，侵犯公民财产权利留出了足够的空间。日本《刑事诉讼法》第 107 条规定了查封证的记载事项：查封证应记载被告人的姓名、罪名，应予以查封的物品，有效期及该期间经过后不得着手执行并将令状退回的意旨，及签发的年月日和法院规则规定的其他事项，由审判长签名、盖章，还专门规定了禁止夜间执行，及可以在夜间执行的场所等详细的问题。至于英国，从警察与刑事证据法的情况看，对搜查也实行令状主义，规定得十分具体，其搜查和扣押似乎是一体的，其第 60 章第 8 条规定，对警察的申请，治安法官如果有合理理由相信（具体条件见条文），他就可以签发一份旨在授权警察进入并搜查某地的令状。警察对于被授权搜查的任何目标物品，可以实施扣押。可见，其扣押依附于搜查，扣押财物并不需要专门的审批程序或令状。相比之下，德国、法国等大陆法系国家对物的强制处分的操作程序上就相对简单。

4. 返还程序。

返还是指对物采取扣押等强制处分后，根据案件的实际情况和搜集证据的情况，将物返还给所有权人或者先前的物品持有人、占有人。该程序既涉及对曾被执法当局侵害的财产权进行恢复或补救，又涉及对犯罪行为的惩罚和对犯罪被害人合法财产权的保护。

相对于我国刑事诉讼法的规定，[①] 前述各个国家立法都比较详细地规定了返还程序。[②]

应该说，返还程序与对物采取强制处分的司法审查权和令状主义原则是一体的，是对物采取强制处分后的一种后续处理方法，即

---

① 我国刑事诉讼法也有简单规定。第118条规定，对于扣押的物品、文件或者冻结的存款、汇款，经查明确实与案件无关的，应在3日内解除扣押、冻结，退还原主或邮电机关。第198条规定，公安机关、人民检察院或人民法院对于扣押、冻结的嫌疑人、被告人的财物及其孳息，应当妥善保管，以供核查，对被害人的合法财产，应当及时返还。

② 法国《刑事诉讼法》第99条规定：在侦查过程中，预审法官有权决定将已查封的物品恢复原状……对物品拥有权利的任何人的请求，作出附理由的裁定。还可以在征得共和国检察官同意后，依职权将已查封且其所有权没有争议的物品退还或者责令退还犯罪被害人……如果恢复原状有碍于查明案件真相或者保护当事人的权利，或者对人员或物品可能造成危险，则不应恢复原状……决定恢复原状，则应通知检察院和一切其他利害关系人……对这样的裁定不服，可以要求刑事审查庭复议。此期限内，裁定暂停执行。

德国《刑事诉讼法》第111条K款规定了对扣押的物品归还给被害人。对于依法扣押的动产，在明确被害人，明确无第三人的请求权与此相抵触并且明确刑事诉讼不再需要的时候，要归还给被犯罪行为夺走的被害人。

日本《刑事诉讼法》第123条规定了扣押物的返还和暂时返还：没有扣留必要的扣押物，应当不待被告案件终结，以裁定返还。第124条规定了返还被害人扣押赃物：扣押的赃物没有必要扣留时，以应返还被害人的理由明显时为限，应当不待被告案件终结，在听取检察官和被告人或者辩护人的意见后，以裁定将扣押物返还被害人。

意大利《刑事诉讼法》第263条规定了返还被扣押物的程序：如果对被扣押物的归属不存在疑问，对被扣押物的返还由法官以裁定的形式决定。当物品是在第三人那里被扣押时，只有在依照第127条规定的形式在合议庭室听取该第三人的意见后，才可以决定向其他人实行返还（这对善意第三人所获得的财物的追缴程序有可操作性）。但同时也规定了并不是一切返还都由法官决定。第263条之四规定：在初期侦查过程中，对被扣押物的返还由公诉人以附理由命令的形式决定。对此，关系人可以提出异议，由法官进行处理。

美国《联邦刑事诉讼规则》第41条还明确了返还被扣押财产的程序，即遭受非法扣押或被剥夺财产的人可以向财产被扣押地的地区法院以本人是该财产的合法所有人或持有人为由申请返还财产。由法院根据证据情况作不同的决定。

对被采取强制处分后的物的具体处理方法。这里的被采取强制处分的物应包括犯罪被害人的合法财产、犯罪收益、犯罪工具及其他应当被扣押或冻结的物品。从上述各国法律的规定看，返还程序采用的依然是司法审查原则，即一般都是由法官或法院来决定是否返还。有的还得听取检察官或者被告人、辩护人或其他利害关系人的意见，比如日本和意大利。但由于中国对物的强制处分未实行司法审查制度和令状主义原则，与奉行司法权独立和司法权至上的国家不同，它采取的主要是诉讼阶段论，即侦查、起诉、审判阶段是相互独立而存在的，因此，对于物的返还，从立法上和实践中看，在侦查、起诉、审判阶段都可以返还，其决定机关也可以是侦查机关、人民检察院或人民法院。

三、对物的强制处分与被追诉人财产权保障

（一）搜查与财产权保障

搜查是刑事诉讼尤其是刑事侦查活动中最常见的法定侦查行为之一，世界各国都是如此。我国台湾地区学者称之为“搜索”，其意义是“侦查犯罪过程中，侦查人员为发现隐匿之犯罪嫌疑人及搜查证据所为之强制处分”①。搜查行为本身是对隐藏之人或物的搜索与查看，且一般都是为扣押或追缴、没收做准备。我国《刑事诉讼法》第 109 条规定：为了收集犯罪证据、查获犯罪人，侦查人员可以对犯罪嫌疑人以及可能隐藏罪犯或者犯罪证据的人的身体、物品、住处和其他有关的地方进行搜查。因为搜查直接关系到被搜查对象的人身、财产、住宅、隐私等宪法基本权利，因此作为法定的侦查行为，侦查在许多国家的刑事诉讼立法中都有明确的程序规范，这些规范界定了合法搜查的构成、搜查的对象、搜查的理由、搜查的权限和搜查的程序等内容。

---

① 丘聪安、曹竞辉：《刑事侦查实务》，台北三民书局 1996 年版，第 38 页。

1. 关于搜查对象。搜查对象是指可能隐藏赃证物品或被追诉人或其他有关的人身和场所。从一些国家的立法规定看，搜查行为所指向的对象一般分为人和物，即对人的搜查和对物的搜查。对人的搜查对象包括犯罪嫌疑人、被告人、被害人、证人等，但是对被害人和证人的搜查在法律实质要件和程序要件上更为严格。对物的搜查情势繁多，各国在立法上共同规定的通常有住宅、物品、汽车或者其他有关场所。我国《刑事诉讼法》第 109 条的规定可以理解为，搜查可以针对人身、物品、住宅或其他场所。美国判例法所涉及的搜查有人身搜查、住宅搜查、汽车搜查、同意搜查、附带于逮捕的搜查等，并且规定了不同的程序和标准。[①] 但涉及搜查对象的主要是前三种，也就是说，美国法中的搜查可以及于人身、住宅、汽车及其他场所。德国法也将搜查分为对物的搜查和对人的搜查，并且更为细致地分为住宅搜查、对嫌疑人的搜查和对第三人的搜查等。[②] 法律法规明确规定搜查对象，其功能在于限制搜查的范围，最大限度限制侦查人员、公诉人甚至法官的自由裁量权，其范围越具体越有利于保护个人的权利。

2. 关于搜查的理由。总体上讲，搜查必须要有理由或者说搜查行为要有必要方能决定和进行。如果没有法定理由或缺乏法定理由而进行搜查，被搜查者可以以权利受到侵犯为由拒绝或者控告。

对于搜查的理由，有的国家（或地区）区分情况，按搜查、扣押对象的不同而分为不同的理由。比如我国台湾地区和德国，对嫌疑人本人的搜查、扣押和对第三人的搜查、扣押区分出不同的理

---

① 参见孙长永：《侦查程序与人权》，方正出版社 2001 年版，第 94 页。该书还介绍了其他主要国家刑事诉讼法规定的搜查对象问题。

② 可以参见［德］克劳思·罗科信：《刑事诉讼法》，吴丽琪译，法律出版社 2003 年版，第 344 页。德国法上还有其他分类，比如基于搜查的目的是在于为了拘捕嫌疑人还是纯粹的搜查而将搜查分为拘捕搜查和侦查搜查。在美国法上，对第三人的搜查必须要有搜查证，否则构成对财产权、住宅安全和隐私权的侵犯。

由，前者的门槛要比后者的门槛低。[①] 我国台湾地区“刑事诉讼法”第 122 条第 1 项规定：对于被告或犯罪嫌疑人之身体、物件、电磁记录及住宅或其他住所，必要时得搜索之。第 2 项规定：对于第三人之身体、物件、电磁记录及住宅或其他住所，以有相当理由可信为被告或犯罪嫌疑人或应扣押之物或电磁记录存在时为限，得搜索之。德国《刑事诉讼法》第 102 条和第 103 条也有类似规定。

美国和日本的搜查、扣押的理由则不像上述我国台湾地区和德国那样以对象的不同有所区分，在个案中主要按搜查、扣押的具体情形来区分。美国法原则上以“可能事由”（probable cause）为搜索、扣押的发动原因。美国联邦宪法第 4 条修正案规定：人民有不受不合理搜索、扣押的权利，非有相当理由不得签发令状。[②] 无可能事由不得对公民搜索或扣押。[③] 而美国联邦最高法院的主导性判例在确定搜查理由时，主要依据的是宪法对财产权、隐私权保障的规定。实践中，凡是对财产权、隐私权期待越高的地区或对象进行搜查，警察申请搜查或执行搜查的理由应更充分。比如在逮捕之前，警察发现形迹可疑的人，可进行简单的询问，如果怀疑其藏有武器或其他物品，则可进行“拍身”（tap-down）检查。[④] 在合法

---

① 有的台湾学者将搜查、扣押理由称为“搜索门槛”，这十分恰当。参见陈瑞仁：《搜索门槛相当理由之内涵》，载《台湾司法周刊》第 1038 期；吴巡龙：《核发搜索票心证门槛之再探讨》，载《台湾司法周刊》第 1061 期。

② “the right of the people to be secure in their persons, houses, papers, and effects, against unreasonable searches and seizures, shall not be violated, and no warrants shall issue, but upon probable cause, supported by oath or affirmation, and particularly describing the place to be searched, and the persons or things to be seized”, U. S Const. Amend. IV.

③ 这是原则规定，当然也有许多例外规定，比如附带搜索、阻拦与盘查等。执法人员在进行附带搜索、阻拦与盘查时，并不需要相当理由，只需要有合理的嫌疑即可。

④ Terry v . Ohio, 392 U. S . 1(1968). 该案发展出有名的特里规则。美国最高法院认为，当警察合理地怀疑某个人时，可以上前询问，如果进一步怀疑他是“身藏武器并且有人身危险性”时，则可以对其拍身，甚至将手伸进其口袋以确认里面是否藏有武器。

地逮捕嫌疑人时（incident to a lawful arrest），可以对被逮捕者及其所控制的区域进行搜查。[①] 在“目光所及原则”（plain view）下，利用辅助工具进行的搜查、对废旧物资的开拆以及当事人同意下的搜查，都有不同的搜查理由。[②] 日本则是以“必要”作为搜查、扣押的发动门槛。日本《刑事诉讼法》第128条第1项规定：检察官、检察事务官或司法警察职员，于犯罪调查有必要时，得依据裁判官所签发的令状，实施搜查、扣押或勘验。

我国刑事诉讼法规定的搜查理由，按照法律条文文字意义的理解应当是：“为了收集犯罪证据、查获犯罪人”，其隐含的理由应当是以其他侦查手段难以获取这些“可能隐藏”的证据或犯罪嫌疑人，而存在“搜查必要”。从字面意义上体现得更多的是“证实、打击犯罪”的职权主义观念，看不见财产权保障的影子。

3. 关于搜查的决定权限。决定与执行搜查的权力依照法律（判例）的明确规定和要求进行，是各国在搜查权限上的通例。按照我国刑事诉讼立法和实务的做法，搜查可由侦查机关负责人批准决定，由侦查人员具体负责执行。这与其他国家的做法区别很大。其他国家搜查的决定权在于法官，只有在紧急情况或有迟疑危险时，检察机关或者其辅助机关可以决定。[③] 在法理上，这样的制度设计正是基于对搜查这种侦查行为进行有效的司法控制。因为事关公民财产权等基本权利，因此未经司法授权，任何人包括行政机关及其工作人员不能随意进行搜查，正如18世纪中叶英国人老威廉皮特（William Pitt the Elder）在一次演说中的著名论述：即使最穷的人，在他的寒舍里也敢于对抗国王的权威。风可以吹进这所房

---

① United States v. Robinson, 414 U.S. 218, 94 S. Ct. 467, 38 L. Ed. 2d 427 (1973).

② 参见李义冠：《美国刑事审判制度》，法律出版社1999年版，第39～46页。

③ 具体制度的表现及主要国家间的差异，可参见孙长永：《侦查程序与人权》，方正出版社2001年版，第105～111页。

子，雨可以打进这所房子，他的房子甚至会在风雨中飘摇，但是英王不能踏进这所房子，他的千军万马不能踏进这间门槛已经折损了的破房子。[①]

4. 关于搜查的程序。鉴于搜查行为不同程度地危及公民的诸多宪法基本权利尤其是财产权利，因此各国法律对国家专门机关的搜查行为设置了严格的程序规范。可以说，在搜查制度的所有内容中，搜查的法定程序是非常关键的内容。考察前述几个主要国家和地区的刑事诉讼程序，可以得知，警察的搜查行为是不能随心所欲地进行，均有严格程序予以规制。[②] 各国在搜查程序的法律规定中有两点是十分值得我们借鉴学习的：其一，这些程序规范均十分具体细致，考虑了搜查的复杂性和多样性，并有针对性地在法律中分别加以规定；其二，对搜查行为的程序规范充满了人文关怀，禁止性地规定了在夜间或者在特殊场合不能执行搜查，即使手续合法也是如此。例如，德国、意大利、日本都有规定，搜查不能在夜间进行，除非有十分紧急的情况。这对我国刑事诉讼法的修改有重大的参考价值。现代程序法治中，搜查的必要性并不能代替搜查的合法性，因此，基于法治原则的考虑，对于侦查过程中必须进行搜查尤其是进行强制搜查时，程序的严格规范就成了保护个人权利的最坚固的屏障。对于搜查程序，我国刑事诉讼法和相关规定也有相应的

① 参见刘军宁：《风能进，雨能进，国王不能进》，载《自由与社群》，三联书店1998年版，第152页。

② 孙长永在所著《侦查程序与人权》（方正出版社出版）一书中对此做了详细的介绍和对比评论。

体现。[①] 但相形之下，中国的法律或有关文件对搜查程序的规定仍然十分粗陋，给侦查人员预留了巨大的权力空间来干预公民的基本权利，这是将来修法时必须考虑的问题。

在刑事诉讼中，搜查是必要的，也是必需的，这是由犯罪行为及其相关要素与犯罪嫌疑人的隐蔽性所决定的。这种隐蔽性同时意味着，即使是合法的搜查也涉及对财产权和隐私权等基本权利的干预或侵犯。因此，在搜查中如何对待财产权，如何保证在保护财产权的同时兼顾侦查的效率和公平二元价值就成了学界必须回答的问题。在我国，虽然宪法明确规定的人身自由保护条款里包含了反对非法搜查的内容（《宪法》第37条第3款），并在《刑法》第245条以“非法搜查罪”专门设置了保障，但在理论与实践中并没有实现，尚需要各界进一步的研究和落实。

在我国刑事诉讼法所规定的搜查内容中，我们无法看出财产权

---

① 比如《刑事诉讼法》第111条至113条规定，进行搜查，必须向被搜查人出示搜查证。在执行逮捕、拘留的时候，遇有紧急情况，不另用搜查证也可以进行搜查。在搜查的时候，应当有被搜查人或者他的家属、邻居或者其他见证人在场。搜查妇女的身体，应当由女工作人员进行。搜查的情况应当写成笔录，由侦查人员和被搜查人或者他的家属、邻居或者其他见证人签名或者盖章。如果被搜查人或者他的家属在逃或者拒绝签名、盖章，应当在笔录上注明。《公安机关办理刑事案件程序规定》第205条至第209条规定：为了收集犯罪证据、查获犯罪人，经县级以上公安机关负责人批准，侦查人员可以对犯罪嫌疑人以及可能隐藏罪犯或者犯罪证据的人的身体、物品、住处和其他有关的地方进行搜查。进行搜查，必须向被搜查人出示《搜查证》，执行搜查的侦查人员不得少于二人。执行拘留、逮捕的时候，遇有下列紧急情况之一的，不用《搜查证》也可以进行搜查：（1）可能随身携带凶器的；（2）可能隐藏爆炸、剧毒等危险物品的；（3）可能隐匿、毁弃、转移犯罪证据的；（4）可能隐匿其他犯罪嫌疑人的；（5）其他突然发生的紧急情况。进行搜查时，应当有被搜查人或者他的家属、邻居或者其他见证人在场。搜查妇女的身体，应当由女侦查人员进行。搜查的情况应当制作《搜查笔录》，由侦查人员、被搜查人或者他的家属、邻居或者其他见证人签名或者盖章。如果被搜查人或者他的家属不在现场，或者拒绝签名、盖章的，侦查人员应当在笔录上注明。此外，《人民检察院刑事诉讼规则》第174至第185条也对检察机关办理刑事案件中的搜查程序进行了简单规范。

保障的任何含义；实务部门进行搜查时，观念中固有的模式是搜集证据或搜捕犯罪嫌疑人，与财产权保障远不相及。美国奉行公民权利至上和程序至上的司法理念，其有关刑事诉讼的成文法和判例中对财产权保护的制度是最为全面和细致的，并且对其他国家有关制度的建立完善产生了很大的影响。美国法中关于搜查中的财产权保障问题，可以作为我们建立科学合理的搜查制度的一个样本。

美国宪法第 4 条修正案给财产权提供了最直接的宪法保护，该条文宣称：公民有权保护其身体、住所、文件与财产等不受无理逮捕、搜查、扣押和非法侵犯。除非有正当理由，并经过宣誓或代誓宣言，并详细记载搜查地点、逮捕对象、扣押物品，（政府）不得向公民发出搜查证、逮捕证或扣押证。1866 年，美国国会通过了宪法第 14 条修正案。该案对政府干预或侵犯公民财产权提供程序上的制约：未经正当法律程序，不得剥夺任何人的生命、自由或财产。该宪法修正案对于财产权保障的规定为许多判例提供了依据。

在 1914 年威克斯诉合众国一案中，美国最高法院认为，搜查有两个基本要素，一个是主观要素，一个是客观要素。主观要素就是“探查和寻找”，法院认为，“搜查通意指法律人员进行的搜索。”① 客观要素是“由法律人员意在侵犯某人关于搜查目标的财产权的合理期待之方式来影响扣押的某些行为构成”②。此时，财产权保护还处于模糊状态，其范围也并不明确。至 1925 年的卡罗尔诉合众国案件时，财产权的范围得到了扩张，延伸至汽车等移动

---

① Weeks v. U. S, 232 US. 383, 1914. 该案不仅确立了搜查的含义，还是第一个主张非法证据排除规则的判例。

② ［美］乔恩. R. 华尔慈：《刑事证据大全》，何家弘等译，中国人民公安大学出版社 1997 年版，第 205 页。

工具之上。[①] 其后出现的沃尔夫诉科罗拉多（1949 年）案中，虽然法院没有支持上诉人的主张，但却表达了一个基本观点：使个人的财产权免遭警察的强力介入。第 4 条修正案的这个核心问题，乃是一个自由社会的基本要求。在 1961 年马普诉俄亥俄州一案中，非法证据尽管最后也被采纳，但却为搜查中保护公民财产权作了正面阐释。在本案中，联邦最高法院的大法官认为，"公民免于不正当的财产权侵犯以及免于强制供述而释罪这两项自由，具有密切关系，它们始终存在于人性与民权的诸原则中。"[②]

总之，从判例的发展看，美国法上有关搜查与财产权保护的关系，经历了较长的发展时期，法院对财产权的保护范围在逐步放宽，并形成了颇为完整的体系。搜查中可能干预或侵犯的公民财产权广泛存在，人身、住宅、普通财物、汽车等财产形式，都受到宪法和判例的严格保护。第 4 条修正案所保护的范围在不同时期的判例中已经用列举的方式逐一列出：人身，包括个人的身体和衣服；房屋，包括住宅、旅馆的房间、车库、办公场所、商店、仓库；文件，包括信件；其他财产，包括汽车等。[③] 所有这些，都可以为我国在完善搜查制度，以更好保障公民的财产权方面，提供重要的参考借鉴。

（二）扣押与财产权保障

扣押，指国家机关追诉犯罪时，为搜集、保全证据，而对被追

---

① Carroll v. U. S, 267 U. S. 132, 1925. 本案中，法院认为，汽车中的隐私权和财产权也是受到宪法保护的。但因车主可以使车快速离开现场，所以对汽车的搜查程序较为宽松，并不必须要求搜查证。

② Jerold Israel, Yale Kamisar and Wayne R. Lafave: *Criminal Procedure and the Constitution: Leading Supreme Court Cases and Introductory Text*, St. Paul, Minn, West Publishing, 1996, p. 55; p. 60.

③ 参见杨宇冠：《非法证据排除规则研究》，中国人民公安大学出版社 2002 年版，第 34 页。

诉人或其他关系人施加的强制处分。其表现形式是对犯罪证据或应没收之物的一种占有形态。扣押以揭露刑事犯罪的有无或轻重为目的，同时又是对公民财产权利的严重干预和侵犯。

扣押具体表现为有权机关依赖国家强制力量，干预公民基本权，即公民财产权利的行为。扣押通常在搜查过程中进行，但也可以单独进行或者在其他侦查活动中进行（比如现场勘验等）。[①] 扣押和搜查虽然密不可分，但对于公民基本权利的侵犯方面，其各自的侧重点还是不一样的。搜查直接涉及宪法所保障人民的居住权（尤其是住居不受干扰之安宁）、财产权、一般人格权及隐私权。扣押直接涉及财产权。[②] 公民的基本权是指公民为宪法所保护的各种权利。宪法是国家根本法，其所保护的权利是公民最为崇高、最为神圣的权利。前面已经论述，在西方各主要国家，人身权利和财产权利都规定在宪法或宪法性规范中，属于公民的基本权，不得侵犯。比如美国宪法第4条修正案所规定的内容包含了宪法保护公民的财产权利，以对抗无理由之扣押的重要内容。财产权作为一项基本权利，在西方国家的宪法和宪政制度中，居于核心的地位。正如詹尼夫·内德尔司基所说："美国宪政的观念和实践是与私有财产一起发展起来的——在我们的权利分类中，在我们有限政府的观念中，在司法审查权对作为限制的权利的制度化之中。"[③] 西奥多·塞奇威克这样说过："的确，所有的政府都会下决心去保护生命、自由和财产。在我们这种幸运的条件下，不管怎么说，生命和自由受国家活动的不良影响的可能性很小。财产就大不一样了。因此，

① 参见孙长永：《侦查程序与人权》，方正出版社2001年版，第120页。

② 参见林钰雄：《搜索扣押注释书》，月旦出版公司2001年版，第26页。

③ ［美］詹尼夫·内德尔司基：《美国宪政与私有权的悖论》，见《宪政与民主》，法律出版社1999年版，第298页。

获得有关财产权保护的性质和程度的明确概念……具有头等的重要性。”[①] 因此，各国法律在普遍规定扣押作为一种强制处分的同时，又基于公民基本权——财产权的保障，对扣押的对象、理由、权限、程序等作出了具体限制。

1. 扣押的对象范围。

各国普遍规定，凡是属于搜查范围内的物品、文件，在合法搜查时都可以扣押。我国台湾地区规定了“可为证据之物或得没收之物，得扣押之”[②]。“可为证据之物”包括可以作为证明某人构成犯罪的一切构成要件之物，包括作为有罪证据之物和作为无罪证据之物；“得没收之物”主要指违禁物、供犯罪所用或犯罪预备之物或犯罪所得之物。

美国的扣押对象受宪法第 4 条修正案的约束。美国《联邦刑事诉讼规则》第 41 条第 2 款规定，除经搜查、扣押嫌疑人本身以外，扣押对象还包括：构成证明实施了犯罪的证据的物；违禁品、犯罪的成果或者通过犯罪的方法占有的物；用作犯罪工具的物。在无证搜查中发现这些物，也可以直接扣押；同时在有证搜查中，如果发现的某物不是搜查证所列的对象，但可能是犯罪所得、工具或犯罪时遗留的其他证据时，或偶然或无意发现的物，也可以扣押，即美国判例上的目光所及原则（plain review）。

英国《1984 年警察与刑事证据法规定》第 19 条规定，警察在合法进入场所时，有合理依据相信某物是正在侦查的犯罪的证据或其他犯罪的证据，并为防止该物被隐匿、丢失、毁坏而有必要扣押时，可以扣押。对于被送进拘留所的犯罪嫌疑人，经羁押官或其指定的其他官员对其搜查发现的物品，该物品如果可能用来伤害本人或他人、损

① [美] 伯纳德·施瓦茨：《美国法律史》，中国政法大学出版社 1989 年版，第 91 页。

② 林钰雄：《搜索扣押注释书》，元照出版公司 2002 年版，第 133 页。

害财物、帮助逃匿时或是可能与犯罪有关的证据时，可以扣押。

法国《刑事诉讼法》第56条规定，司法警察在现行犯案件的侦查中，可以扣押嫌疑人持有的证件、文件或其他物品，也可以扣押其他人持有的与正在侦查的犯罪有关的证据；但经检察官同意，司法警察可以只扣押对查明真相有用的物品或文件。第97条规定，预审法官在正式侦查程序中，对于认为有利于查明事实真相的物品和文件，可以决定扣押。

德国《刑事诉讼法》第94条规定，可以作为证据、对侦查有意义的物品，应当提取保管或者以其他方式保全，物品由某人保管而又不愿意交出时，应当加以扣押。第108条规定，有证搜查时的扣押范围也不限于搜查证上明确记载的物品，搜查时如果发现与本案侦查无关，但却表明发生了其他犯罪的物品，可以一并扣押。

意大利《刑事诉讼法》第253条和354条规定，法律规定的扣押对象包括犯罪的客体物、犯罪的手段或结果以及其他与犯罪有关的、为侦查所需要的物品。

可见，扣押的对象范围在各国规定都是基本一致的，即都是为了证明犯罪行为有无及犯罪情节轻重的物，且有扣押必要时，可以扣押。同时扣押还发挥着一项重大的诉讼保全功能，有关机关暂时占有某物以确保将来诉讼之进行和裁判的顺利执行。如果所扣押之物是违禁物比如毒品、淫秽物，则予以销毁；如果所扣押之物是犯罪所得的财物，则扣押该物除了证明犯罪以外，还在于保护该财物合法所有人的财产权利。

2．扣押的权限。

英美国家的成文法和判例一般都将扣押和搜查规定在一起，扣押基本来源于搜查权。[①] 尤其是在有证搜查时，搜查证本身所记载的内容也就是扣押的内容，并不需要另外签发扣押证。扣押的合法

① 参见孙长永：《侦查程序与人权》，方正出版社2003年版，第126页。

性取决于搜查的合法性。但在大陆法系国家却不一样，一般是对扣押单独作出规定，因此扣押令一般也是单独签发。德国《刑事诉讼法》第 97 条规定了扣押的主体，只允许由法官、在延误有危险时也可以由检察院和它的辅助官作出决定。对于未经法官决定而扣押了物品的官员，当当事人对此提出异议时，应由法官对此扣押行为予以确认。意大利刑事诉讼法中的扣押权属于司法机关（包括检察官和法官），侦查期间实际上是指检察官，但具体执行，除了在律师办公室进行的扣押外，可以指定司法警察官进行。[①]

3. 扣押的程序。

在英国，警察依法扣押物品后，如果有人表明自己是被扣押物品所在场所的主人，或者在扣押之前对该物品有保管或控制权，必须应他的请求在合理的期限内向其提供扣押物品清单；如果这样的人或他的代理人向负责侦查的官员请求查看被警察扣押的物品时，该负责官员必须允许请求人在一名警察的监督下查看扣押物；如果上列人员请求对扣押物进行拍照或复制，负责侦查的官员必须准许，或者自行或派人拍照或复制后在合理期限内把照片或复制件送交请求人，费用由请求人负担。但是，如果负责侦查的官员有合理的根据相信准许查看或者提供照片或者复制件有碍案件的侦查或随后的刑事诉讼时，可以拒绝利害关系人的请求，此情况下，请求人可以请求法官审查。对扣押物，可以确定合法所有人而对其保留。但同时也作了一些例外的规定，比如可能用于伤害身体的、可能用于损害财产的、可能用于妨碍证据的、可能用于帮助嫌疑人逃跑的。

法国法律规定对于扣押的物品和文件，应当立即制作清单，并予以封存。正式侦查中决定封存的物品和文件，只能在嫌疑人及其律师或其他经合法传唤的人到场时，才能启封。从第三人住所扣押

---

① 参见意大利《刑事诉讼法》第 205 条第 3 款和第 103 条第 4 款。

的物品或文件启封时，应通知该第三人到场；在不妨碍预审的前提下，当事人可以自费得到扣押物的复制件或照片。如果扣押的是货币、票据或有价证券，保存原物对查明案件事实或保护当事人权利没有必要的，预审法官可以批准书记官将这些物品寄存于信托保管处或者法兰西银行。任何主张对于扣押物品或文件享有权利的人(包括嫌疑人和民事当事人)，可以申请预审法官裁定返还。对于拒绝返还的裁定，利害关系人还可以向上诉法院起诉庭提出上诉。

德国法律规定对于扣押的物品，要制作详细清单并用官方印鉴或者其他方式标记，防止混淆。对于扣押的邮件或电报，当对侦查目的、公共安全等不构成危险时，应当通知或返还给利害关系人。

意大利刑事诉讼法规定的扣押程序除了有关扣押物的复制、保管、查封、开启和扣押笔录之外，还规定了对保护利害关系人财产权至关重要的三个程序：一是对于扣押令的复查程序。无论是司法机关决定的有证扣押，还是检察官认可的司法警察进行的无证扣押，嫌疑人、被告人及其辩护人、物品持有人和有权要求返还扣押物的人，都可以在送达扣押令后的10日内，或者上列人员已经得知扣押已执行后的10日内提出复查请求，由作出决定的司法机关所在省府驻地的法院，在收到复查申请书后的10日内，经法定辩论程序后作出判决。对于判决不服的，可以向最高法院提出非常上告。二是嫌疑人或被告人的辩护人对于无证扣押的到场权。即司法警察官员经检察官批准后对邮件进行扣押时，辩护人有权到场。三是规定了返还扣押物的条件和程序。当不需要为证明的目的对扣押物继续扣押时，应当及时返还，但可以令权利人提交保证金并确保损失返还。侦查期间对于所有权没有争议的扣押物，由检察官以附理由的命令决定返还，也可交预审法官听取各方意见后裁决。

如果说搜查行为主要涉及公民隐私权、住宅不受侵犯权、财产权等基本权利，扣押行为则主要涉及财产权。扣押与财产权保障的关系如下：

第一，扣押是依法干预和侵犯财产权的行为。刑事诉讼法是规定国家如何行使刑罚权的程序法律，而刑罚权渊源于国家主权，定会涉及对公民生命、自由或财产权的剥夺，必须要有宪法上的依据才可能实施。宪法是规范国家权力、保障公民基本权利的具有最高法律效力的根本法。刑事诉讼法所规定的程序内容及这些内容的实现，必须要符合宪法的基本精神和这些宪法精神所蕴涵的刑事司法的基本原则。刑事诉讼法被称为“适用之宪法”[①]，所以，宪法与刑事诉讼法两者间关系十分密切，刑事诉讼行为必须体现宪法保护公民权利的精神。同样基于宪法的精神，运用国家权力证明、打击犯罪是刑事诉讼法的天然使命。扣押作为一种非常重要的侦查、取证行为，在刑事诉讼中必不可少，也就必然涉及对公民财产权的干预和侵犯。而刑事诉讼法对于扣押的对象、理由、权限、程序等方面的明确具体规范，其目的是确保扣押行为必须在法治的轨道上运作，将扣押实施中对财产权的侵害降低到最低限度。各法治国家刑事诉讼法对扣押的规范，体现的正是宪法和刑事诉讼法的“限权”功能。

第二，扣押直接干预和侵犯财产权，因此扣押规范直接指向财产权的保护。“扣押规定，在立法上必须包括扣押主体（何人决定、何人执行）、扣押客体（何物得扣押之）及其限制（何物不得扣押之）、扣押要件及程序等（各该司法行政注意事项）。”[②] 我国台湾地区深受大陆法系，尤其是德国刑事诉讼法的影响，为更为细致地保护财产权，在“刑事诉讼法”之外，有关机关还制定了相关规范，要求执法司法实务界遵照执行，有关扣押的规范有：“法院办理行政诉讼应注意事项”、“法院处理扣押物应注意事项”、“法院处理少年事件扣押物没收物应注意事项”、“检察机关实施搜索扣押应注意事项”（已于2001年7月1日停止适用）、“检察机

---

① 林山田：《刑事诉讼法与宪法之关系》，载《法律评论》第44卷第2期。

② 林钰雄：《搜索扣押注释书》，元照出版公司2002年版，第197页。

关办理刑事案件扣押财产注意事项”、“检察机关办理扣押物没收物应注意事项”、“检察机关办理扣押枪炮弹药应注意要点”、“主管机关办理‘消费者保护法’第34条扣押证物执行要点”、“警察机关执行搜索扣押应注意要点”，等等。[①] 在这些规范中，围绕的都是财产权保障这一主旨。比如“警察机关执行搜索扣押应注意要点”中第5条明确了对犯罪嫌疑人搜索、扣押和对第三人搜索、扣押的发动原因的区别，体现出对第三人财产权的保障力度比对被追诉人的财产权保障力度更大。“警察人员侦查犯罪，认为有相当理由可信为被告或犯罪嫌疑人或应扣押之物或电磁记录存在时，得对第三人之身体、物件、电磁记录、住宅或者其他处所执行搜索。所称‘有相当理由’，非以搜索者主观标准判断，尚需有客观之事实为依据，其所认定有犯罪证据存在之相当可能性，程序必须较第四点之‘必要时’为高，[②] 以区别对第三人与对犯罪嫌疑人发动搜索扣押要件之不同。”[③] 该规范体现的是“在尽量保障财产权的前提下进行搜索、扣押，实现保障人权和控制打击犯罪的共同目标”。

第三，附带扣押、另案扣押等情形的区分，体现扣押程序的细致，对公民财产权无微不至的关怀。按我国台湾地区“刑事诉讼法”的规定，检察官、检察事务官、司法警察官或司法警察执行搜索或扣押时，发现了本案应当扣押之物，但是搜索票没有记载，也可以扣押，即所谓的“附带扣押”。附带扣押分为有令状搜索的

---

① 参见林钰雄：《搜索扣押注释书》，元照出版公司2002年版，第345页之“附录2：司法行政注意事项”。

② 该第4条规定：警察人员侦查犯罪，于必要时，得对犯罪嫌疑人之身体、物件、电磁记录、住宅或其他处所执行搜索。所称“必要时”，系指一般合理之人依其正常判断，可认为有犯罪证据存在之相当可能性之情形而言。此种相当可能性，虽无要求达到充分可信或确定程度之必要，唯需以有相当或然性存在为条件。

③ 我国台湾地区“警察机关执行搜索扣押应注意要点”第5条。参见林钰雄：《搜索扣押注释书》，元照出版公司2002年版，第379页。

附带扣押和无令状搜索的附带扣押，但无论如何，都必须基于搜查行为为合法时，才可以进行附带扣押，否则该附带扣押行为即是对财产权的侵犯。另案扣押是指在执行搜查或扣押时，发现了不是本案，但是其他案件的应扣押的物品，可以进行扣押，但扣押后必须送有管辖权的法院或检察院。在合法搜查中对发现的他案的物品可以进行扣押，是为了“避免执行人员因为搜索的限制而对意外发现的他案犯罪证据，视而不见”①，体现的是扣押行为搜集、证明犯罪的诉讼功能。同时，在另案扣押后要分别送交有管辖权的检察院或法院，是因为多数的扣押行为，都是司法警察官或司法警察执行，由于他们并没有独立的扣押权限，因此另案扣押后要立即送交。基于财产权保护的考虑，我国台湾地区“刑事诉讼法”规定，如果另案扣押是由检察官或法官亲自进行的，受扣押人可依照准抗告途径，于5日内申请所属法院撤销或变更。但如果是检察事务官或者司法警察（官）所进行的另案扣押，还缺乏相应的救济途径，“这也是另一个亟待补救的立法漏洞。”②

第四，“他山之石，可以攻玉。”反观我国刑事诉讼法对于扣押的规定，条文的规定非常简陋，只有第114条、第115条、第116条、第118条这四个条文，不足以承担起财产权保障的重任；而且在这四条简陋的规定中，映射出来的是证实、打击犯罪行为的意旨，对于扣押物妥善保管、及时发还的规定，也仅仅是从规范内部行政管理的角度出发的，缺乏权利保障的程序内容。因此，尽管我国《刑事诉讼法》第2条关于刑事诉讼法的任务中要求“保护公民的财产权利”，但在具体的刑事诉讼制度上没有得到体现，在扣押实务中更是无法落实财产权保障的内容。这说明我国的扣押制度与其他法治国家或地区的法律还有相当大的差距，需要不断的改革完善。

---

① 林钰雄：《搜索扣押注释书》，元照出版有限公司2002年版，第295页。

② 林钰雄：《搜索扣押注释书》，元照出版有限公司2002年版，第299页。

第四章　我国搜查扣押制度的问题及完善

一、我国搜查扣押制度现状

（一）我国搜查扣押制度的作用及功能

搜查、扣押在实务中运用极多，呈逐年上升趋势，对于及时查找、保全证据，阻止犯罪嫌疑人继续犯罪，尽快、尽量挽回国家、受害单位或公民财产损失，保障被害人的财产权利，发挥着重大作用。

1. 以财产为侵犯对象的犯罪（以下简称“侵财犯罪”），占整个刑事案件中的绝大部分，且逐年呈上升趋势。而刑事案件只要涉及财产，在侦查、起诉、审判等程序中必然涉及搜查、扣押、查封、冻结、返还等对物的强制处分或罚金、没收财产附加刑的广泛运用。

据统计，2005 年第三季度，全国公安机关共立刑事案件 125.1 万起，与 2004 年同期基本持平。侵财犯罪案件在立案总数中仍占较大比例，共立侵财犯罪案 106.4 万起，约占全部刑事案件的 85%。其中，立诈骗案 5.7 万起，同比上升 1.1%；立抢夺案 6.5 万起，同比下降 8.6%；立抢劫案 8.9 万起，同比下降 0.7%；立盗窃案 83.3 万起，与 2004 年同期持平。[①]

2004 年全国公安机关共立刑事案件 471.8 万起，比 2003 年上升 7.4%。其中多发性侵财犯罪案件成为拉动刑事案件数量总体上升的主要因素，共立案 406.7 万起，占总数的 86.2%。2003 年，全国共立刑事案件 4393624 起，比 2002 年上升 1.3%，其中立侵财案件 3771104 起，占全部案件的 85.8%。与 2002 年相比，立案绝对数上升 2.3%，侵财案件在全部案件中所占的比重上升 1 个百分点。[②] 可见，近年来，盗窃、抢劫、抢夺、诈骗等侵财犯罪活动在全部刑事案件中所占比例很大，且持续增长，是导致刑事案件数量高位运行的主要因素。在公安机关加大对严重犯罪活动的打击力度，致使杀人、爆炸、强奸、抢劫等侵害人身权利的案件数量有所下降的同时，侵财案件数量不降反升。这种状况表明，侵财犯罪在全部刑事案件中所占比例很大，是我国刑事犯罪发案的基本规律。国际刑事犯罪研究资料表明，这也是各国刑事犯罪发案的基本规律。从图 4－1 可以分析侵财案件的走势。

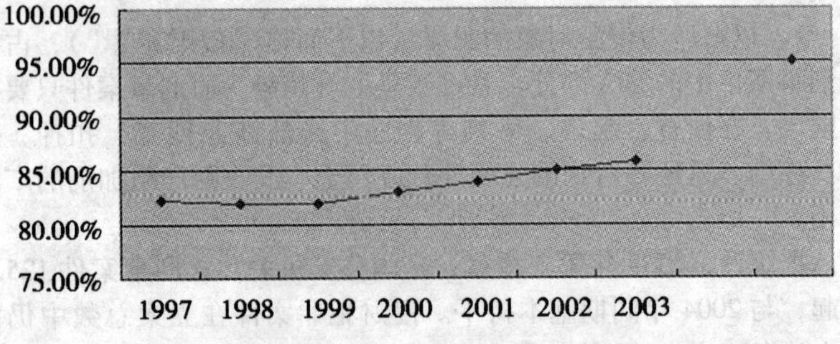

图 4－1　1997 年—2003 年侵财类犯罪在发案总量中所占比重图（呈逐年上升趋势）

① 参见《人民公安报》2005 年 11 月 16 日第一版。

② 新华网北京 2005 年 2 月 3 日报道。

2. 公安机关和人民检察院办理的经济犯罪案件中，大量使用搜查、扣押等对物的强制处分，为国家、受害单位或公民挽回巨额经济损失，有力保障了财产权。据有关部门统计，全国公安机关经济侦查部门从2000年到2002年三年共为国家和被害人挽回经济损失500多亿元人民币（其中，2002年，破获破坏社会主义市场经济秩序犯罪案件8万起，挽回经济损失187亿元；2001年，破获破坏社会主义市场经济秩序犯罪案件9.5万起，挽回经济损失195.7亿元；2000年，破获破坏社会主义市场经济秩序犯罪案件6.9万起，挽回经济损失149.7亿元），其中包括中国银行广东开平支行特大贪污挪用公款案、杨斌涉嫌经济犯罪案、广东"8·18"票据诈骗案、海南华银及大连证券公司涉嫌经济犯罪案、陈学军虚开增值税专用发票案、神龙数码广告卡诈骗案、广东珠海"JK1号"伪造国际信用卡诈骗案等一大批重大经济犯罪案件的侦破，办案中均使用了搜查、扣押、冻结等措施，有力地保障了国家、单位和公民的财产权。

另外，人民检察院在办理刑事案件中也大量运用搜查、扣押等对物的强制处分。按刑事诉讼法的管辖分工规定，人民检察院负责管辖贪污贿赂犯罪、国家机关工作人员的渎职犯罪等，而贪污贿赂犯罪或国家机关工作人员的渎职犯罪主要以财产为犯罪对象，因此也必然涉及对物的强制处分的运用。从表4－1所举案例可简单看出贪污贿赂犯罪案件所涉及金额之大，且这些涉案财产大部分属于国家和人民的财产，办案部门通过搜查、扣押、冻结等方式及时予以追缴，挽回经济损失。因此，对物的强制处分在刑事案件中运用极为广泛，发挥了巨大的作用（见表4－1）。

表 4-1　2004 年大要案件中的强制处分情况

当事人	案情	对物的强制处分	判决（处理）结果
王怀忠	1994 年 9 月至 2001 年 3 月受贿 517 万元	搜查、扣押	2003 年 12 月 29 日济南市中级人民法院以受贿罪判处死刑，剥夺政治权利终身，2004 年 1 月山东省高级人民法院判决维持原判
刘方仁	1995 年 3 月至 2002 年 2 月任贵州省主要领导期间受贿 677 万元	搜查、冻结、扣押	2004 年 6 月 29 日北京市第二中级人民法院以受贿罪判处无期徒刑，没收赃款 677 万元，没收个人全部财产
张国光	任湖北省省长期间受贿 96 万元	搜查、扣押	2004 年 12 月天津市第二中级人民法院以受贿罪判处有期徒刑 11 年，受贿款全部没收
王钟麓	任浙江省副省长、省国家信托投资公司领导期间利用职务之便为他人谋取利益	搜查	2004 年 8 月 31 日杭州市中级人民法院以受贿罪、国有公司人员滥用职权罪判处有期徒刑 12 年
柴王群	在中组部地方干部局任职期间受贿 100 万元	扣押	2004 年 3 月 3 日昆明市中级人民法院以受贿罪判处有期徒刑 12 年，并处没收财产 10 万元
卢万里	任贵州省交通厅厅长期间受贿 2559 万元，另对 2651 万元的财产不能说明来源	搜查、扣押	2004 年 5 月 10 日贵阳市中级人民法院以受贿罪、巨额财产来源不明罪、偷越国（边）境罪判处死刑，剥夺政治权利终身
李友灿	任河北省外贸厅领导期间受贿 4744 万元	扣押	2004 年 9 月 10 日衡水市中级人民法院判处死刑

续表

当事人	案情	对物的强制处分	判决（处理）结果
娄小平	任海南省高级人民法院副院长期间与他人共同受贿 40 万元，另有 85 万元的财产不能说明来源	扣押	2004 年 11 月 30 日被海口市中级人民法院以受贿罪、巨额财产来源不明罪判处有期徒刑 11 年
郭宝云	任重庆市人民检察院领导期间受贿、贪污	扣押	2004 年 8 月 25 日昆明市中级人民法院以受贿罪、贪污罪判处有期徒刑 18 年
吴振汉	任湖南省高级人民法院院长期间受贿	搜查、扣押	2004 年 6 月 7 日被“双规”，11 月 28 日被免去全国人大代表资格。侦办中
丁鑫发	任江西省人民检察院检察长期间受贿 307 万元；为亲属谋取巨额不正当利益；挪用 210 万元；打击报复举报人	搜查、扣押	2004 年 11 月被开除党籍，侦办中
宋丈艾	任中国华融信托公司业务员期间贪污、挪用公款 1 亿余元	搜查、扣押	2003 年 10 月被北京市第一中级人民法院以贪污罪、贿赂罪判处死刑。2004 年 8 月 16 日北京市高级人民法院驳回上诉维持原判

（二）我国搜查扣押制度下的财产权保障现状

为总结出搜查、扣押等对物的强制处分在实务中到底存在哪些问题，笔者利用在公安机关工作的有利条件，深入基层进行了大量调研，同时研究了对物采取强制处分的数百个真实案例。其中，案例21和案例50是笔者亲自参与经办的案件。笔者从这些案例中挑选了有代表性的50个案例，以表分项目列出，最后总结出搜查、扣押等强制处分到底存在哪些问题，在发动处分时，是以什么样的方式、在什么环节上侵犯了公民财产权，以及公民目前是通过怎样的途径来保障自身财产权的。

1. 案例研究后的结论（表4-2）。

表4-2 对物采取强制处分案例(侵犯财产权案例)

	处分种类	处分的客体	当事人意见	控方意见	人民法院对处分的裁判结果	对当事人的实体处理	处分的持续时间	问题的提出
案例1:吴根花诈骗案	扣押	扣押吴根花用非法集资款购买的房产及吴根花卖给徐某的房产	警察对第三人的财产扣押违法,提出国家赔偿要求	侦查措施合法,不予赔偿	徐某购买的吴根花的房产系吴根花用赃款购买,应予追缴	判处吴根花有期徒刑15年,罚金15万元	2001年至今	处分客体可否包括善意第三人的利益
案例2:李治合同诈骗案	追缴	追缴嫌疑人家属的退赃款32100元	警察违法收缴,提起行政诉讼,要求返还32100元并赔偿损失	收缴是刑事司法行为,人民法院不应受理	撤销追缴赃物的处分,退还嫌疑人	撤销刑事案件	——	追缴是实体法上的规定,控方能否独立决定实施
案例3:张某职务侵占案	扣押、返还	扣押第三人的59万元并返还①给受害公司	第三人认为扣押违法,提起行政诉讼	扣押是合法侦查行为	公安机关赔偿扣押第三人的59万元	——	——	控方返还被害人是否应有严格的条件或程序

① 本表中的“返还”指返还给刑事案件被害人;“退还”指将已处分的财物退还给先前的物品所有人、使用人或持有人。

续表

	处分种类	处分的客体	当事人意见	控方意见	人民法院对处分的裁判结果	对当事人的实体处理	处分的持续时间	问题的提出
案例 4：姜国祥、陈继银敲诈勒索案	扣押、返还	扣押回国劳工的护照、美元；及时返还给劳工的国内担保方	无犯罪发生，扣押违法，提起行政诉讼	二当事人在美国敲诈勒索，立案合法	撤销公安机关的扣押和返还行为	——	1997 年 7 月到 1999 年 3 月	同案例 3；与案件无关的财物，能否扣押
案例 5：刘大一生产、销售假药案	检查、扣押	检查当事人的住处并扣押其药品等	检查、扣押违法，提起行政诉讼	依《警察法》第 9 条进行的检查是合法的	公安机关检查是合法的。但扣押违法，应予撤销	收容遣送	2000 年 4 月到 2000 年 10 月	检查应否有法定程序；立案前可否扣押
案例 6：陈文明诈骗案	扣押、冻结、没收	冻结了陈文明骗取的学生的钱财 38 万元，扣押其乱收的费用 10 万元，并对该 10 万元直接决定罚没	公安机关对于涉嫌刑事犯罪的财物不得决定没收，要求人民法院纠正、返还	侦查是依法进行的，不予纠正	撤销公安机关对陈文明罚没 10 万元的决定	公安机关一直未结案	1997 年至今	对公安机关刑事侦查行为违法的，当事人能否起诉？人民法院可否审理裁决

续表

	处分种类	处分的客体	当事人意见	控方意见	人民法院对处分的裁判结果	对当事人的实体处理	处分的持续时间	问题的提出
案例7：胡国华商业受贿案	扣押	扣押当事人交出的受贿款近6万元	人民法院认定的受贿款4万元，控方扣押6万元，提起国家赔偿要求返还2万元	当事人虚假陈述导致错误扣押，不赔偿	控方主动退还了2万元，准许当事人撤回赔偿申请	拘役6个月，缓刑1年	1997年9月到1999年3月	扣押的决定和扣押内容应否有相应证据（即扣押的条件为何）
案例8：程友富、吴恒英窝赃案	搜查、扣押	搜查当事人住所，扣押电视机等物品，收退赃款15000元	警察行为违法，提起行政诉讼要求撤销	对当事人请求及人民法院传票未答复，未出庭应诉	撤销扣押，返还扣押财产或折价赔偿，退还当事人交来的退赃款15000元	当事人之父涉嫌购买赃物罪，和本案当事人无关	2000年2月到2000年12月	司法实践中交“退赃款”应否适用扣押程序

续表

	处分种类	处分的客体	当事人意见	控方意见	人民法院对处分的裁判结果	对当事人的实体处理	处分的持续时间	问题的提出
案例9：陈志涛挪用公款案	扣押、返还	扣押当事人51万元，直接返还给“受害企业”	控方已撤销免予起诉决定书，扣押行为也应撤销，提起国家赔偿	发还给受害企业是依法进行的	控方退还给当事人扣押款，并赔偿因扣款带来的损失24万元	控方撤销对当事人的免予起诉决定书	1996年9月到2000年7月	案件被撤销或当事人被不起诉后，处分行为应否当然失效
案例10：曾宪政诈骗案	扣押、返还	扣押当事人的轿车及执照，后返还给当事人	警察非法扣押，插手经济纠纷，提起行政诉讼	是被害人自己扣押而非警察扣押	车非警察所扣，但因车停在公安局院内时被被害人开走，警察应协助查找返还	——	2000年5月到12月	对扣押物如何管理
案例11：浦桥公司诈骗案	冻结、划拨、返还	冻结华橙公司存款250万元，划拨到公安局刑侦大队，并返还给周峬公司	华橙公司非犯罪嫌疑人，被违法扣押、划拨，要求国家赔偿	合法的追赃行为	公安局退还华橙公司250万元	——	1997年8月到判决时（不详）	对物强制处分的根本目的是什么

续表

	处分种类	处分的客体	当事人意见	控方意见	人民法院对处分的裁判结果	对当事人的实体处理	处分的持续时间	问题的提出
案例12：包某、林某挪用公款案	查封	查封赵某（包某的同居者）购买的商品房一套	赵某不是嫌疑人，房屋是赵某自己而非包某用赃款购买的，应解除查封	赵某曾承认该房是包某购买的	撤销警察的查封决定	判处包某有期徒刑15年	1998年4月到2000年2月	对物处分要有必要证据；人民检察院立案，不应由警察决定查封；查封的法律依据何在
案例13：陈汉生诈骗案	扣押、追缴、返还	扣押潘某用陈的汇款所办的土地证，追缴二人之中间人呼某所得的报酬10万元，将其返还给陈的另一个受害者	潘某认为警察行为违法，提起国家赔偿	侦查依法进行	警察扣押违法	——	1998年11月到判决时（不详）	同案例11

续表

	处分种类	处分的客体	当事人意见	控方意见	人民法院对处分的裁判结果	对当事人的实体处理	处分的持续时间	问题的提出
案例14：林龙、林少华诈骗案	查封、冻结	查封、冻结嫌疑人投资建设的松山电厂的房产权益	查封、冻结错误，提起行政诉讼	侦查依法进行	撤销警察冻结房产权的通知，查封房地产违法	——	1998年9月到2002年8月	查封、冻结房屋产权的法律依据何在
案例15：杜荣海诈骗案	扣押	扣押当事人客户的货物，并交第三方变卖处理	错误扣押，提起行政诉讼	人民法院不能受理对刑事侦查行为提起的诉讼	人民法院审理期间，警察自行解除扣押	——	1992年5月到1993年	同案例11
案例16：姜宝元诈骗案	追缴、扣押	追缴当事人的7万元现金，扣押其租用的轿车	警察插手经济纠纷，替人追款，提起行政诉讼	人民法院不能受理对刑事侦查行为提起的诉讼	撤销扣押，将现金、轿车退还给当事人	——	1998年10月到1999年6月	追缴是实体法的规定，应由人民法院决定还是由控方决定

续表

	处分种类	处分的客体	当事人意见	控方意见	人民法院对处分的裁判结果	对当事人的实体处理	处分的持续时间	问题的提出
案例17：张晓华合同诈骗案	扣押	扣押当事人工厂里的煤炭2000吨(价值37万元)	警察插手经济纠纷，替人追款，提起行政诉讼	警察依法行使侦查权	撤销扣押决定，将37万元退还给当事人	——	1992年12月到1993年12月	扣押的条件是什么
案例18：鲁宁舟敲诈勒索案	搜查、扣押、返还	搜查鲁的住宅，扣押车辆、票据价值9万元；警察返还给被敲诈人4.5万元；应银行请求，用余款偿还鲁向银行的贷款	警察擅自处分公民财产，侵犯公民财产权，提起行政诉讼	警察用对鲁的扣押款，代理鲁偿还银行贷款	公安机关无权代理鲁向银行还款，将此款退还给鲁	判处鲁有期徒刑2年	1994年10月到1997年3月	扣押的范围；返还的时机和条件
案例19：潘立新诈骗案	扣押	扣押潘交来的保证金3万元；扣押潘退赃款12万元	警察插手经济纠纷，替人追款，提起行政诉讼	警察依法行使侦查权	撤销扣押决定，将15万元退还给当事人	——	1996年5月到1997年11月	扣押的条件

续表

	处分种类	处分的客体	当事人意见	控方意见	人民法院对处分的裁判结果	对当事人的实体处理	处分的持续时间	问题的提出
案例20：林世友贪污案	扣押、返还	扣押涉案款1万元，并返还给受害（借款）单位民政局	人民检察院已撤销案件，应退还扣押款，提起刑事赔偿	林曾供述用此款还亲戚债务及日常开支。返还给受害单位民政局是对的	退还扣押林的1万元	撤销案件，释放林世友	1998年8月至2000年12月	扣押的范围
案例21：汪卫平诈骗案	扣押	扣押汪卫平应给付报案人王某的货款70万元	公安机关插手经济纠纷，应退还70万元。提出申诉	上级公安机关要求下级退还	——	撤销案件、释放	2002年6月至2004年3月	实体上怎样区分经济纠纷和经济犯罪

续表

	处分种类	处分的客体	当事人意见	控方意见	人民法院对处分的裁判结果	对当事人的实体处理	处分的持续时间	问题的提出
案例22：林国贪污案	扣押、返还	扣押赃款12万元（包括扣林妻的2万元），返还给受害单位	人民检察院应退还扣林妻的2万元，向人民法院申诉	已全部返还给受害单位，不能退还	——	有期徒刑15年，剥夺政治权利3年		扣押物是否应与案件有关；返还被害人后能否退还
案例23：仇惠南挪用公款案	追缴	追缴赃款现金18050元及利息	退还在办案中作为赃款追缴的现金18050元及利息	可不退还	退还办理此案中作为赃款追缴的现金18050元及利息418.03元	人民检察院免予起诉	1994年6月至1996年11月	不起诉后已追缴的“赃款”如何处理
案例24：林国强贪污公款案	扣押后立即返还被害人	扣押并返还赃款97754元，实际贪污公款共计77409.98元	退还在办案中作为赃款多追缴的20344.02元	——	赔偿林国强人民币20344.02元	有期徒刑11年，剥夺政治权利1年	1988年10月至2001年12月	扣押的范围为何

续表

	处分种类	处分的客体	当事人意见	控方意见	人民法院对处分的裁判结果	对当事人的实体处理	处分的持续时间	问题的提出
案例25：高家兴挪用公款案	扣押	扣押现金81277.09元	撤销案件后要退还扣押的81277.09元	拒绝退还和赔偿	人民检察院退还高家兴私款及利息，合计81777.11元	撤销案件	1991年12月至1996年10月	扣押的效力和撤销案件的效力；撤销案件后扣押行为自然失效
案例26：葛兆祥贪污案	追缴后立即返还被害人	追缴17685.20元、一台21英寸天鹅彩色电视机、一台威力双缸洗衣机	退还本人并赔偿	已返还给被害人，拒绝赔偿	判决人民检察院退还追缴葛兆祥的钱款共计18685.20元	判决葛兆祥无罪	1995年3月至1997年6月	无罪判决后先前的扣押、返还处分是否自然失效
案例27：桂学红收购赃物案	扣押	扣押涉案的赃车，后作为罚没赃物处理，卖给财政局	仅凭扣押物清单就扣车，且后来经内外装修后车牌号更换为鄂H—05038，后又换成警车牌照，应退还	合法的扣押	公安机关罚没行为违法，但对扣押行为未认定	——	2000年10月至2001年12月	扣押的形式要件；扣押后至判决前可否转为行政罚没程序

续表

	处分种类	处分的客体	当事人意见	控方意见	人民法院对处分的裁判结果	对当事人的实体处理	处分的持续时间	问题的提出
案例28：郝洁诈骗案	搜查、扣押	搜查、扣押了5600元及公司公章、财务章、法人名章、合同章	撤销案件后应退还扣押物品	合法的扣押	按扣押清单返还郝洁被扣物品，返还郝洁被扣5600元，并按银行同期活期存款利率支付利息	公安机关撤销案件	1996年8月至1999年10月	撤销案件的效力；之前的扣押行为是否当然失效；反观立案制度的弊端
案例29：何万兵贪污案	搜查、扣押	搜查，并扣押何万兵的手机、华宇充电器1部、旅游充电器1部、三相电插座1个等9件物品，以及人民币17000元	不起诉决定后应退还扣押物	应退还并已自动退还	——	决定不起诉	1999年4月至2001年2月	不起诉决定的效力；之前的搜查扣押是否当然失效

续表

	处分种类	处分的客体	当事人意见	控方意见	人民法院对处分的裁判结果	对当事人的实体处理	处分的持续时间	问题的提出
案例30：吕阿娣车辆被扣押案	扣押	4万元买一辆二手夏利牌轿车，手续齐全，警方认定为盗抢车辆扣押后自用	不能无限期扣押，查不清应及时退还	办案人员避而不见	人民法院未受理	未查获犯罪人	1999年至今	扣押物的保管；扣押期限；对善意第三人的财产权如何保护
案例31：李伏运贪污、受贿案	收缴后人民法院判决没收	收缴的存款和现金共28327元、放映机和收录机各一台，人民法院判决予以没收	退还扣押物，对非法羁押予以赔偿	——	最高人民法院裁决赔偿已被没收的全部财产	经审判监督程序，省高级人民法院宣告其无罪	1990年4月至2003年11月	无罪判决后先前的扣押、没收处分是否自然失效；应否自动赔偿

续表

	处分种类	处分的客本	当事人意见	控方意见	人民法院对处分的裁判结果	对当事人的实体处理	处分的持续时间	问题的提出
案例32：许天生诈骗案	传唤、搜查、扣押、返还	传唤并对其住宅进行搜查，扣押许2.5万元。后公安局将扣押款返给受害银行	白天去银行用美元兑换人民币，晚上银行发现库里有假美元，不能证明是我的。人民检察院以事实不清、证据不足为由不批捕	虽然决定监视居住，但刑事案件未结，不退扣押款	退还扣押许的2.5万元	人民检察院不批捕，后变更为监视居住，案件不了了之	1996年1月至2001年6月	搜查、扣押的实质要件；返还被害人的时机
案例33：林树民抽逃注册资金案	搜查、扣押	扣押企业法人营业执照、发票、专用章、税务登记证等共39项	还扣了两盒录像带，但未在扣押清单上写明。当事人当时拒绝签字。应赔偿	扣押清单上没有两盒录像带的内容，拒绝赔偿	赔偿林制作两盒录像带所发生的费用4万元	公安机关撤销案件	1997年11月至1999年8月	扣押清单或有关令状上应否注明搜查、扣押的具体内容

续表

	处分种类	处分的客体	当事人意见	控方意见	人民法院对处分的裁判结果	对当事人的实体处理	处分的持续时间	问题的提出
案例34：福建某饲料厂货物被扣押案	查封、扣押、变卖	以货物为他案嫌疑人赖某的赃物为由，扣押并变卖价值63万元的货物	本厂合法所有的货物，与嫌疑人赖某正常的经济往来，公安机关无权扣押，应及时退还	公安机关正在追缴赖某赃款，与赖某有关的财物可扣押	货物为福建某粮食饲料厂所有，虽是该厂与赖某的贸易标的，但不是赃款，扣押行为违法，应退还，赔偿	——	1995年8月至1997年3月	搜查、扣押的对象必须与案件有关，这如何判定
案例35：雷桂明等盗窃案	追缴并返还	雷等人盗窃骆驼后卖给马等，马又卖给张。马、张均不明知。马卖的款和张买的骆驼被追缴	马、张不明知三匹骆驼是赃物而购买，不应追缴，应赔偿	公安机关追缴合法，损失可找雷等人赔偿	按民事诉讼直接判决雷等人赔偿马等人被追缴的损失	雷等人被判有期徒刑	1993年9月至1995年4月	善意所得应否追缴返还？本案判决正确但回避了此问题
案例36：陈惠雄诈骗案	扣押并返还	扣押陈惠雄诈骗的轿车并返还被害人李某	被害人李某轿车被骗，再三申诉后公安机关追回返还	涉嫌诈骗罪应追究责任	未作处分	人民法院未结案	2005年8月2日至今	刑事被害人财产权损失应向哪些部门请求保障

续表

	处分种类	处分的客体	当事人意见	控方意见	人民法院对处分的裁判结果	对当事人的实体处理	处分的持续时间	问题的提出
案例37：邱太元受贿案	搜查、扣押、查封	搜查住宅，扣押邱之妻姚的存单10张计10万元、录放机、磁带，扣封包一个、彩电一台及育松牌黑色皮夹克一件。查封邱之子邱红兵楼房一栋。人民检察院在庭审期间解封楼房，部分退还扣押物	人民法院已对邱作无罪判决，人民检察院应全部退还所扣财物，赔偿查封楼房期间的租金损失	侦查措施是依法进行的。只应退还直接损失不包括间接损失	退还扣押财物及扣押期间的利息	判决无罪	1996年9月至1999年12月	扣押范围能否及于嫌疑人家属的财产；对不动产查封的依据；退还应否包括间接损失，比如错误查封楼房后房租的损失等
案例38：张晓阳合同诈骗案、信访案	无	未抓获嫌疑人张，但说服张的家属替张偿还诈骗款	嫌疑人在逃；被害人被诈骗款已收回	继续抓捕嫌疑人	未介入	未决	立即	公安机关可否进行自愿侦查行为，有无条件

续表

	处分种类	处分的客体	当事人意见	控方意见	人民法院对处分的裁判结果	对当事人的实体处理	处分的持续时间	问题的提出
案例39：张尧发等人诈骗案、信访案	扣押、没收	扣押并没收赃款11万余元	嫌疑人的行为不构成犯罪，案件应及时结案并退还扣押款	撤销案件后退还扣押款	未介入	公安机关撤销案件	1995年3月至2005年8月	对扣押的赃款控方能否直接没收
案例40：田付庭挪用公款罪案	搜查、扣押	搜查住所，扣押存款单9张共计34684元，现金2000元，国库券1100元，白金戒指6枚等	控方作免予起诉决定后其上级又撤销免予起诉决定而终结案件，所扣财物应全部退还	田作虚伪供述，而且拒绝提供无罪证据，拒绝退还	邓州人民检察院按扣押物品清单逐一退还给田付庭，原物灭失可给付相应的赔偿金，不能恢复原状的按损坏程度给付相应的赔偿金	人民检察院撤销案件	1993年8月至1997年2月	作出不起诉决定后，扣押的款物应否退还、赔偿；有关司法解释是否正确合理

续表

	处分种类	处分的客体	当事人意见	控方意见	人民法院对处分的裁判结果	对当事人的实体处理	处分的持续时间	问题的提出
案例41：张益明购买走私香烟案	扣押后，行政没收、行政罚款	扣押张用于买烟的汇票84万元，对其解除取保候审后，没收84万元并罚款3万元	没收、罚款行为错误，应退还、赔偿	没收、罚款是行政处罚，于法有据	返还张益明人民币87万元	刑事案件在侦查阶段直接转行政处罚	1997年1月至1998年3月	以刑事扣押手段办行政处罚案件的做法，是否规避法律
案例42：王景太贪污案	追缴	追缴赃款25608元	不起诉决定后，控方应退还、赔偿已被追缴的款物及利息	不予退还、赔偿	退还向王景太追缴的赃款25608元及其中定期存款（13000元）利息1313.18元	人民检察院作不起诉决定	1993年12月至2000年8月	同案例40

续表

	处分种类	处分的客体	当事人意见	控方意见	人民法院对处分的裁判结果	对当事人的实体处理	处分的持续时间	问题的提出
案例43：王荣东挪用公款案	扣押、追缴	扣押王个人、家庭货币存单共计95746.11元，从中决定追缴王荣东利息孳息45630.11元，上缴财政（此笔款人民检察院已退还）	本人无罪，扣押机关应退还剩余未还的50116.10元	不予退还	退还50116.10元	人民法院重审后宣告无罪	1995年11月至2001年2月	追缴的时机；追缴后是否应上缴国库宜统一并由人民法院直接判决
案例44：王有保等盗窃案	扣押	扣押了王的车牌、放音机、千斤顶、黄油枪等物，并随案移送个旧市人民检察院	人民检察院应退还被扣押物品及因车牌照等物被扣造成营运收入、养路费及滞纳金、营运费、税收、汽车年检费及罚款、驾驶证被废除等损失41万元	退还被扣押物品，但不赔偿其他损失	退还扣押王的车牌、放音机、千斤顶、黄油枪等物；支付错误羁押期间的赔偿金	人民法院宣告无罪	1997年10月至2000年11月	退还或赔偿是否包括因强制处分导致的间接损失

续表

	处分种类	处分的客体	当事人意见	控方意见	人民法院对处分的裁判结果	对当事人的实体处理	处分的持续时间	问题的提出
案例45：杨良箴私自抛售他人股票、提走钱款案	扣押	公安机关接举报后即扣押了杨良箴人民币20800元	未立案就扣押属违法办案；公安机关查明真相后，应退还扣押款	虽作出不立案的决定，但扣押属刑事侦查，不属行政行为，杨不能就此起诉	公安机关退还杨良箴人民币20800元	根本未启动刑事程序	1999年12月至2000年3月	立案前能否使用侦查措施
案例46：杨文冰诈骗案	扣押、返还	公安机关扣押杨的日产三菱太空车和一只瑞士产欧米茄金表，并将车辆和手表返还报案人张宏	公安机关应退还所扣押和返还的金表和车辆	有证据证明车辆是走私车，应移交没收；可以退还金表	走私车不退还杨文冰，按规定处理；赔偿金表应值的5万元	公安机关撤销案件	1996年12月至2001年3月	返还被害人的时机和条件

续表

	处分种类	处分的客体	当事人意见	控方意见	人民法院对处分的裁判结果	对当事人的实体处理	处分的持续时间	问题的提出
案例47：张春宇诈骗案	扣押	扣押张春宇现金人民币40000元	退还扣押款及羁押期间的损失	——	违法扣押侵犯了张的财产权，依法应当退还40000元；赔偿羁押期间的损失	人民检察院作出不起诉决定	2000年1月至2001年12月	决定不起诉后，之前的扣押决定是否有效
案例48：赵治安等挪用公款案	扣押	扣押现金66380元	退还扣押的现金66380元，并赔偿扣押现金期间的经济损失	——	退还非法扣押的现金66380元，并赔偿扣押现金期间的经济损失2万余元	判决赵治安等人无罪	1994年6月至1997年11月	是否赔偿间接损失
案例49：大平煤矿中转站偷税案	扣押、返还	扣押负责人王涛6万元、3万元定期存单一张、印鉴等。划拨中转站的152万元给税务局	税款已缴清，不存在偷税问题，人民检察院应退还前述款物	——	退还、赔偿所扣押、返还的款物本金及利息	人民检察院免予起诉，上级检察院撤销免予起诉决定	1994年10月至2000年11月	不起诉后，之前的扣押、返还是否自然失效；返还的时机及条件

续表

	处分种类	处分的客体	当事人意见	控方意见	人民法院对处分的裁判结果	对当事人的实体处理	处分的持续时间	问题的提出
案例50：刘景礼合同诈骗案	扣押、发还	扣押120万元及吉普车一辆，并将其中的33万元发还给被害人之一	退还所扣款物	刘已犯罪，因人民检察院不批捕案件无法继续进行，不退还	全部退还所扣款物	人民检察院不批捕，公安机关转取保，后撤销案件	2000年12月至2004年3月	返还的时机及条件

通过对上述50个案例的分析研究，关于搜查、扣押等对物的强制处分在实务中存在的问题及各类问题所占的比例，可归纳如下：

(1) 强制处分的对象不明确，侦查人员自由裁量权太大；对善意所得不问情况一律采取强制处分。有11件，占20%强。

(2) 发动强制处分的条件及效力不明确，侦查人员自由裁量权太大，任意发动强制处分。有24件，占近50%。

(3) 被强制处分的财产，返还被害人或合法所有人、占有人的条件、时机和程序不明确，侦查人员可以随意返还，直接导致以侦查权干预公民的民事活动，即“侦查机关插手经济纠纷”的现象盛行。有11件，占20%强。

(4) 因错误进行强制处分，退还原所有人或占有人财产时，对是否应包括被冻结款物的利息、被查封房屋的房租等间接损失存在诸多争议。有5件，占10%。

(5) 强制处分的程序问题，包括处分主体错误、搜查证记载不明等问题有5件，占10%。

(6) 被采取强制处分后对财产保管不当的有2件，占4%。

(7) 强制处分的持续时间没有限制，导致办案机关长期占有被处分的财物。50起案件中，办案机关占有财产最长的达11年，最短的4个月，平均占有3.5年。

(8) 对于被采取强制处分的物，在刑事案件撤销、不起诉或对被告人判决无罪后，先前的强制处分是否自然失效的问题争议较多，共9件，占18%。该9件案件中侦查机关都认为先前的强制处分依然有效，拒绝退还或赔偿；而人民法院基本裁定予以退还或赔偿。

(9) 对处分无任何法定的程序救济。现行刑事诉讼法、行政诉讼法、民事诉讼法、国家赔偿法均没有规定对刑事强制处分的司法救济，导致对物的强制处分这种刑事司法行为无任何法律上的监督制约机制，反过来助长了处分的滥用。上述有些案件当事人通过行政诉讼程序或国家赔偿程序得以救济和保障了自身财产权，只能归结为法外之幸运，因为刑事司法行为不是行政诉讼案件的受案范围，对物采取强制处分所造成的损失也不是刑事附带民事诉讼的受案范围，提起国家赔偿申请还必须经过原办案机关的确认程序（该问题会在后面的章节具体论述），因此大量刑事案件当事人的财产权无法得到支持和保障。

2．通过实务调研发现的问题。

（1）对全国公安机关开展集中处理信访活动进行调研后的结论：该活动的性质是内部执法监督的行政活动，解决了一些问题，但却能反映出公安机关在执法办案中侵犯公民财产权的情况是大量存在的。

（2）对全国公安机关开展清理“两个违规”[①]（违反规定扣押、查封、冻结、没收财产，违反规定责令停业整顿、吊扣证照，简称“两个违规”）活动进行调研后的结论：公安机关在扣押、查封、冻结、没收财产，违反规定责令停业整顿、吊扣证照等执法活动中，同样存在侵犯公民财产权的情况。

从调查所得资料看，笔者认为，由于相关制度缺位，现实中侦查人员的素质参差不齐，加之各方面干预执法的因素大量存在，我们不能寄希望于实务界采取何种措施去增强法治意识，规范执法行为，而只能依赖立法的完善、依赖制度的建构来改变这一切。

二、我国搜查扣押制度的完善

（一）搜查扣押的主体

从笔者已查阅的一些主要法治国家或地区的情况看，除中国外，其他国家或地区基本都由法院或法官作出决定，即采用的是司

① 名为“违规”，实为“违法”。

法审查制度。[①] 我国学者（包括实务界）也都主张加强对搜查、扣押措施的监督。[②] 由法院或法官对搜查、扣押发动前预先进行司法审查，主要是为防止控方滥用权力，保护公民权利。按我国台湾地区学者的归纳，主要有如下几方面的考虑：一是就工作方式和职业倾向性来讲，控诉机关的主要职能是侦查、发现、追诉犯罪嫌疑人或被告人，法官是按照控审分离的原则"坐堂问案"，一动一静，工作方式根本不同。搜查、扣押是搜集证据较容易、简便的方法，因此在考虑是否发动时，控诉方掌握的条件自然要比法官掌握的条件宽松得多，法官更为严厉。二是就制度保障来讲，法官受到的约束和保障较多，除受人身及事务独立性原则保障外，另外还受法定

---

① 法国只允许预审法官决定是否对物采取强制措施。德国《刑事诉讼法》第97条规定了扣押的主体：只允许由法官、在延误有危险时也可以由检察院和它的辅助官作出决定。对于未经法官决定而扣押了物品的官员，当事人对此提出异议时，应由法官对此扣押行为予以确认。日本《刑事诉讼法》第99规定，扣押、查封的决定权在法院。意大利由司法机关决定。其《刑事诉讼法》第253条规定：司法机关采用附理由的命令的形式决定对犯罪物证及与犯罪有关的、为调查工作所需要的物品进行扣押。被用来或者针对其实施犯罪的物品及属于犯罪产物、收益或得利的物品是犯罪物证。美国《联邦刑事诉讼规则》第41条（A）规定，签发扣押令状的权限属于联邦治安法官或联邦辖区内的州记录法院。英国的《警察与刑事证据法》规定对物的强制措施的决定权在治安法官。

② "加强监督制约是依法适用强制措施，实现实体公正与程序公正的重要保证。没有制约的权力必然导致腐败，强制措施的适用也同样如此。根据我国刑事诉讼法的规定，侦查机关在强制措施的适用中，只有逮捕需要检察机关的审查批准，其他强制措施则缺乏相应有效的监督程序。从国外情况看，警察机关采取逮捕和其他各类涉及犯罪嫌疑人人身、财产权利的强制措施，均须经过司法审查程序。而我国公安机关侦查案件，除了逮捕要提请检察机关审查批准外，采取其他强制措施均可自行决定并执行，缺乏必要的外部监督和救济程序。因此，为了防止侦查机关滥用强制措施，保障公民的合法权益不受侵犯，对侦查机关采取限制或剥夺公民人身自由、财产权利的逮捕以外的其他强制措施，如拘留、取保候审、监视居住等措施，理应从诉讼程序上加强监督制约。"参见万春、高景峰：《刑事强制措施及其监督制度的立法完善》，载《检察日报》，2006年2月14日。

法官原则及听审原则的拘束，这些可以保证法官对是否决定搜查、扣押作出公正独立裁决；但检察官或警察与这些保障或要求相比则有相当大的差距。三是权力制衡的观念。权力制衡的观念在刑事诉讼领域体现在控审分离、诉讼分权等方面。在搜查、扣押的发动上具体体现为“警察/检察官主动申请——法官被动决定”的模式。从这个角度讲，将搜查、扣押决定权原则上交给法官，又是一种制度上的考虑。同时，除事前的司法审查外，对于事后的法律监督，仍有必要设置法律救济程序，此时由法院对于侦查机关所进行的搜查、扣押等处分进行事后审查，如果认为存在不当情形，应予以撤销；如果先前的搜查、扣押行为已对公民的财产权造成了损害，则可以提起国家赔偿申请。

从诉讼阶段看，法院在刑事审判中，在没有侦查机关或当事人申请的情况下，也可以依职权主动决定并执行搜查、扣押。我国的诉讼模式不是典型意义上的当事人进行主义，人民法院在审判过程中也可以采取措施对证据进行调查核实，采取搜查、扣押等措施，其目的也是为了进一步搜集有罪或无罪证据，保护包括被害人在内的当事人的财产权。我国《刑事诉讼法》第158条明确规定：“法庭审理过程中，合议庭对证据有疑问的，可以宣布休庭，对证据进行调查核实。人民法院调查核实证据，可以进行勘验、检查、扣押、鉴定和查询、冻结。”但此条在实践中用得极少，而且在条文的安排上，应将该条的内容和侦查机关所采取的搜查、扣押等对物的强制处分的规定放在同一位置，以体现刑事诉讼中对物的强制处分体系的完整性。据此可以对搜查、扣押制度进行阶段上的划分：分为侦查起诉中和审判中两个阶段。在侦查起诉中的搜查、扣押，主要目的在于取得证明犯罪事实的必要证据，进而加以保全，以确保追诉的顺利实现，并使得法院在判处刑罚时，有充分的认定依据，确保国家刑罚权的实现，确保财产权权属的落实。法院是中立的裁判者，在诉讼中处于“不告不理”的被动地位，因此法院依职权所为的搜查、扣押，在诉讼中主要具有补充性质，即追诉方对于证明犯罪事实有无的证据不足时，可考虑发动搜查、扣押。如果法院不能主动发动搜查、扣押，而追诉方又坚持不向法院申请发动，则证据有被毁坏、灭失、转移的危险，可能导致诉讼无法进行下去，出现国家刑罚权和财产权保障都无法实现的后果。

同时，在搜查、扣押权限的分配上，应以刑事案件所处的诉讼阶段来划分界限。如果案件已经侦查终结并已起诉至法院，此时案件已经属法院管理，案件的主导权已经转移至法院，此时再不能允许侦查机关或起诉方发动搜查、扣押。如果侦查或者起诉方确有收集证据的必要，应向法院申请，获批准后才能进行搜查、扣押。

司法审查制度还应赋予被害人（包括国家，下同）在整个刑事诉讼阶段的申请搜查、扣押权。被害人作为当事人之一，其人身是犯罪行为侵害的对象，绝大多数情况下，其财产权也是犯罪行为侵害的对象，[①] 实践中可能存在追诉机关只关注被追诉人刑事责任而忽视保护被害人财产权的情况，因此立法应同时赋予被害人申请搜查、扣押权及申请返还财产权，以保护被害人的财产权。无论是经被害人申请还是侦查控诉机关自行发动搜查、扣押，都必须经法院同意、决定后才可实施。

（二）搜查扣押令状

司法令状制度，是指通过司法令状的方式实施法律上的强制处

---

① 据《人民公安报》2005 年 11 月 16 日报道，2005 年第三季度，全国公安机关共立侵财犯罪案件 106.4 万起（这是刑侦部门统计的数据，还不包括经侦部门的数据，而经侦部门的案件全部涉及财产权侵犯），约占全部刑事案件的 85%。其中，立诈骗案 5.7 万起，同比上升 1.1%；立抢夺案 6.5 万起，同比下降 8.6%；立抢劫案 8.9 万起，同比下降 0.7%；立盗窃案 83.3 万起，与 2004 年同期持平。而严重影响群众安全感的杀人、爆炸、放火、强奸等几类严重暴力犯罪案件明显下降，分别下降 17.7%、11.2%、22.6%、5.2%。可见，涉财案件在逐年上升，而非涉财案件的严重暴力犯罪案件在逐年下降，这说明在刑事案件中财产权保障越来越重要。

分，并给予利害关系人适当司法救济的程序法制度。以司法令状作为强制处分合法的直接依据的法律原则，被称为令状原则，又称令状主义。令状主义要求，“国王政府要执行逮捕、羁押、搜查、扣押等强制性措施，必须经过普通法院颁布令状，此即司法；另一方面，臣民如果受到国王及其代理人的行政行为的违法侵害，可以向普通法院寻求司法救济，由普通法院对政府行政行为的合法性进行审查。”① 它不仅适用于刑事诉讼，而且适用于其他以公权力干涉个人权利的程序法领域。侦查控诉阶段的司法令状制度是令状主义的一种表现形式，② 其基本要求是在侦查控诉阶段，引入中立的审判机关，就强制侦查的理由进行司法审查，以判断强制侦查的合法性和必要性，其本质是通过司法权控制侦查权，以保障人权。我们可从以下两方面来构建我国的令状制度：

1. 令状的实质要件。令状的实质要件是指侦查机关在申请令状发动某种侦查措施时所应具备的具体理由，在英美法中一般指“可能事由”。是否具备“可能事由”是判断侦查行为是否合法的一个标准。如果执法人员先申请令状再实施侦查行为，“可能事由”是由治安法官作出判断；如果执法人员没有申请令状就实施侦查行为，则“可能事由”是由执法人员自己判断，但在这种情况下，可能因为利害关系人提出排除证据的动议而受到法院的审查。在搜查、扣押的范围中，可能涉及的对权利干预或侵犯，主要在于财产权利或隐私权利。而搜查、扣押的发动，主要原因在于可能存在犯罪事实。如果没有“可能事由”存在，则不应动用搜查、

---

① 1338 年，一皇家税务官扣押了一头牛，从而引起返还财产之诉。由于该税务官未取得蜡封令状，原告对税务官的答辩表示异议，所以法院作出原告胜诉的判决。这一案例充分体现了令状主义原则。参见［美］罗斯科·庞德：《普通法的精神》，唐前宏、廖湘文、高雪原译，法律出版社 2001 年版，第 41 ~ 42 页。

② 参见孙长永：《侦查程序与人权》，方正出版社 2000 年版，第 28 页。

扣押，即“不能以搜查扣押来产生犯罪嫌疑”[①]。但“犯罪事实可能存在”并不是批准搜查、扣押的必然条件，还必须要具备合理的理由，才能满足发动搜查、扣押的条件。其理如学者所言：“搜索分为对被告之搜索与对第三人之搜索。被告为刑罚权之对象，一方面享有诸多程序权利，一方面亦就强制处分负有相应之忍受义务，因此本法规定［必要时］得搜索被告身体及其物；反之，第三人则非刑罚权之对象，其无相当于被告之程序权利，但亦无如被告般的忍受义务，是以，对其发动搜索的门槛较高，本法据此规定，仅于［有相当理由］可信被告或应扣押之物存在时为限，始得搜索第三人及其物。”[②] 从各国的情况看，发动的条件也不是千篇一律的，有的仅仅基于侦查机关的认知，有的是必须具备法院的合理怀疑，才能发动。各国的犯罪情况不一，社会结构不同，所以要设计一种固定的普遍性的发动条件，是不现实的。从我国具体情况看，我们可以仿照德国的发动条件，即“已有合理的犯罪嫌疑”[③] 存在时，才能发动搜查、扣押，并且该合理的犯罪嫌疑，必须在客观上已经足以相信犯罪嫌疑的存在。此条件相当于我国现行

---

① 柯耀程：《刑事诉讼法强制处分部分条文修正拟议（甲案）》，载《台湾法学》2001 年第 19 期。

② 林钰雄：《刑事诉讼法》（上册），中国人民大学出版社 2005 年版，第 299 页。

③ 其实这与美国的搜查、扣押发动条件相似。根据美国宪法第 4 条修正案和证据排除规则，只有当存在“可能的理由”（英文为“probable cause”，又译为特别理由、合理根据或合理理由，在本文中为了行文的需要有时也称之为“合理根据”），才可以进行逮捕。“probable cause”主要指：（1）警察自己对事实和案情的了解，即警察通过自身的感觉器官亲自感受到案情。（2）可靠的第三人（线人）的报告。这里包括线人可靠和线人的信息可靠。如果警察公开线人的身份，则通常认为是可靠的；如果警察不公开线人的身份，则警察必须说明该线人是可靠的。（3）信息加上其他佐证。如果警察不能肯定线人的报告的可信度，则警察可能根据线人提供的线索去调查。在线人的报告和调查的结果任何一个单项都不能建立可能原因的情况下，两者结合起来则可能使之成立。参见杨宇冠、陈味秋：《美国刑事诉讼中的逮捕和搜查》，载中国法律信息网，2005 年 1 月 23 日。

刑事诉讼法中的立案条件,[①] 将此设定为我国搜查、扣押的发动条件，也符合现实的做法，符合立案后才可采取强制措施或采取侦查措施的做法。

2. 令状的形式要件。令状制度的形式要件是指一个合法有效的令状在自身内容方面应具备的条件。令状制度在搜查、扣押实务中的表现形式主要在于令状所记载的信息，包括具体的范围，需要搜查、扣押的人或物，执行搜查、扣押的地点，以及令状的有效期限等内容。任何国家干预或侵犯公民权利的行为，均赋予了公民知情的权利，即使具有司法强制性质的搜查、扣押也是如此。因此，对于搜查、扣押等强制处分，必须贯彻落实公民的知情权，在作出搜查、扣押决定时，必须对搜查、扣押或留置等处分的对象、范围、标的，以搜查证[②]、扣押令[③]明确予以揭示，让公民知晓，即采取完全的“令状原则”，即使法官或检察官亲自进行搜查、扣押时，也必须贯彻令状原则。如果是搜查证、扣押令所记载以外的场所或物品，则不属于本次搜查、扣押的对象范围。如果搜查证、扣押令未记载，但在搜查、扣押过程中发现可能与本案有关的物品

---

① 我国《刑事诉讼法》第86条规定，人民法院、人民检察院或者公安机关对于报案、控告、举报和自首的材料，应当按照管辖范围，迅速进行审查，认为有犯罪事实需要追究刑事责任的时候，应当立案。据此，“认为有犯罪事实需要追究刑事责任，且属于自己管辖”便是刑事案件的立案条件。

② 我国实务中的搜查证是公安部自行制定的法律文书格式，十分简陋，必须予以改革，以确保公民权利。现行的搜查证格式只有一句话：“根据《中华人民共和国刑事诉法》第一百零九条之规定，兹派侦查人员××对×××进行搜查。”而扣押的依据仅仅是一张简单的表格。

③ 扣押并非全部附属于搜查，如果扣押是搜查的结果，则只需搜查证即可。但是，如果扣押是不经过搜查而径直独立进行的，则应有扣押令。比如，德国刑事诉讼法就是将搜查和扣押分别规定，扣押令中还必须表明为什么拟扣押之物就是可为证据之物，以及欲进行扣押的范围。转引自林钰雄：《搜索扣押注释书》，元照出版公司2002年版，第222页。

等，可以进行暂时处置,① 暂时处置后应及时补办扣押令。我国目前的搜查证和扣押文书，对照美国、我国台湾地区等地对搜查、扣押程序法律文书的要求，已简陋到必须改革的境地。

中国的搜查证（文书）:

公安局
搜　查　证

字〔　〕　号

根据《中华人民共和国刑事诉讼法》第一百零九条之规定，兹派侦查人员　　　　　　　　　对

进行搜查。

局长（印）

（公 安 局 印）

年　　月　　日

本证已于　　年　　月　　日　　时　　分向我宣布。

① 我国台湾地区学者称之为"暂予扣押"。

扣押文书更为简陋，甚至不需要任何审批程序，侦查人员自己就可以决定。笔者认为，如果扣押附带于搜查行为，则可以凭搜查证搜查后，填写以下的扣押物品、文件清单，直接扣押。这在刑事诉讼法中也有明确规定。① 但是，对于邮件、电报的扣押，及其他独立扣押的情形中，则可以不经搜查而直接实施，即独立扣押。独立扣押行为必须实行令状原则，必须要有扣押令，否则不得实施；无扣押令而实施的独立扣押行为，是对公民财产权的侵犯。

公安局扣押物品、文件清单

编号	名　称	数量	特　征	备注
物品、文件持有人 年　月　日	见证人 年　月　日		办案单位 办案人 年　月　日	

① 我国《刑事诉讼法》第114条规定，在勘验、搜查中发现的可用以证明犯罪嫌疑人有罪或者无罪的各种物品和文件，应当扣押；与案件无关的物品、文件，不得扣押。这表明一般性扣押是附属于搜查的。

本清单一式三份，一份附卷，一份交物品、文件持有人，一份交证据保管人员。

美国执法人员申请搜查证的宣誓书样式①

美国地方初审法院纽约东区

美利坚合众国对纽约布鲁克林区咖啡街×××号的一个单层的汽车修理间

纽约东区：

约汉·德宣誓，宣誓证实他是美国海关的特别工作人员。

马丽·琼斯宣誓，宣誓证实他是联邦调查局的特别工作人员，他们的职责依法任命并依法履行。

根据有关情况，宣誓人相信在纽约东区的上述地点藏有被盗窃的大约3500套男式服装（价值约140000美金）和一些咖啡袋（违反了美国法典第18条第546款和第659款）。

宣誓人的信息来源和根据如下：

1. 通过查看新泽西州纽沃克港口美国海关的记录发现，大约3500套男式服装于19××年4月4日从罗马尼亚抵达纽沃克港口，准备运往新泽西州的西卡克斯。从上述记录中还发现这些服装于19××年4月12日通过美国海关运离纽沃克港口。查看这些记录的宣誓人是约汉·德。

2. 宣誓人从空中货运公司总裁那里得知，空中货运公司于19××年4月13日用卡车将这些服装转运到纽约肯尼迪国际机场80号大楼，并将装有这些服装的拖拉机拖车存入仓库。

3. 19××年4月17日，空中货运公司向驻纽约肯尼迪国际机场的美国海关和联邦调查局报告说4月13日存在机场80号大楼的

---

① 参见杜水源：《刑事搜查制度研究》，北京大学2005年博士研究生论文。本文仅取其搜查证内容，不是其原始格式。

拖车被盗窃。

4. 宣誓人马丽·琼斯于19××年4月17日和4月19日从美国海关巡逻官山姆史密斯那里得到以下信息：一名消息提供者告诉山姆史密斯说他上周在纽约布鲁克林区咖啡街×××号的汽车修理间见到大约3500套男式服装，上面都有“罗马尼亚制造”的字样，每套衣服都用衣架挂着装在塑料袋里，衣服袖子上都贴有红标签。这与货物在运离新泽西州纽沃克港口当天负责对服装进行检查的海关检查员的描述完全相符。这名消息提供者在过去也曾向海关巡逻官山姆史密斯提供过可靠的消息，这些信息曾帮助找回了大量被窃的照相机和油漆桶，还曾帮助将四名犯罪人定罪。

5. 宣誓人马丽·琼斯于19××年4月17日从另一名消息提供者那里得到以下信息：纽约布鲁克林区咖啡街×××号是个赃物存放点，在那里正存放着被窃的男式服装和咖啡豆。这名消息提供者过去也曾提供过可靠消息。这些信息曾帮助找回了价值2000000美元的赃物，还曾帮助将5名犯罪人员定罪。

6. 19××年4月18日，宣誓人马丽·琼斯和联邦调查局的其他工作人员在对纽约布鲁克林区咖啡街进行监视时看到一辆雷德牌卡车离开纽约布鲁克林区咖啡街55号，驶到6号和13号大街附近时停了下来，然后司机步行离开了这个地方。当天晚上，宣誓人和联邦调查局的其他工作人员再对这辆卡车进行监视时发现卡车已遭打劫，大街上和卡车里都放着装有咖啡豆的咖啡袋。

7. 宣誓人马丽·琼斯通过调查这些咖啡袋上的记号发现这些咖啡袋是19××年4月17日ABC卡车运输公司向联邦调查局报告被窃的咖啡的一部分。

8. 宣誓人马丽·琼斯从ABC卡车运输公司的一名官员那里得知，19××年4月15日，ABC卡车运输公司的两辆装载着250袋咖啡豆准备运往新泽西州特特雷公司的卡车在纽约布鲁克林区41号大街219号被盗。

因此，宣誓人恳请颁发搜查证，授权宣誓人和美国海关以及联邦调查局的其他任何特别工作人员对纽约布鲁克林区咖啡街×××号进行搜查，扣押上述的3500套男式服装和咖啡袋。

宣誓时间　　19××年4月××日

法官签名

美国的搜查证样式

美国地方初审法院

纽约区

美利坚合众国　　　　　　　　　　　　备审案件目录号：

对纽约布鲁克林区咖啡街×××号　　　　案件号：

的一个单层的汽车修理间

授权美国海关和联邦调查局的任何特别工作人员

×××已经在我面前宣读了宣誓书声称他有理由相信在纽约布鲁克林区咖啡街×××号的一个单层的汽车修理间隐藏着一些赃物，即被盗的大约3500套男装（价值140000美元）和一些咖啡袋（违反了美国法典第18条第549款和第659款）。

我相信有可成立的理由相信上述赃物正隐藏于上述地点，并且宣誓书中所陈述的申请颁发搜查证的理由确实存在。

命令你在×××（不超过10天）内对具体指明的人和地点进行搜查，执行此搜查证并在白天（早上6点到晚上10点之间）进行搜查，如果在那里找到赃物就将其扣押，留下这份搜查证的复印件和财物收据，并准备一份所扣押财物的财产目录，然后按照法律规定立即将这份搜查证连同所扣押财物交给×××（联邦法官或地方法院法官）。

日期

×××（法官签名）

美国的搜查证回执

我于××年××月××日收到这份搜查证，执行情况如下：

我于××年××月××日××点对搜查证上所指明的人或地点进行了搜查，并给×××（被搜查人或被搜查地点的主人的姓名）留下了搜查证的复印件和所扣押的财物的收据。

下面是依据搜查证扣押的财物的财产目录：

这份财产目录是在×××和×××在场的情况下所做的。我宣誓这份财产目录是我依据搜查证收到的所有财物的真实详尽的记录。

签名：　　我于××年××月××日收到这份回执。

联邦法官签名：

可见，司法权控制侦查控诉权的外在表现虽然仅仅为一张合法有效的令状所应记载的内容，但该内容可以告知当事人有关司法授权的信息，当事人可以此为据判断侦查行为的干预范围，有效保障其财产权。我国侦查控诉机关的权力过大，侦查权缺乏司法控制，侦查行为缺乏公开性，是我国刑事程序改革中急需解决的问题，而实行司法令状制度可以有效解决这一问题。笔者认为搜查、扣押文书所记载的内容和信息，仅仅是技术层面的问题，不会触及太多一时难以协调或决断的问题，比如司法体制、国情、部门利益等。退一步讲，即使先不问签发主体是谁，也可在现实情况下直接将美国搜查、扣押文书样式拿来为我所用。这必定会增加侦查控诉机关的负担，对执法人员也有更高的要求，但对于保障财产权这一更大的利益而言，这种代价是值得的。

3. 令状主义的例外。完全将搜查、扣押的决定权和监督权交由法院行使，在公民的财产权保障上，的确是多了一层防护，但我们的视野应更为广阔。搜查、扣押的决定权问题，并不仅仅是一个单纯的司法控制的问题，还必须考虑到搜查、扣押的性质和功能。

如果完全交由法院行使，在犯罪追诉和惩罚的及时性方面，可能会产生程序延误、放纵犯罪的弊端，导致司法向犯罪妥协的严重后果，可能会导致某些犯罪比如洗钱犯罪、渎职犯罪、贪污贿赂犯罪等更为猖獗。令状主义是正当程序的直接体现，而施行正当程序的程度是和国家的政治气候和安全形势紧密相关的。这一点，美国著名的法学家派克早在1968年就已在其著作《刑法制裁的限度》中指出。他认为，刑事司法中有两种模式：一是控制犯罪模式，二是正当程序模式。这两种模式的价值标准不一，而在刑事司法程序中又互争高下。由于一个国家政治气候的变化，两种模式交替得势。如果一个国家政治上保守，则控制犯罪模式占优势。反之，如果一个国家比较自由民主，则正当程序便容易成为主流。因此，各国在刑事司法中采取哪一种模式不是固定不变的，而是因时间环境的不同而有所侧重。9.11恐怖袭击之后，犯罪控制模式在美国得到进一步发展并强化。2001年通过的《2001年爱国者法》除对人身权的司法控制放宽之外，也减弱了司法权对财产权的保障力度。该法授权政府不需要事前以正当理由向法院申请并得到批准就可以进行刑事搜查和电话监听，授权政府对尚未发现恐怖活动线索的案件也可以采取秘密搜查的侦查手段。① 可见，随着美国国内反恐形势的日益严峻，该法限制了司法机关对政府和私闯民宅搜集情报行为的监督权，扩大了联邦调查局搜集、调查个人资料信息的权力。

因此，笔者认为，结合我国国情，对于涉嫌恐怖活动、洗钱、渎职、贪污贿赂等犯罪，且情况紧急，搜查、扣押可由侦查机关决定，事后报人民法院备案。以下案件可以进行无证搜查、扣押：(1) 搜查是附属于一个合法的逮捕的行为。(2) 搜查是得到当事人同意的。(3) 其他情形，具体包括：①紧急情况下的无证搜查。

---

① 参见［美］理查德·戴利尔：《美国9.11后的刑事司法》，载《外警资讯》第13期。

在紧急情况下，如果有合理的理由认为，取得搜查证后再进行搜查将会给警察或第三人造成身体上的危险，或者可能使搜查物被损坏，可以进行无证搜查。②对汽车的搜查。对汽车可以进行无证搜查的理由是，汽车是可以移动的物品，如果在取得搜查证后再进行搜查，则汽车可能已经移动；汽车中的个人隐私性与在连续追捕中的搜查不同。③对运输中的货物的搜查。如果有合理理由怀疑运输中的货物中含有违禁品，可以进行无证搜查，其理由与无证搜查交通车辆是相同的，因为在取得搜查证的过程中，也许货物或船只会离开。④边境搜查。由于边境走私活动的猖獗，边境搜查条件比一般搜查宽松，在边境上只要有“合理怀疑”而不是“合理根据”就可以进行搜查。⑤依据人民警察法的规定盘问检查。

（三）搜查扣押的对象

一般而言，搜查、扣押的性质和目的决定了搜查、扣押的具体对象。[①] 搜查、扣押的目的一是收集证据，证实犯罪；二是保全证据；三是财产权保障。因此，搜查、扣押的对象应是作为证据证明案情之物，或应当予以没收之物。[②] 所谓没收是剥夺对物的所有权，将其收归国库的处分。在制度上，虽然现行法将其作为一种附加刑，在判处主刑时同时加以宣告，但也可将它作为有罪时的独立处分，可以独立适用。[③] 按照日本学者大谷实的观点，从没收制度

① 我国台湾地区学者一般将“扣押对象”称为“扣押之客体”。参见黄东熊：《刑事诉讼法论》，三民书局 1999 年版，第 233 页；林钰雄：《搜索扣押注释书》，元照出版公司 2002 年版，第 196 页。

② 在英美法上，对仅仅具有可为证据证明案情之物，有时不得扣押。因为在当事人主义下，对于将要在审判中使用的证据，双方当事人均可以搜集、保全，所以不允许一方当事人将另一方当事人所搜集、保全的证据予以扣押。参见黄东熊：《刑事诉讼法论》，三民书局 1999 年版。

③ 对此，我国《刑法》第 34 条第 2 款和日本《刑法》第 19 条第 2 款都有明确规定。

的沿革上，没收的思想基础有三点：[①] 第一是不承认犯罪人具有权利能力的见解，罗马法中作为刑罚之一的没收财产、日耳曼法中由丧失和平制度发展而来的没收财产、英国普通法上的没收全部财产，以及日本的没收领地等都属于此；第二是认为供犯罪所用的物本身就为犯罪的见解，罗马法中的对特定物件的没收、日本的没收神具等相当于此；第三是不允许从犯罪中获益的见解，由罗马法的请求返还不当得利制度发展而来的剥夺不法利益便属于此。按此理解，结合我国法律规定和实务中的做法，笔者认为，对于犯罪所得之物，包括因为犯罪行为直接所取得之物，如赌博所得、销赃所得，也包括原本不存在，但因犯罪行为而产生之物，比如伪币、伪造的公章、文书等，供犯罪所用之本人财物，比如用作盗窃工具的汽车、供网络诈骗所用的计算机等，在刑事诉讼中一般应予扣押。违禁物是国家有关部门明确禁止持有或携带的，比如枪支弹药或管制刀具、毒品等，无论是否与案件有关，都应当予以扣押。

与案件无关之物，不应扣押。而扣押之后又发现不得扣押或不必作为证据的，或者不得没收之物，则应发还被扣押人。基于保障财产权的考虑，应专门对扣押对象里面的几个具体问题明确如下：(1) 可以作为证据证明案情之物而可以扣押的，应只包括有罪证据，而不应包括无罪证据在内。即有罪证据可以扣押，无罪证据不应扣押。无罪证据可以由辩护方自行掌握，在案件侦查控诉过程中，或者在法庭审判时出示。但当此无罪证据在第三人手中而第三人又不肯交给辩护方时，辩护方可以申请有权机关扣押。原因在于：第一，实践中控方扣押的证据基本上都是有罪证据。第二，无罪证据由辩护方掌握，其发挥的作用更大。辩护方的本能便是为己方开脱罪责，无罪证据掌握在辩护方手中发挥的价值更大，更能保

---

① 参见［日］大谷实：《刑事政策学》，黎宏译，法律出版社 2000 年版，第 140 页。

护被追诉人的权利。第三，如果允许对无罪证据一律扣押，则控方可能会申请法官扣押本就掌握在被追诉人或其亲友手中的对被追诉人有利的证据，其实是剥夺了被告方保全对已有利的证据的权利。(2) 如果不动产仅仅作为证据但不是应没收之物，比如房屋等，不具备扣押的必要性，所以不应在扣押之列。因为一般情况下，不动产短期内无灭失、变质的可能，即使有灭失、变质的可能，扣押后也无法阻止，而且不动产无法移动。因此，对该不动产进行勘验、拍照、画图等就可以达到搜集证据的目的，无扣押必要。但是，如果该不动产既是证据，又是应该没收之物，则应予以扣押，以确保将来判决的实现。(3) 对其他扣押对象的限制。为保护特定行业的秘密或利益，法律应对扣押的对象施加限制。比如，对涉及军事秘密的处所，如没有军事方面负责人的许可，不准搜查和扣押；对于从事某种特定职业的人，比如律师、医生等，对于因业务关系知悉的他人的秘密，或掌握的他人书信、材料、文件或其他物品，未经该委托人同意，不得扣押。这里面也涉及拒证权的问题。

(四) 返还制度

对涉案物的返还制度指的是对物采取扣押等强制处分后，根据案件的实际情况和搜集证据的情况，不是必须随案移送的，将物返还给所有权人或者先前的物品持有人。对涉案物的处理制度是指对物采取扣押等强制处分后，根据案件的实际情况和搜集证据的情况，不是必须随案移送的，除了返还之外，对其予以规范处理的制度。

1. 对涉案物的返还制度。该程序既涉及对曾被执法当局侵害的财产权进行恢复或补救，又涉及对犯罪行为的惩罚和对犯罪被害人合法财产权的保护。各个国家的立法都繁简不同地规定了返还程序。我国刑事诉讼法也有规定，但非常简单、粗陋。这也是实践中在返还程序上问题频出的原因。前述案例已经表明，侦查人员将财物从所谓的犯罪嫌疑人处追回后，随意返还给“被害人”的情况很常见，刑事案件被撤销、不起诉或被告人被宣告无罪后，又出现了从“被害人”处要回财产退还被告人的尴尬局面，比如案例3、9、11、18、20、22、32、50都存在这种情况。这是因为与奉行审判中心主义的国家不同，我国采取的主要是诉讼阶段论，即侦查、起诉、审判阶段相互独立而存在，对于扣押物的返还，从立法上和实务看，在侦查、起诉、审判阶段都允许返还，其决定机关可以是侦查机关、人民检察院或人民法院。这种规定的弊端非常突出，导致了实践中大量矛盾的产生。相比之下，其他法治国家或地区对扣押物返还的规定十分详尽具体，值得借鉴：其返还程序与对扣押的司法审查权和令状主义原则是一体的，是对物进行扣押后的一种后续处理方法。扣押物可能包括犯罪被害人的合法财产，也可能包括被追诉人的犯罪收益、犯罪工具及其他应当被扣押或冻结的物品。返还程序采用的依然是司法审查和令状主义原则，即一般都是由法官或法院来决定是否返还（有时也由检察官决定），有的还得听取检察官或者被告人、辩护人或其他利害关系人的意见，比如日本和意大利。因此，在确定对扣押物予以返还的问题上，我们认为应采取“决定扣押权人与决定返还权人一致”的原则，如果是法官决定扣押，则由该法官决定返还；如果是检察官决定扣押，则由该检察官决定返还。① 从保护该物真正的所有权人权利的角度考虑，返还的条件可以设定为：（1）不是必须没收之物；（2）扣押物的所

① 我国台湾地区的“刑事诉讼法”也是采用这种做法：“至于发还的方式，既然扣押之决定机关乃法官或检察官，发还扣押物亦应相同，因此，应以法院之裁定或检察官命令发还之。”参见林钰雄：《搜索扣押注释书》，元照出版有限公司2002年版，第246页。

有权关系已经明确，没有争议；①（3）有关当事人向扣押机关或法院提出；（4）法院举行听证后作出决定。同时，针对上述案例中对于返还扣押物引发的争议，还应明确：扣押之后刑事案件被撤销、决定不起诉或者被判无罪的，应立即返还权利人；如果基于行政法律法规的规定应予以没收的，依法将该财产移送行政机关处分；如果刑事诉讼中，被追诉人死亡的，扣押的财产应区分情况，或者返还其继承人，或者返还犯罪被害人，或者没收上交国库；当事人外逃的，则可由法院单独就外逃当事人所涉嫌的财产，作出财

---

① “财产所有权没有争议”这一条件十分重要。如果被害人之间或被追诉人之间对于拟返还的标的物存在争议，则属于民事纠纷，争议人应另循民事诉讼程序解决。我国台湾地区的一个案例［“法务部”（82）检（二）字第1121号（1982年8月25日板桥地检座谈会）］可以佐证这一点。转引自林钰雄：《搜索扣押注释书》，台北元照出版公司2002年版，第247页。

法律问题：甲连续向多名被害人绑架后索取赎金数百万元，后被抓获归案并扣押其高级轿车一辆。甲交代该车是用被害人乙的赎金买的，其他被害人的赎金已经挥霍完。被害人乙听说后立即向检察官主张该车的权利，请求返还，但其他被害人表示异议。问：检察官对乙的请求是否准许返还？

讨论意见：

A说：该车既然以乙的赎金所买，依照“惩治盗匪条例”第7条“盗匪所得之财物，应发还给被害人。因前项财物变得之财产利益，除了应抵偿被害人外，得没收之”的规定，应准许发还被害人乙。

B说：乙之赎金既然经甲持有并购买轿车，该轿车即属于甲之个人财产，基于债务人的财产为全体债权人之总担保，该轿车应有全体被害人平分取偿，不得仅仅发还给乙。

结论：多数人赞同A说。

座谈会研讨结果：同意审查意见，采A说。

“法务部检察司”研究意见：题示甲以勒索之赎金购买之轿车，依照“刑法”第349条第3项之规定，应以赃物论。又扣押物为赃物而无第三人主张权利者，固然应依照“刑事诉讼法”第142条规定发还被害人。本件既然经其他被害人主张权利，即属于民事纠纷，应另循民事诉讼解决。

产所有权认定。①

与返还制度密切相关的制度是对物的退还制度。我国《刑法》第64条和《刑事诉讼法》第198条都明确规定了对被害人的合法财产要及时返还。也就是前一段中具体讨论的返还制度。但是，从实务看，刑事诉讼中对物采取了强制处分，比如已经扣押、冻结了被追诉人的财产，但随诉讼的进展及证据等各方面情况的变化，刑事案件被撤销、被追诉人被决定不起诉或者人民法院宣判被告人无罪的情况是大量存在的，而且被追诉人为了保障其被强制处分的财产权，一般都会提起行政诉讼、申请国家赔偿或者进行控告申诉。前述50个案例中，对于被采取强制处分的物，在刑事案件撤销、不起诉或对被告人宣判无罪后，先前的强制处分是否自然失效争议较多，共9件，占18%。该9件案件中侦查机关都认为先前的强制处分依然有效，拒绝退还或赔偿；而人民法院则基本裁定予以退还或赔偿。这里就涉及一个退还制度的问题。其实退还制度和返还制度本质上是一致的，都是被强制处分的物属于某一方合法财产的，应及时归还给所有人、持有人或使用人，仅仅是针对的对象不同而已。为了便于区别，笔者将强制处分的物归还给被害人的情形称为“返还”，这与刑法和刑事诉讼法的规范用词一致；而将强制处分的物归还给被追诉人或其他先前的除被害人以外的所有人、持有人或使用人的情形，称为“退还”。刑事诉讼中退还的情形大量存在于刑事案件被撤销、不起诉或宣判无罪之后。笔者认为，立足于既要充分保障被追诉人的财产权，又要依法惩治违法犯罪行为，不让行为人从违法犯罪行为中获益的思想，对于刑事案件被撤销、不起诉或宣判无罪之后是否退还，应区别情况对待：如果撤销案件、不起诉或宣判无罪是因为认定被追诉人既无违法行为又无犯罪

① 此问题在本书第六章“资产追回机制”和“国家作为被害人的财产权保障”里面有详细论述。

行为，则应退还；如果撤销案件、不起诉或宣判无罪是因为认定被追诉人的行为未达到追究刑事责任的标准，但其行为却触犯了其他行政法律、法规或有关规定，被强制处分的物则不能退还，应移送有关机关处理。

2. 对涉案物的其他处理。2005 年和 2003 年，曾发生过两起影响很大的处理涉案物的案件。一是 2005 年 6 月 25 日，贵州省盘县人民法院判决，将一毒贩花费 30 万元毒资建造的别墅炸掉。① 二是 2003 年 10 月，拉萨海关缉私局侦破的走私 1300 多张珍贵动物皮毛案件。在缉私局向拉萨市人民检察院起诉 3 名犯罪嫌疑人后，表示决定全部销毁缴获的动物皮毛，而当地林业部门则认为必须妥善保存。② 这两个案件在当时引发了许多争论，并有多家媒体跟踪报道，成为民众尤其是法学界、海关、林业等领域的关注焦点。实务中，对于涉案物的处理，可能会在侦查阶段、起诉阶段或者审判阶段发生。笔者以为，对于涉案物进行处理的内涵包括在诉讼阶段将物返还给被害人，退还给物品所有人或先前的物品持有人或使用人，随案移送（人民法院可能作出裁判没收，上缴国库，也可能裁判返还），对危险品、违禁物品予以销毁等多种情形。这里所指的“对涉案物的其他处理”指的是除了在诉讼阶段依法返还被害人或退还给先前的物品持有人或占有人之外，对于危险品、违禁品应经登记、审批后，按规定一律上缴有关部门，集中销毁。对于其他涉案财物，如果属于犯罪所用或犯罪所得的，应一律通过人民法院裁判予以没收，上缴国库或者变卖后上缴国库。如果行为人的行为不构成犯罪而只是一般的违法行为，且该物属违法所得的，应由公安机关或者移交其他行政机关按行政法规的规定予以没收，上缴国库；如果行为人的行为构成犯罪但不必移交人民法院追

---

① 新华网 2005 年 6 月 27 日报道。

② 河南《大河报》2004 年 3 月 4 日报道。

究刑事责任的，对于犯罪所用或犯罪所得之物，如果案件在侦查阶段终结，则由侦查机关直接移交人民法院裁定将该物上缴国库；如果案件在起诉阶段终结，则由起诉机关直接移交人民法院裁定将该物上缴国库。在这些情况下，侦查机关和起诉机关都不能对该涉案物的所有权作出决定，对该涉案物更不能做其他处理。对于案例一，虽然经过了人民法院的判决，但是在执行方式上是错误的，用毒资购买的别墅不是危险品或违禁品，不能销毁，而是应该作为犯罪所得进行变卖后将变卖款上缴国库；而对于案例二，同样也不能销毁，而且，海关缉私局是侦查机关，如果不涉及返还被害人或处理危险品、违禁品，则无权决定对涉案物的处理，应移交人民法院审理后，连同被追诉人一并作出裁判。因为，诉讼中的涉案财产，无论是否犯罪所得或犯罪所用，只要经人民法院认定后，即可成为国家或其他权利人的合法财产，不应被随意毁损。这个问题在一些国家的宪法中有明确规定。比如1945年7月26日公布的《西班牙人民宪章》第30条就规定，各种形式的财产均隶属于国家需要与公共福利之下。财富应作生产之用，不得加以不当之毁损或作非法目的之使用。[①] 这里的“各种形式的财产”应包括所有的涉案财产。

（五）善意取得制度

善意取得这一来源于民法上的概念，又称即时取得，指无权处分他人动产的人，于不法将其占有的他人的物交付买受人后，若买受人在取得物时系确实出于善意，即取得该物之所有权，原物所有权人不得要求受让人返还。从保护关系人权利的角度讲，强制处分

① 参见董云虎、刘武萍：《世界人权约法总览》、《世界各国人权约法》，四川人民出版社1991年版。

不应及于善意取得之第三人。侦查可分任意侦查和强制侦查，[①] 对善意取得物可以采用任意侦查的方式，比如可以经当前所有权人或持有人的同意，进行拍照、观察、测量、记录等，也可以经当前所有权人或持有人同意后，撤销先前的交易合同并取得已支付的对价款后，将物交由侦控机关或司法机关处置。但原则上不得对善意取得之物采取搜查、扣押等强制处分。

1. 从国外对于涉案物善意取得的立法例观之，不少国家认同涉案物可适用善意取得制度。在这个问题上，大陆法系和英美法系国家的刑事诉讼法、有关刑事判例都未见明确规定，但在其民商法中却规定得比较明确和详细。即涉案物原则上可以适用善意取得制度，但有例外。从国家部门法律之间的一致性、协调性及遵从“法律秩序一体性”[②] 角度考虑，民商法领域中关于善意取得含义及判断同样适用于刑事诉讼领域。大陆法系和英美法系国家，因其规范市场交易的法律在价值取向上的差异，对于涉案财物善意取得的规定在形式上有很大不同。以法国民法典为例，其第 2279 条规定“……但占有物如系遗失物或盗窃物时，其遗失人或被害人自遗失或被盗之日起三年内，得向占有人请求回复其物……。”即法国民法一般不承认遗失物或盗窃物的善意取得，但同时又规定了例外情况。法国《民法典》第 2280 条规定的例外是，“在集市、市场或出售同类商品的商人处进行时，请求返还的所有人在对受让人支付的价款予以补偿时，方可获得财产的返还。”这种情况下才适用善意取得制度。具体分析后可知，其实法国民法典对于涉案物适

---

① 参见［日］土本武司：《日本刑事诉讼法讲义》，宋英辉等译，五南图书出版公司 1997 年版，第 118 页。

② 蔡佩芬：《赃物与准赃物之意义范围新释》，载《法学业刊》2002 年第 187 期。“称法律秩序一体性者，为法律有明文规定者，不以刑法之规定为限，举凡其他领域之规定，如民法、刑事诉讼法等等，对此等相同之客体亦应维护共同之法律秩序而有一致性之规定，不会造成违法与合法正相反对。”

用善意取得的范围是十分广泛的。在大多数情况下，一般人都会在上述几类场所进行交易，在这种场所的交易应是交易的常态。除了这些场所进行的交易，只能是在秘密的、不公开的和地下的交易场所进行，可在此类场所进行的交易，交易物要么有瑕疵、要么转让人开出的价格是超低价格，正常的人应据此判断此交易为非正常交易，如仍进行交易，则交易的目的和买受人的“善意”就有些可疑了。既然买受人非为善意，善意取得的前提已不存在，又何言涉案物的善意取得呢？当然也不能完全排除个别在非公开场所进行交易的善意性，但这毕竟是少数，法律对此也很难有保护的可能。在善意这一前提下，涉案物在公开市场上的交易已成为一般情况，地下交易则为例外。可见，法国民法典在善意这一前提下，可适用善意取得已成为原则，而不得适用善意取得的情况为例外。第2280条的实质应该是，如当前占有人占有的涉案物非系由市场、公卖或贩卖同类商品的商人处购者，不得适用善意取得。因此，在善意的前提下，对于涉案物可与其他物品一样，适用善意取得法则，仅排除在非公开场所进行的交易即可。美国《统一商法典》第2－403条后段规定：“……具有可撤销的所有权的人有权向按价购货的善意第三人转让所有权。当货物是以买卖交易的形式交付时，购买人取得其所有权。”依法条规定，只要购买人出于善意，即不知卖方有诈，以为卖方是对货物具有完全所有权，则不论卖方的货物从何而来，即便卖方是偷来、骗来或抢劫所得，善意买受人也可以即时取得所有权。这一规定对善意取得制度贯彻得更为彻底。1979年英国货物买卖法也作了几乎同样的规定：如果货物是公开市场上购买的，根据市场惯例，只要买方是善意的，没有注意到卖方的权利瑕疵，就可以获得货物完全的权利。我国民法通则没有关于善意取得制度的规定，因而，也就没有关于涉案物善意占有如何处理的规定。但在最高人民法院的有关复函中，仍有关于涉案物善意占有的处理意见。例如，1951年11月22日最高人民法院在《关于善意非直接由所有人手中取得之所有权应否保护的问题的复函》中指出："财物所有人遗失财物或被盗，并不影响其所有权。"并对请示中涉及的一个案件提出了具体处理意见，即"甲的猪是由于乙的窃取，再转让出售于丁，甲尚未丧失所有权；故丁虽是不知情的第三人，甲对买得的猪仍有请求返还之权。"从最高人民法院的这一复函来看，第三人善意占有盗窃财产，所有人可请求返还。但在此后最高人民法院的两次复函中，却作出了与此不同而又更为详尽的答复。例如，1953年11月9日最高人民法院在《关于追缴与处理赃物问题的复函》中指出："不知是赃物而买者，如有过失应将赃物返还失主，如无过失（通过合法交易而正当买得者），失主不得要返还，而可协议赎回。"但"国家机关、企业、合作社为失主时，对不知情而又无过失的买者，有要求返还原物之权"。1958年7月14日最高人民法院在《关于不知情的买主买得的赃物应如何处理问题的复函》中又进一步指出："不知情的买主买得的赃物，如果是从市场、商店等合法买得的，应认为已取得所有权。但如果失主愿意支付价金要回原物时，应当准许。""不知情的买主买得赃物，如果不是从市场、商店等合法买得的，不得取得所有权。其所受损失，可以斟酌具体情况由失主和不知情的买主分担。"这一次答复，对什么是无过失或合法买得赃物，比前一次答复得更为具体明确，而且删去了国家机关、企业、合作社为失主时，有无限追及权的规定。这一答复与世界各国关于善意占有赃物的处理规定基本上是一致的，即对赃物原则上采用善意取得制度（既不是一律适用善意取得制度，也不是都不适用善意取得制度，而是有限制有条件地适用善意取得制度）。此复函之后，迄今为止，最高人民法院再没有其他关于赃物善意占有如何处理的文件或批复。这一批复的原则和精神，对于今天处理涉案物原则上应仍然适用，但应进一步完善。

2. 涉案物适用善意取得的理论依据。（1）基于物移转公示与公信力的考虑。物权的公示是指对于物权的享有和物权的变动过程中，可取信于社会公众的外部表现形式，即物权的享有及流转，要为他人所明确知悉。物权公示的产生是因为物权具有排他性，物权的流转自然也产生排他效果，若没有社会大众知悉物权变动的状态，则可能使第三人经常陷于不利的境地，权利受到损害。物权公示制度的存在，使当事人及第三人可以直接从外部认识物权的存在及现象，物权法律关系因此也变得十分透明。反之，若无此项制度，则于交易旺盛、物权变动频繁的市场中，不仅物权交易的安全将受到损害，也必然害及第三人利益，从而最终使财产交易秩序陷于紊乱境地。因此，物权公示制度一方面有效地保护了第三人，使第三人不至于因为物权受到损害，另一方面也使当事人的利益得到了维护。一般而言，物以占有与交付为其公示方式。而物权公信的原则是指物权的存在以交付、占有、登记为其表征，即使物的表征与实质的权利并不相符，对于信赖此表征而进行交易的人也不应产生任何影响。正是基于这种公信力，即使转让人对物无处分权，从他那里获取物的善意第三人的利益亦受法律的保护。设立公信原则的原因在于：商品交换要求及时、可靠地将商品的物权转移给受让人，受让人在事实上不可能对出让人的处分权进行周密详尽地了解，只要出让人以合法方式证明自己有处分权，受让人即可信任其有处分权，而物权公示，一般情况下足以使他人对物权状况产生信赖，当然应当取得物权。如果连法律规范都怀疑出让人是否确有处分权，交换便失去了最起码的法律保障，人们便不敢安心地进行交换，社会经济也就无法正常发展了。公示、公信制度并没有排除适用于涉案物。公示公信制度保护的是交易的安全性，及在交易中弱势一方的利益，可使处于相对弱势的受让人在不知情的状况下，仍可得法律的保护。善意第三人没有任何过错（正常情况下他不可能判断某物是否为涉案物，法律也不应该给他提出如此高的要求），其交易行为为何不能得到全面的保护呢？因此，公示、公信制度并没有排除、也不应该排除适用于涉案物。(2) 确保交易安全和保护交易双方的利益。随着社会的日益进步，经济的日益发达和商品交易的日益频繁，保护交易安全和交易方的利益已经越来越受到重视。法律在公平的基础上也必将越来越向效益倾斜，法律保护动态安全的呼声日益高涨，已成为一大趋势。尤其到了资本主义时代，随着工业化的进程，产品主要用于交换，而且随着经济流动性的增强，社会交易量愈大，频度愈高，动态安全的重要已日显其彰。在动态的社会中，不断的流动性往往体现物品的价值，物品的流动及分配到具有最高效益的环节中去，已成为社会经济的最大价值，法律作为经济的上层建筑，应前瞻性地顺应和适应此种趋势。1952 年美国商法典的选择，正是体现了“在交换日益频繁的现代社会，国外立法越来越倾向于交易安全的优先保护而不得不因此牺牲所有人的返还原物利益，所有人只能向非法转让人请求损害赔偿”。而且在现实生活中，“除了少数物品，大多数物品都可以从市场获得其替代品。在这一背景下，与其保护静的安全，摧毁已存在的法律关系效力，以牺牲业已形成的稳定的社会秩序为代价，来保护原权利人的利益，不如保护动的安全，使善意受让人取得物品的所有权或其他权利，而由原权利人向无权处分人主张不当得利返还或民事责任的承担从而补救其损失更为妥当。”也正因为“原所有人可能已经搞到了被盗财产的替代物，那么，将被盗财产留归依依不舍的买受人在某种意义上更符合效用原则”。法律虽不保护原所有人对原物的支配权利，但允许原所有人要求转让人赔偿损失，也在一定程度上弥补了原权利人的损失，使原所有人在获得赔偿金以后购买替换物，而善意买受人也可以继续占有标的物，这是符合效用原则的。而且经济和法律发展的趋势也表明，保护善意第三人，使得盗窃物和遗失物等涉案物也可同样地善意取得，已是未来法律发展的必然方向。

3. 按照强制处分的目的和比例原则的要求，不是必须对善意第三人取得之物适用强制处分。强制处分的目的之一是收集证据，但强制处分并非是收集证据的唯一手段，证据仍然可用任意侦查等非强制的方法取得。在法治国家的刑事诉讼中，一般以任意侦查为原则，以强制侦查为例外。比如日本《刑事诉讼法》第197条第1款规定：为了实现侦查的目的，可以进行必要的调查。但除本法有特别规定的以外，不得进行强制处分。日本学者据此将任意侦查作为原则，称为任意侦查原则，而将强制侦查作为例外，仅仅限于刑事诉讼法有特别规定的场合才可适用，称为强制侦查法定主义。[①] 因此，在我国走向法治国家的进程中，在刑事诉讼过程中，这是必须确立的理念，而不能永远抱着对被追诉人施用强制力量，抱着对被追诉人打击、报应的思想不放。强制处分的目的之二是保全证据。保全证据的前提是作为证据的物可能灭失或者有其他使用上的困难。除了自然因素外，被追诉人的行为是造成物灭失或物使用困难的主要原因，因为犯罪嫌疑人或被告人的天然倾向是消灭罪证，逃避发现和追诉。但如果法律能认同善意取得制度，保护善意第三人的利益，则善意第三人便没有理由去灭失某物或使其失去效用，也就没有必要去采取强制处分了。当然，对第三人占有之物不予强制处分，并不意味着此物无证据价值，有关部门可以通过任意侦查的方法，去获取这些物作为证据的价值。

---

① “任意侦查是以受处分人同意或者承诺为前提而进行的侦查；强制侦查是不受处分人的意志约束而实施的侦查。前者在手段、方法上没有特别限制，即使法无规定也可以采用适宜的方法进行；而后者由于对受处分人的人权有重大影响，所以只限于刑事诉讼法有特别规定的情况，且只能依法律规定进行。进行强制侦查，原则上需得到法官的同意。犯罪侦查原则上应当透过任意侦查实施，强制侦查的实行以必要时为限（参照犯罪侦查规范99）。再者，暂且不论对物的强制侦查（搜查、扣押等），而仅仅就对人的强制侦查（逮捕等）而言，通常在进行相当的外围侦查的基础上进行，而并非首先在侦查开始时实施。此外，在侦查时，必须注意不得损害被疑人及其他人的名誉（犯罪侦查规范9），并必须保守秘密。”参见［日］土本武司：《日本刑事诉讼法要义》，宋英辉等译，五南图书出版公司2002年版，第123页。

（六）对非法搜查扣押所获证据的排除规则

前面已经论及，搜查、扣押直接威胁着公民的财产权。而在刑事诉讼中，搜查、扣押又是取得证据十分重要的方式，是刑事诉讼顺利进行的必要准备和重要条件。所以对搜查、扣押所取得的证据的可采性判断就成了理论界和实务界都无法回避的课题。从多数国家的情况看，对于搜查、扣押程序一般应有两方面规范：一是从正面予以规范，即法律明确规定应该遵守什么样的程序去取得证据，其背后的理念是禁止违反这些法定程序取得证据。这样的规范必不可少，它从一个角度说明了对公民财产权的侵犯必须严格依法进行。但仅仅有这个角度的规定还是远远不够的，因为缺乏程序性的制裁后果，就无法阻断和消除执法人员经非法搜查、扣押侵犯公民财产权的动力和愿望。因此，另一个同样重要的规范是对违反法定程序进行搜查、扣押的行为，还必须具有相应的程序性制裁措施，[①] 来彻底根除非法搜查、扣押的动因，以减少侵犯公民财产权情形的发生。排除规则便是最重要的程序性制裁措施。我国《刑事诉讼法》第 109 条至第 118 条对搜查、扣押证据的具体程序作出了规定。但这只是从正面进行规范，并没有规定对非法搜查、扣押的行为如何进行制裁和救济，以及会承担什么样的程序性后果。在实务中，即使是非法搜查、扣押的证据，在查证属实，事后补办手续后，完全可以采用，一般不会被排除。《最高人民法院关于执行〈中华人民共和国刑事诉讼法〉若干问题的解释》第 61 条规定，严禁以非法的方法收集证据。凡经查证确实属于采用刑讯逼供或者威胁、引诱、欺骗等非法的方法取得的证人证言、被害人陈述、被告人供述，不能作为定案的根据。此规定排除了非法言词证据，但

---

① 对于程序性制裁的问题，近年来越来越多的学者在关注，并有许多介绍论证。参见陈瑞华：《刑事诉讼中非法证据排除问题研究》，载《法学》2003 年第 6 期；陈永生：《刑事诉讼中的程序性制裁》，载《现代法学》2004 年第 26 卷第 1 期。

并未规定非法搜查、扣押的证据不能作为定案依据。因此，笔者认为我国不存在实质意义上的排除规则，也据此判定我国在刑事诉讼财产权保障方面缺少了程序性保障的重要一环。笔者也只能从对西方发达国家排除规则的介绍分析入手，构建我国对非法搜查、扣押证据的排除规则，在充分发挥排除规则其他若干重要功能的同时，也从另外一个角度增加一项财产权保障制度。

1. 排除规则的建立是刑事诉讼科学逐步发展的必然结果。从西方国家早期的情况看，也不主张对非法证据予以排除，其出发点是对有罪的人不能让他逍遥法外。19 世纪的边沁就强调证据是正义的基石，排除证据就等于排除正义。早期英国的判决认为，即使是偷来的证据也是证据，如何取得证据并非案件的重点。美国知名大法官卡多佐也说："证据不得任意排除，否则会因警察的一时疏忽，而让罪犯逍遥法外。"[①] 当时在如何抑制警察或其他控诉机关违法的问题上，主要是采用民事赔偿、纪律惩戒或者刑事追诉的方法。比较之后可知，这与我国目前反对建立排除规则的观点和现实中采取的方法几乎如出一辙。我国由于没有排除规则，对于在刑事诉讼中违反有关规定的执法人员，可能是要求其承担国家赔偿费用（其实也是民事上的金钱付出），或者用警察机关或检察机关行业内的惩戒措施予以约束或惩罚（比如行政处分、禁闭、停止执行职务等方法），对于情节恶劣或者后果严重者，可能会以非法搜查罪、非法侵入他人住宅罪、暴力取证罪等罪名追究刑事责任。这些其实都是实体意义上的法律后果，对于刑事诉讼本身的进程不会有任何影响或威胁，也就是不会产生任何程序性的制裁后果。在排除规则发源地的美国，其宪法第 4 条修正案的目的旨在通过遏制无理搜查和扣押，保障公民财产权和隐私权，仅仅起到实体处罚方面的作用，它本身并未规定排除规则，也不会自动产生证据排除规则，

① 王兆鹏：《刑事诉讼讲义（一）》，元照出版公司 2003 年版，第 27 页。

直到 1914 年威克斯诉合众国案件中才第一次确立了排除规则。可见，排除规则在西方国家早期的境遇与在我国目前相似，但从其产生到广泛运用的历程看，建立排除规则是大势所趋，是刑事诉讼发展的必然规律。

2．排除规则在美国的产生与发展。排除规则最重要的内容是对搜查、扣押证据的排除法则，而且，排除规则在确立之初专指对违法搜查、扣押所取得的证据的排除规则。该规则发源于美国 1914 年的威克斯诉合众国案，① 一般指在刑事诉讼中，侵犯公民宪法第 4 条修正案规定的宪法权利而实施的搜查、扣押所取得的证据，应当依法予以排除，在诉讼中不得作为证据采用。杨宇冠教授曾指出："在美国，最容易出现非法证据的环节是扣押，因为美国人很重视私有财产不可侵犯这个信念。"② 而确立非法搜查、扣押证据排除规则的威克斯诉合众国案就是证明排除规则与财产权保障关系的最经典案例。

威克斯是密苏里州堪萨斯城的居民，1911 年 12 月 21 日，于密苏里州堪萨斯城的联合车站被捕，记录显示当时警察无逮捕令。警察在邻居的帮助下，找到钥匙进入威克斯的房间进行搜查，搜到一些文件和信件并移交给了联邦警察。当天，联邦警察认为还可能会找到更多证据，便随同州警察返回被告的住处，在征求其室友意见获得同意后，又搜查了被告的房间，带走了在其衣橱中找到的文件、信件和其他物品。警察和检察官扣押了这些财产，并拒绝返还给被告。这些财产包括：皮质手提包 1 个价值约 7 美元；锡盒 1 个价值 3 美元；密苏里州派迪斯县债券一张价值 500 美元；矿业股权

---

① 参见杨宇冠：《非法证据排除规则研究》，中国人民公安大学出版社 2002 年版，第 23 页；李德海：《美国的非法证据排除规则》，载《人民法院报》，2005 年 9 月 8 日。

② 杨宇冠：《非法证据排除规则研究》，中国人民公安大学出版社 2002 年版，第 264 页。

证3张，价值12000美元；圣·多明各矿业投融资公司签发的股权证；75美元现金；祖传的1790年出版的报纸；其他财产。州警察与联邦警察均无搜查令。法院命令返还与指控被告无关的财产，但驳回了被告要求返还信件的申请。地区检察官根据命令返还了部分财产，保留了那些与指控有关的部分。大陪审团向密苏里西区联邦地区法院对威克斯提起了9项指控。对庭审期间作为证据的有关彩票的文件和信件，被告提出抗议。理由是这些文件是无搜查令、破门而入获取的，违反了联邦宪法第4条、第5条修正案。法院驳回其异议。威克斯被判有罪的第7项罪名是利用邮包运送有关彩票或彩券中奖机会的信息，违反了《刑法典》第213条，因而被判罚金和监禁。本案的问题是联邦警察未持拘捕令拘捕被告，未持搜查令搜查了被告的住宅，并扣押了他的信件，法院在刑事指控中是否有权保留这些证据等问题。开庭前，被告依据宪法第4条、第5条修正案请求法院命令返还这些信件和其他财产，但被法院驳回。美国联邦最高法院认为，如果私人信件和文件能够如此被扣押、持有和用来作为指控一公民有罪的证据，第4条修正案宣称保护公民免遭此类搜查、扣押的权利就毫无价值，宪法将形同虚设。法院及其官员惩罚犯罪的努力值得赞扬，但不能以牺牲人民多少年来的努力与艰辛才赢得的、那些体现在美洲大陆基本法中的原则为代价。联邦警察只能持有符合宪法文件而颁发的、依据宣誓且详列欲搜查的对象的令状，才能进入被告的住宅。相反，本案的联邦警察未经法律授权，扣押了私人财产，直接违反了宪法的禁止性规定。因此，撤销初审判决。

美国联邦最高法院通过该判决，确立了一个原则，即从对被告的审判中排除非法搜查、扣押所获得的证据，是落实美国宪法第4条修正案的要求。但当时该规则只适用于联邦法院系统，并不适用州法院系统。直到1961年联邦最高法院通过马普诉俄亥俄州案作出了具有历史意义的裁决：非法证据排除规则也适用于各州法院的诉讼。两年后联邦最高法院在克尔诉加利福尼亚州案中进一步要求各州在搜查、扣押时，必须采取和联邦一样的标准，关于搜查、扣押的排除规则在美国的联邦和州达成一致。[①]

可见，排除规则的主要功能是防止非法搜查、扣押获得的证据进入诉讼程序，防止法庭用这些证据来指控证明被追诉人的罪行，防止法院成为“任意违反他们宣誓捍卫的宪法的帮凶”[②]。但从排除规则的起源看，其动因是保护公民财产权。因为在1961年的马普案之前，排除规则主要适用于侵犯被告人宪法第4条修正案权利进行非法搜查、扣押的情况，而宪法第4条修正案的着重点是财产权，以及由财产权派生出来的隐私权。所以，笔者认为基于第4条修正案而诞生的排除规则是以保护财产权这项宪法权利为出发点的。1961年马普案之后，虽然美国联邦最高法院不再过分强调财产权、隐私权不受侵犯的理论，但对财产权的保护确实始终贯穿于排除规则之中。

3. 英国对非法搜查、扣押所获证据的处理规则。在英国，对非法实物证据的处理规则的立足点不在于证据取得的方式是否非法，而在于该证据是否会损害审判的公正性。法庭关心的是该证据的真实性而非它的来源或产生的方式。在英国法官看来，否定这种可承认的证据，是对实体正义的背叛。1978年杰福里诉布莱克案中，被告人被控犯有在公共场所盗窃三明治的犯罪，警察在未取得搜查证也未获得嫌疑人许可的情况下，进入其房间进行搜查，却查出了大麻。这一搜查方法的非法性并不足以影响该实物作为相应指控证据的可采性，因为这一非法证据的运用不会影响对被告人公正

---

① 参见杨宇冠：《非法证据排除规则研究》，中国人民公安大学出版社2002年版.第29页。

② 美国联邦最高法院在埃尔金斯诉合众国案中的意见。364. U. S. 206, 80 S. Ct. 1437, 4 L. Ed. 2d 1669(1960)。

审判的效果。但这也不是绝对的。1984 年的《警察与刑事证据法》第 78 条 1 款就明确规定："在任何程序中，对于起诉方向法庭所提供的证据，考虑到各种环境和条件，如果该证据的承认将产生与诉讼的公正性相抵触的效果，法庭可以拒绝承认该证据。"① 该法所提及的证据获取的环境和条件，实际上是指证据获得的方式和方法，而诉讼的公正性则主要指对被告人审判的公正性。至此，英国以成文法的形式，确立了通过对非法搜查、扣押获取的证据处理的总的原则，即，如非法实物证据的采用足以导致对被告人审判的不公正结果，将排除该非法证据。反之，非法证据的采用不受影响。

4. 德国的证据使用禁止。在德国，证据使用禁止的立足点并不基于在收集证据过程中是否有违反法律规定的收集证据的行为，而在于当斟酌是否采纳证据作为判决的基础时，要审查使用该证据是否已经侵害了具有优先性的法律原则或者其他宪法所保护的基本权利。德国刑事诉讼法追求的重要目标之一，是将判决建立在"真实"的事实基础之上，但是查明案件事实真相并不是刑事诉讼唯一的、绝对的价值。基于对个人权利的保障，法律禁止采用非法方式收集证据或者禁止使用某些违反禁止性规定取得的证据，这就是德国的"证据禁止"。德国的法学家认为，"所有在刑事诉讼中对证据的提出设有限制的法律规定，都属于证据禁止的范畴。"② 在德国的法学界对证据禁止的分类是有共识的，即将其分为证据取得的禁止和证据使用的禁止。其中，证据使用的禁止才属于真正意义上的非法证据排除。证据使用禁止在理论上又被区分为自主性证

---

① 英国 1984 年《警察与刑事证据法》第 78 条 1 款，见《英国刑事诉讼法（选编）》，中国政法大学出版社 2001 年版。

② ［德］克劳思·罗科信：《刑事诉讼法学》，吴丽琪译，法律出版社 2003 年版，第 212 页。

据使用禁止和非自主性证据使用禁止。[①] 如果是违反法律关于证据取得禁止的规定而导致的证据使用禁止，就属于非自主性证据使用禁止，这与美国的非法证据排除规则相类似；而对那些收集证据过程中并未违反证据取得禁止规则，基于保护宪法所规定的基本人权的考虑而禁止使用某些证据，则属于自主性的证据使用禁止。从严格意义上来说，德国的法律规定中，只有一条可称为典型意义上的证据排除规则，即德国《刑事诉讼法典》第136a条第3款规定的“对违反以上禁令所获得的陈述，即使被指控人同意，也不允许使用”[②]。但这仅仅是对自白证据的排除。对于有关财产的实物证据的排除，无论是理论上，还是实践中，都存在较大的争议，[③] 因此德国法院通常用“权衡”的方式考虑非法取得证据的排除问题。

从前述国家对排除规则的规定和做法看，排除规则的基本含义是一致的，一般指执法机关及其工作人员使用非法行为取得的证据不得在刑事审判中采纳的规则。[④] 但由于各国情况不同，采用该规则的出发点和规则的发展变化、包含的具体内容也各不相同。比如美国1914年的威克斯案确立的排除规则仅仅适用于联邦法院系统，到1961年马普案将该规则推广适用到各州，用了近50年的时间；而英国排除规则的立足点不在于证据取得的方式是否非法，而在于该证据是否会损害审判的公正性，这和美国排除规则的立足点是不同的；德国仅仅是非自主性证据使用禁止与美国的非法证据排除规则相类似，其自主性证据使用禁止则主要靠法院用“权衡”的方

① 转引自江炳麟：《德国证据使用禁止与美国非法证据排除规则比较研究》，载北大法律信息网，2005年1月5日。

② 李昌珂译：《德国刑事诉讼法典》，中国政法大学出版社1995年版，第63页。

③ 郭志媛：《刑事证据可采性研究》，中国人民公安大学出版社2004年版，第312页。

④ 该定义沿用了杨宇冠教授在《非法证据排除规则研究》“绪论”中对非法证据排除规则的定义。

式来决断。从排除方式上看，各国也不尽相同。一些国家或地区用裁量排除，如英国、德国、日本、我国台湾地区等，一些国家用自动排除加例外，如美国，还有一些国家是自动排除，如法国、俄罗斯等国家。[①] 可见，虽然采用排除规则是大势所趋，但各国情况不同，在具体的做法上不可苛求一致，也不可能完全一致。从我国实务看，搜查、扣押中，对财产权的侵害还是十分严重的。因此，必须构建对非法搜查、扣押取得的证据的排除法则，从排除非法证据这一程序性后果的角度，来消除执法机关及其工作人员利用搜查、扣押手段侵犯财产权的驱动力。具体而言，建议从以下几方面予以规定：

一是以财产权保障为出发点来确立排除规则。将刑事诉讼中的财产权保障定位于公民基本权利，凡是非法的搜查、扣押行为，即视为对作为公民基本权利的财产权或财产权派生出的隐私权的侵犯，人民法院应依法自动排除；受非法搜查、扣押的公民或其代理人也有权依照《宪法》第13条关于财产权保障的条款直接向人民法院起诉，人民法院对该涉嫌非法搜查、扣押行为的审查，应立足于财产权保障条款展开，最后依法决定是否应予排除。

二是对通过非法搜查、扣押获取的证据，在我国目前的经济、科技发展水平以及执法人员素质都较低下的情况下，宜暂时采用裁量排除的方法。在决定是否排除非法搜查、扣押获取的证据时，应考虑以下因素：非法取证行为偏离合法行为标准的程度；行为人主观心理状态，即主观是故意还是过失；行为人当时是否处于紧急情况，不得已为之；整个取证过程一直处于非法状态，还是个别环节处于非法状态；违法取得证据的可能性；侵害利益的性质和程度；证据形式上的违法是否可以得到弥补；案件本身的性质及其危害程

---

① 参见陈光中、张小玲：《论非法证据排除规则在我国的适用》，载《政治与法律》第2005年第1期。

度等。对非法搜查、扣押获取的证据采用裁量排除的方法，首先是因为实物证据是客观存在的，不管获取方法合法与否，其本身一般是真实的，对于证实犯罪能发挥很大的作用。其次，在我国目前科技水平和执法人员素质普遍不高的情况下，对于该类证据一律排除，可能会因过度保护当事人权利而放纵犯罪。但是，从长远看，在执法人员收集取得实物证据的能力大大提高之后，从保护当事人权利出发，该类证据也应和言词证据一样，采取自动排除的方式。

三是对通过非法言词证据引出的实物证据，区别对待。对这样的“毒树之果”，有两种观点：一是“砍树弃果”，其价值取向是保护被告人的利益优于惩罚犯罪；另一种是“砍树食果”，其价值取向是惩罚犯罪优先于保护被告人的利益。这两种观点要么肯定一切，要么否定一切，都过于极端。笔者认为，不可一概而论，应视情况而定。即对用其他侦查手段也可以获取的实物证据，或如果不采用该实物证据，将会对国家利益和社会利益造成不可弥补的损害时，则可以为人民法院采用，作为定案的根据；如果在一般条件下，侦查机关不可能发现该实物证据，而被追诉人口供又是获取这一证据的唯一途径时，从被追诉人不承担证明自己有罪的举证责任角度考虑，则应当排除此证据。

第五章　国家赔偿制度与被追诉人财产权保障

本书论及的国家赔偿制度是指在刑事诉讼中，行使侦查、检察、审判、监狱管理职权的机关及其工作人员违法行使职权，侵犯公民或单位（本书仅指“被追诉人”）的合法权益并造成其财产权损害的，被追诉人有从国家取得赔偿的权利的制度。无论国家赔偿制度在实务中实施情况如何不理想，也不论我国现行立法如何不完善，都无法否认该制度本身对于保障刑事诉讼中财产权的重大意义。我国刑事诉讼中的各项制度主要是围绕打击犯罪、控制社会秩序的目的而设计的，在程序中对被追诉人权利保障考虑很少。可以说，在整个刑事诉讼中甚至诉讼终结之后，如果被追诉人认为财产权受到了侵害，除了一些诸如“有权控告申诉”、“反映情况”等空洞规定外，没有任何保障或救济途径，尤其无法通过司法权的介入来获得财产权的保护。在现实的法制环境下，恰恰是国家赔偿制度的存在给司法权介入刑事诉讼中财产权保障敞开了一扇大门。如果说，前面对于物的强制处分的制度设计主要是基于防范财产权受侵害的考虑的话（当然这是财产权保障体系中最重要的部分），那么国家赔偿制度的存在则是对于刑事诉讼中财产权已遭受侵害并已造成损失的情况下，最现实的可以寻求司法权予以救济的制度。对物的强制处分制度与国家赔偿制度，一个是预防侵害制度，一个是侵害后的救济制度，二者共同构成相对完整的对被追诉人的财产权保障制度。笔者认为，如同附带民事诉讼制度可以使被害人及时提起诉讼以保障其财产权一样，国家赔偿制度也可以使被追诉人在诉讼的任何阶段，甚至在诉讼终结之后，向赔偿义务机关或人民法院赔偿委员会提出赔偿请求，以保障其财产权。因此，我们应该认真研究国家赔偿制度，充分发挥其保障被追诉人财产权的作用和功能。

一、国家赔偿制度与人权保障理念

（一）申请国家赔偿权的性质

宪法是国家赔偿制度的“母法”，也是国家赔偿制度的首要渊源，国家赔偿法依据宪法产生，不得违反宪法。因此，国家赔偿权利的取得，首先应当以宪法为依据。我国现行《宪法》第41条第3款规定：“由于国家机关和国家工作人员侵犯公民权利而受到损失的人，有依照法律规定取得赔偿的权利。”显而易见，我国《宪法》对国家赔偿取得权是以一种独立的权利类型予以规范的。取得国家赔偿的权利属于公民的基本权利。对于这一点，国外和我国台湾地区已基本不存疑义，而内地学者却鲜有人论及。①

公民基本权利是指公民最重要的、必不可少的权利，由宪法予以专章规定，是宪法化了的基本人权。从人权概念产生的社会历史过程来看，人权是一种反抗权利；也就是说，在观念上，人权诉求反映了人们反抗特权、反抗统治者压迫和剥削的愿望。在现实中，人权的逐步增长并转化为基本权利是人们反抗人身依附、政治专制和精神压迫的斗争不断取得胜利的结果。在此意义上，人权主要是

① 参见文正邦、邓华平、伍操：《国家赔偿制度发展的宪法支撑研究》，载中国法律信息网，网址：http://www.law-star.com/pshowtxt? keywords=&dbn=lwk&fn=007-2005-4-42.txt&upd=97。

公法意义上的权利。[①] 正因如此，一般来说，宪法在列举公民基本权利后，紧接着就会规定国家的义务，以保障公民基本权利的实现。对于取得国家赔偿的权利，笔者认为，我国《宪法》是作为公民基本权利加以规定的，这不是因为它是规定在“公民基本权利与义务”这一章望文生义所得出的结论，而是因为它在基本权利体系中不可或缺的特性，没有取得国家赔偿的权利，公民基本权利体系将立即土崩瓦解，所谓人权亦成为空谈。这就意味着，取得国家赔偿的权利本身即基本权利，而不仅仅是对基本权利的救济性权利，更不能视为基本权利的附庸。德国行政法学家哈特穆特·毛雷尔也认为：“基本权利的意义表明：如果不只是将其视为单纯的防御权，而是从更为广泛的角度理解，那么，就应当从防御请求权进一步发展到赔偿请求权。”[②] 其实，把取得国家赔偿的权利认识停留在赔偿请求权的层面上，也是不够全面的。除国家赔偿请求权外，国家赔偿取得权还必须包括赔偿取得程序中的陈述权、获得公正裁判权、及时领取足额赔偿金的权利，这些无不对应国家的义务；因此，国家赔偿取得权属于主体公法权利，“它使宪法保障的人的尊严得到实际体现，它承认公民是法律的主体，使公民可以以法律主体的资格面对国家，并要求国家遵守当事人有关的法律。”[③]

然而，长期以来，我们把国家赔偿权仅仅视为一种救济性权利，重视赔偿请求权的规范，而忽略了国家在保障国家赔偿取得权实现方面应当承担的义务及相应的程序规范。审视我国现行国家赔偿法的实施现状，违法确认难、国家赔偿审理和决定难、赔偿决定

① 参见夏勇：《人权概念起源——权利的历史哲学》，中国政法大学出版社 2001 年版，第 180 页。

② ［德］哈特穆特·毛雷尔：《行政法学总论》，高家伟译，法律出版社 2000 年版，第 717 页。

③ ［德］哈特穆特·毛雷尔：《行政法学总论》，高家伟译，法律出版社 2000 年版，第 717 页。

执行难，恰恰反映了我国国家赔偿制度在赔偿取得保障方面、国家义务规范和程序保障制度方面的缺失。我国法治水平较低，赔偿义务机关依法积极主动赔偿的意识不高。因此，在我国的国家赔偿立法中，必须以规范相关程序和保障国家赔偿的取得作为重点，方可实现财产权保障的目的。

（二）国家赔偿制度的理念

人权是法治社会中的一个非常重要的概念。有学者认为："人权，依其本意，是指每个人都享有或都应该享有的权利。这包括两层意思：第一层指权利，即是某某权利，第二层指观念或原则，即每个人都享有或都应该享有权利。"① 作为当代社会的话题和内容之一的人权，受到世界各国政府和人民的关注，尊重人权、保障人权、发展人权已成为衡量一个国家文明程度、法治水平的重要标志。因此，世界各国纷纷在本国的立法中把人权的基本内容具体化、明确化，并予以切实的法律保障。其中对人权保护最为直接的制度之一便是国家赔偿制度。"国家尊重和保障人权"，是政府对人民的庄严承诺，意味着立法、执法、司法等公共权力的运作应当践行保障人权的基本理念。不久的将来，"人权"将成为约束公权力的"关键词"，成为国家一切活动的基本价值取向。其潜台词意味着公共权力必须接受法律的严格限制，遵循正当法律程序；并且，一旦公民、法人或其他组织的合法权益受到国家机关及其工作人员的侵害，就有权获得充分的赔偿，以使被侵害的合法权益得到补救或恢复。

1．人权理论的发展推动了国家赔偿理论的发展。

有关国家赔偿的理论是伴随着人权理论的发展而不断进步和发展的。历史上，国家及其公务人员违法导致公民权利受到损害，如何承担责任并不存在统一的认识，有过许多阐释国家赔偿的理论和

① 夏勇：《人权概念起源——权利的历史哲学》，中国政法大学出版社 2001 年版，第 170 页。

学说。在此，笔者选取较具有典型意义的德国和法国行政法为标本，作简要介绍，以期从历史的回顾中找寻国家赔偿制度与人权理念的关联。

第一阶段："国家无责论"与"恩惠说"。各国建立国家赔偿制度之所以如此迟缓和艰难，与主权豁免理论的影响有直接关系。所谓主权豁免理论，是建立在绝对主权观念基础上的国家免责理论，盛行于资产阶级革命后的许多国家。① 该理论的核心内容是：国家是主权者，主权的特征是对一切人无条件地发布命令，没有国家通过法律所表示的同意，不能要求国家负担赔偿责任，否则抵消了国家主权。早在16世纪，法国学者让·布丹在其《国家论》中就主张"主权是最高的权力，不受法律限制"。其后又出现了多个具体解释国家豁免理由的理论，如"主权无拘束论"、"绝对主权论"、"主权命令说"、"人民利益论"、"个人责任论"等。资产阶级革命以前，国家被视为君王的私有财产，根据"国王不能为非"的理念，国王没有做错事的法律权力，他的法律地位有别于普通国民；因此，国家不承担赔偿责任，公民也无权要求赔偿，即使国家可能出于在道义上照顾人民的目的而予以一定的帮助，这也只是一种恩赐，而非国民的权利。

第二阶段："委托理论"。17世纪和18世纪资产阶级革命后，天赋人权和财产权绝对原则渐渐深入人心，公民权利受到绝对保护；但委托理论强调公务员必须合法地处理所委托的公共事务，故违法行为不能由国家而由公务员个人予以赔偿。当然也有例外，英美法系国家和一些大陆法系国家通过国家赔偿立法一次性确立了国家的直接赔偿责任，而没有经历这一阶段。

第三阶段："国家责任说"。19世纪末至20世纪初，随着国家

---

① 参见［德］哈特穆特·毛雷尔：《行政法学总论》，高家伟译，法律出版社2000年版，第617页。

职能的迅速扩展，国家的侵权现象也日益增多，加之民权运动高涨，人民对缺乏救济手段逐渐不满，以及国家财力的增长，国家主权豁免理论日渐式微。一些国家被迫在有些领域放弃国家主权豁免观念或委托理论，国家赔偿进入相对肯定阶段。20世纪以后，以魏玛宪法为标志，国家对公务人员在其职务行为范围内的损害，承担责任。国家赔偿的理由在于：一方面，国家赔偿能更好地保证损失的及时足额偿付，毕竟国家的财力较之公务人员个人更为雄厚；另一方面，国家应当承担公务人员工作的损失风险，以鼓励公务人员的创造精神和进取心。第二次世界大战以来，随着经济、社会的迅速发展，各国民主政治和人权事业也取得长足的进步。世界上许多国家、地区大幅度修改刑事诉讼法典，将人权保护列为刑事诉讼的主要目标，并相继制定施行了国家赔偿制度。例如，1946年美国颁布联邦侵权赔偿法，1947年英国颁布王权诉讼法，1947年日本颁布国家赔偿法，1959年我国台湾地区颁布“冤狱赔偿法”，1967年韩国颁布国家赔偿法，1981年德国颁布国家赔偿法。我国1954年颁布的《宪法》第97条规定“由于国家工作人员侵犯公民权利而受到损失的人，有取得赔偿的权利”。从而明确了我国的国家赔偿责任。改革开放以来，随着我国社会主义市场经济的发展和具有中国特色的法制体系逐渐形成，公民权利保障逐步得到重视。1982年宪法重新规定了国家赔偿责任，民法通则、行政诉讼法对此也都作出了相应的具体规定。1994年颁布了国家赔偿法，标志着我国建立了国家赔偿制度。可见，保障人权、建立国家赔偿制度不仅是现代法治社会的必然要求，而且已成为当今世界的发展主流。①

“当代人权思想理论的产生和兴起始终对国家赔偿立法有深刻的影响。人权理论的一个重大贡献就是将人的权利放在第一位，把人尤其个体的人，从公共权力的巨大阴影和威胁中解放出来，强调

---

① 参见皮纯协、何寿生：《比较国家赔偿法》，中国法制出版社1998年版，第60页。

公共权力的产生和行使都是为人谋福利的，是政府服务于人，而不是人伺候政府。”① 由此可见，国家赔偿制度是与人权理论相伴而生、相互促进并相得益彰的，没有人权理论的产生和发展，就没有国家赔偿制度诞生和演进，国家赔偿制度的建立宗旨就是为了充分保障人权。“而在人权的保障体系中，宪法保障是首要的，也是最富有成效的。因为宪法是一个国家的根本大法，具有最高权威和最高的法律效力。没有宪法保障，任何人权保障都将成为无源之水、无本之木。”② 我们研究国家赔偿制度必须站在宪政的高度上，并与人权理论的研究充分结合，从宪政与人权理论中探究国家赔偿制度的完善。如果不能深刻地理解人权的内涵，就不能领悟国家赔偿制度的产生、现状与发展方向，即使不断进行修补和添加新的内容，也对构建理性的国家赔偿制度毫无裨益，反而可能陷入对细枝末节的无谓争论中，甚至与国家赔偿制度的发展方向背道而驰。

2. 国家赔偿制度中引入“人权充分保障”理念，有利于对国家“合法加害权”的遏制。

为什么人们把国家比作“利维坦”，对国家权力如此恐惧？因为国家掌握着相对于个人来说强大无比的国家暴力机器，而权力的行使具有两种可能性，既可以为保护公民权利而行使，又可能侵犯公民的合法权益，并且这种侵犯还经常打着“合法”和“公共利益”的旗号进行。吴思先生在《潜规则——中国历史中的真实游戏》一书中以生动的史实阐明了这样一个事实：官府和其官吏会充分利用手中的“合法加害权”，如“合法”的调查权、强制权和处罚权，侵害公民权利以增进自己的利益。而公民个人面对公共权力的侵犯，自我保护的能力和手段就很有限，难以防止公共权力对人权的侵犯，只能在事后要求恢复原状和请求赔偿。

① 皮纯协、何寿生：《比较国家赔偿法》，中国法制出版社1998年版，第41页。
② 李步云、邓成明：《论宪法的人权保障功能》，载《中国法学》2002年第3期。

怎样才能约束国家机关“合法加害权”的滥用呢？那就是“人权充分保障”。[①] 人权充分保障在法律层面上有两层含义：一是法律明确界定权利和权力，使之处于有序状态，避免相互侵犯；二是权利受到侵害后，法律应当保障受害人得到充分的赔偿，使受害人的利益不因侵权损害而受到影响。尽管现代法治理论中引入了司法审查、行政诉讼制度、国家赔偿和国家补偿制度，国家的侵权损害也有了“合法”与“违法”的区分，然而，如果欠缺人权充分保障这一核心理念，难以保障被追诉人依法得到充分的赔偿，并使之完全恢复到受损前的状态，也就意味着国家最终对其造成的损害并不认真承担责任，或仅承担远远低于损害结果的责任。反观我国现行国家赔偿法，归责原则过于严格、赔偿范围过于狭窄。赔偿标准太低，政府仅为其侵害行为“打折”买单或根本不承担赔偿责任。这样的责任是不完全的。从经济学的角度思考，既然不用全额支付对方的损失，用低廉的违法成本能换来可能极大的收益，将导致公安司法机关及其工作人员对这种违法成本视而不见、置若罔闻。如果在国家赔偿制度中引入人权充分保障的理念，并给予充分赔偿，至少可以遏制国家机关及其工作人员滥用国家权力的利益动机，从经济上“消灭”国家权力的滥用。对行使国家权力的国家机关或国家机关工作人员而言，滥用“合法加害权”在经济上是无益的，甚至是有害的，从而会更加谨慎地依法行使手中的国家权力。

二、我国国家赔偿制度存在的问题

不管是在刑事执法办案还是行政执法办案过程中，均大量存在侵犯当事人财产权的情形，这主要体现为有关机关及其工作人员在行使职权时违法对财产采取查封、扣押、冻结、追缴等措施，这在本书第三章已有详细的介绍和论证。就侵犯财产权而引起的国家赔

① 参见蔡定剑：《冤假错案与人权保护》，载《法学》2000年第4期。

偿案件，从实务看主要有以下几种情况：一是强制收取；二是在刑事执法行为中，扣押物品没有凭证，对扣押物品保管不当，随意使用被扣押物品，或以预交款的形式追赃或收取保证金；三是收取款项数额大，期限长，不了了之。另外在交通肇事案件中长期扣押事故车辆，不按法定期限结案也是导致国家赔偿案件的常见情形。国家赔偿程序启动后，对于财产权保障不力的问题则主要有以下几方面。

（一）被追诉人获得赔偿的比例很小

在实务看，有关机关办理的国家赔偿案件中，实际获得赔偿的比例很小，国家赔偿制度保障财产权的功能远没有充分发挥出来。

据统计，2004 年我国各级人民法院审结国家赔偿案 3134 件，其中有近三成获得赔偿。刑事赔偿案结案 1835 件，740 件获得赔偿。非刑事赔偿案结案 1299 件，192 件获得赔偿。最高人民检察院于 2004 年 12 月 31 日召开纪念国家赔偿法实施十周年座谈会的资料表明：自 1995 年 1 月 1 日国家赔偿法施行以来，截至 2004 年 11 月，全国各级检察机关共立案办理赔偿案件 7823 件，决定赔偿 3167 件，支付赔偿金 5819.53 万元。① 从全国法院、检察院的这两组数据看，人民法院审结的案件中，获得赔偿的仅占实际审结数的 30% 强；人民检察院审结的案件中，获得赔偿的仅占实际审结数的约 40%。这些数据说明，由于种种原因，通过国家赔偿程序保障当事人财产权的目的远未达到。

（二）满足被追诉人赔偿要求的比例更小

当事人是否获得赔偿当然是衡量其财产权是否受到保障的重要依据，但这里还有一个问题，即当事人获得的赔偿额是否是其期待获得的赔偿额，这是当事人财产权是否得到充分保障的主要参考数据，从现在学界调研和实务界的工作报表看，缺乏这一项数据，因此无法掌握这方面的实际情况。但从一些案例中可看出赔偿义务机

① 中国法院网 2005 年 3 月 1 日。

关虽然决定赔偿，但赔偿额却与当事人的要求相距太远，其财产权形式上得到了保障，但实质上其财产权仍处于被侵害后无法恢复的状态。湖北省某县公安局办理的一个案例就能说明这一点。1983年9月9日，张震国因涉嫌窝赃被某县公安局收容审查，同时从其家中提取扣押了“李自成”铜印一个，金耳环一只。12月15日，该案移送县人民检察院审查起诉，所提取扣押的两件物品一并随案移送。1984年1月9日，县人民检察院向县人民法院提起公诉，两件物品因与案件无关退回公安机关。张震国则被人民法院以窝赃罪判刑两年。县公安局收到检察机关退回的两件物品后，一直未作处理，以致两件物品由于时间久远、保管不善等诸多因素而遗失。当张震国夫妇1996年底要求退还两件被扣押物品时，已无法找到原物。张震国夫妇先提出印章是金的，后又称是文物，提出索赔百万元的天价。由于物品已遗失，如何折价、折价多少成为本案理赔的一个难点。县公安局经研究，于1998年2月19日作出了《关于遗失张震国铜印、金耳环原物给付相应赔偿金的决定》，决定赔偿人民币700元。对此决定，张震国不服，向地区公安处提出复议。地区公安处作出了维持县公安局赔偿决定的复议决定。张震国不服，向地区中级人民法院赔偿委员会提出申请，赔偿委员会审理后也作出了维持县公安局赔偿标准的决定。① 案例表明，侦查机关扣押与案件无关的当事人财物，侵犯了当事人的财产权；又因对扣押物品保管不善而遗失，导致赔偿争议发生。当事人最终还是通过国家赔偿程序获得了部分财产权救济。应该说，实践中当事人通过提起财产权保障的国家赔偿请求，而最终满足其赔偿要求的情形极少。有关调研的结果也表明：“虽然我们以前有一个面上的认识，但是真到实际中调查，才看到问题的严重性，有些问题甚至也出乎我们的预料。”“法院受理和处理的国家赔偿的案件少得可怜，当

---

① 摘自武汉市公安局劳动教养审批信息网，2005年12月13日。

事人提出赔偿的少得可怜，实际获得赔偿的金额也是少得可怜。”①应松年教授也指出：现行的国家赔偿确认程序，把自己是否承认错

---

① 2004年7月至12月，受全国人大法工委委托，国家赔偿法实施情况调研小组对全国六省市国家赔偿法的实施进行调研，并提交了一份题为《〈国家赔偿法〉实施中的问题与建议——〈国家赔偿法〉实施情况调研报告》。参与该报告的有关人士认为，国家赔偿法的实施效果虽然总的来说是好的，但是其中的问题不少，国家赔偿的案件少，效果不够理想，修改迫在眉睫。据了解，调研小组的专家先后对辽宁、山西、四川、广东、上海、北京六省市国家赔偿法实施以来的情况进行了调研。这一调查是针对国家赔偿法修改的专门调查，对修改国家赔偿法将起到重要的参考作用。该课题组的数据和结论全部来自于实地调查，“都是公检法、政府机关实际反映出来的”，调研单位包括省、市人大法工委、政府法制办、人民法院、人民检察院、公安厅（局）、财政厅（局）等负责国家赔偿工作的人员以及部分学者、律师等。调研的主要内容包括，国家赔偿法自1995年实施以来本地区、部门贯彻实施概况；国家赔偿法在实施过程中存在哪些主要问题；对进一步完善国家赔偿法的具体意见与建议等。

杨小军，国家行政学院教授、中国行政法学会副会长，全程参与此次调研，并撰写、修改了该报告。杨小军认为这次调研能够整体代表国家赔偿法实施的状况，包括东北、西部、中部、沿海地区。“虽然我们以前有一个面上的认识，但是真到实际中调查，才看到问题的严重性，有些问题甚至也出乎我们的预料。”杨小军说：“法院受理和处理的国家赔偿的案件少得可怜，当事人提出赔偿的少得可怜，实际获得赔偿的金额也是少得可怜。”

所有的调查结果都在指向一个问题——国家赔偿法到了必须修改，必须考虑实际情况的地步。调查报告中的一些数据，让这些长期从事法律研究的专家也惊叹不已。山西全省人民法院受理司法赔偿案件1995年9件，2003年53件。辽宁省人民法院受理司法赔偿案件1995年3件，1996年8件，2000年130件，2003年159件，基本上以每年15%的比例上升。四川全省人民法院受理司法赔偿案件1995年45件，1998年141件，2003年298件。广东全省人民法院受理的司法赔偿案件1996年5件，1997年4件，1998年24件，1999年34件，2000年49件，2001年73件，2002年50件，2003年84件。在有的省市司法赔偿案件10年来甚至才为87件，赔偿的钱数为210多万。1995年至2004年，各地国家机关受理了一批司法赔偿案件，在课题组调研的省市，省级人民法院受理的司法赔偿案件少的不足90件，多的1300余件；省级人民法院、人民检察院、公安机关赔偿金额多的1400余万元，少的36万元。“虽然有的省份每年有一定上升，但是比起庞大的其他赔偿来，简直太少！”据了解，很多国家赔偿是确定理赔，但是却拿不到钱，北京、上海一些地方能够确定赔的都能够拿得到钱，但是有些省市在人民法院确定理赔之后，赔的金额少，拿得到钱的更少，甚至有了“法律白条”一说。课题组了解的情况是有的省的执行赔偿率还不足30%。调研报告直言不讳地指出：国家赔偿法是实施效果较差的一部法律。在报告中，课题组用十个方面显示国家赔偿法实施中存在的主要问题，包括：总体规定、归责原则、赔偿范围、赔偿标准、赔偿程序、赔偿方式、赔偿费用、专门法院的国家赔偿、举证责任以及滥用刑事追诉权的问题等。具体见《经济》，2005年2月。

误与受害人是否获得赔偿联系起来，违背了起码的合理性，没有任何可取之处。确认程序在实践中存在的问题最多，反映最强烈，有些赔偿义务机关，滥用确认权，拒不作出确认，也不给受害人书面的答复，按照国家赔偿法的规定，受害人在这种情况下只能申诉。该申诉程序又不是一个严格、有效的法律程序，形成了受害人多年申诉、反复上访的状态，增加了社会不稳定因素。①

（三）侵犯被追诉人财产权导致的赔偿案件的问题

根据对全国16个省市（区）检察机关办理国家赔偿案件情况的调查，2000年16个省市（区）检察机关受理侵犯财产权的国家赔偿案件876件，立案审查324件，立案审查数占受理数的37%，决定赔偿102件，决定赔偿数占立案审查数的31%；2001年受理侵犯财产权的国家赔偿案件1022件，立案审查387件，立案审查数占受理数的38%，决定赔偿114件，决定赔偿数占立案审查数的29%；2002年受理侵犯财产权的国家赔偿案件967件，立案审查289件，立案审查数占受理数的30%，决定赔偿117件，决定赔偿数占立案审查数的40%。② 这些调研数据，除了说明当事人实际获得赔偿的比例很小之外，还存在以下需要解决的问题。

1．进入涉财赔偿程序的案件数量少，即使进入了国家赔偿程序，获得赔偿的比例数更小。

笔者认为这种现状的根本原因是赔偿经费短缺所致。国家赔偿责任，是国家应该承担的损害赔偿责任，赔偿责任的主体天经地义地应当是国家。但是，这个最基础的理论和最基本的制度，在立法和实践中却存在着以下两个主要问题：一是国家赔偿变成了各级财政赔偿。国家赔偿法规定：赔偿费用，列入各级财政预算。国家赔

① 参见应松年、杨小君：《国家赔偿若干理论与实践问题》，载中国法律信息网。

② 参见向泽远等：《法律监督与刑事诉讼救济论》，北京大学出版社2005年版，第128页。

偿费用管理办法规定：国家赔偿费用，列入各级财政预算，由各级财政按照财政管理体制分级负担。这种财政分级负担体制，把国家赔偿职责分解成各级财政负担责任。各级财政只能在本级财政有限的经费范围内承担赔偿责任，如果各级财政经费不足，就不可能超财政范围承担赔偿责任。对于大多数基层财政和一定数量的贫困财政来说，很难保障赔偿费用的支付和赔偿责任的承担，实际上增大了受害人获得国家赔偿的难度。二是国家赔偿很大程度上变成了机关赔偿。按照国家赔偿费用管理办法的规定，国家赔偿费用由赔偿义务机关先从本单位预算经费和留归本单位使用的资金中支付，支付后再向同级财政机关申请核拨。这种由机关先赔付再申请财政核拨的制度，在实践中经常成为了只有赔偿义务机关赔付而没有财政拨付的事实。因为，一方面，赔偿义务机关不愿意“露丑”，不向财政提出申请；另一方面，财政核拨困难，有的还要求先处理责任人，或者是扣减其他经费等。机关赔偿的结果就是，挪用其他经费，或者是财政外资金支付。而且，由于机关赔偿挤占了机关自有经费，出于自身经济利益的考虑，许多赔偿义务机关总是想方设法地进行“对抗”，采用诸如其他利益交换、拖延、拒绝等不合法的手段，不履行或不全面履行赔偿义务。据调查，全国 16 个省市（区）检察机关决定返还财产的案件，赔偿决定作出时即支付赔偿经费的仅仅占作出赔偿决定的 19%，[①] 有的人民检察院为支付赔偿经费，以办公楼抵押向银行贷款，有的机关因经费困难，在违法侵权事由的确认上大做文章，以涉案财物属于“违法所得”为由不予以确认，阻止当事人的涉财赔偿申请进入国家赔偿程序，避免返还财产的情况出现。

---

① 参见向泽远等：《法律监督与刑事诉讼救济论》，北京大学出版社 2005 年版，第 130 页。

2. 对于撤销案件、不起诉决定案件中的财产权如何确认及是否应予国家赔偿的问题存在很大争议。

这种争议的结果是，一部分财产权受到侵犯的当事人得不到应有的赔偿。有的观点认为，人民检察院的不起诉决定书对查封、扣押、冻结、追缴的财产作出返还当事人决定的，或者具有对采取查封、扣押、冻结、追缴财产等措施认定为违法的法律文书的，以确认论。[①] 该返还财产的返还财产，该赔偿的应赔偿（事实上，在撤销案件决定书或不起诉决定书中直接对涉案财物的归属进行认定的很少）；如果在不起诉决定书中对涉案财物没有作规定的，应另行确认，决定是否予以赔偿。也有观点认为，撤销案件和不起诉包括本就无罪或本就不应该（需要）追究刑事责任和证据不足而撤销案件、不起诉（有的叫存疑案件）这两种情况。对于前一种情况，当然属于国家赔偿的范畴。而存疑案件的当事人具有犯罪嫌疑，有证据证明其有罪，只是因已有的证据尚达不到定罪的要求而推定当事人无罪，因此不存在国家赔偿问题。还有观点认为，公安司法机关在办理刑事案件过程中，只要对被追诉人实施了限制人身自由的强制措施或者对财产权实施了处分，最终又以撤案、存疑不起诉或宣告无罪而结案的，无疑是一种对被追诉人合法权益的侵害。犯罪嫌疑人由此提起国家赔偿是理所当然的。[②] 有的学者还对证据不足

① 《最高人民检察院刑事赔偿工作规定》第9条对涉财案件的确认作了规定，即撤销案件决定书、不起诉决定书、复查纠正决定书对查封、扣押、冻结、追缴的财产作出返还当事人决定的，或者具有对采取查封、扣押、冻结、追缴财产等措施认定为违法的法律文书的，以确认论。

② 参见蒋时伟、唐龙飞：《存疑案件应否给予国家赔偿》，载重庆公安信息网。

不起诉的情况进行了进一步的区分，不同的情况下有不同的结论。[①] 从观点的对比看，对撤案、存疑不起诉案件，主张给予国家赔偿的观点比主张不予国家赔偿的观点要多。观点不统一，实践中混乱不堪，实际上是对国家赔偿制度存在价值和当事人财产权保障问题的严重冲击。

3. 人民法院在有罪判决或无罪判决中对涉案财物未予认定，是否直接赔偿或返还被追诉人的问题，各赔偿义务机关做法不一致，影响了国家赔偿制度的严肃性、权威性，当事人的财产权得不到应有的保障。

在办理因侵犯财产权而提起的国家赔偿案件时，对于人民法院有罪判决认定之外的财产或者人民法院以证据不足判决无罪的涉案财物的处理上，是直接将该财产返还当事人，还是经过确认程序后再决定财产的归属，在实践中争议很大，导致对该类案件的办理结果不一致。人民法院一般认为法院的判决即是确认，公安机关或检察机关应当将有罪判决认定之外的财产直接返还给当事人，不必再履行确认程序。而公安机关、检察机关一般认为，按照《刑事诉讼法》第142条第3款、第198条的规定，这类财产还存在是否属于违法所得和被害人合法财产的情形，应先予以确认、审查后再决定其归属：如果属于被追诉人的合法财产，应及时返还；如果不属于犯罪所得但属于违法所得，应移送有管辖权的机关；如系被害人

① 比如周国均教授认为："被不起诉人已被批准或者被决定逮捕、羁押，如果是由于检察机关的有关办案人员主观上有过错或者过失，且被不起诉人无违法行为的，那么，检察机关就应当承担赔偿责任。例如，由于办案人员没有全面、及时收集证据，因严重不负责任导致证据灭失或不可获取；或因对公安机关（含国家安全机关等有侦查权的机关、部门）报捕的案件，若将证据不足的案件批准逮捕或者对自侦案件决定逮捕，而被不起诉人无违法行为的，就应当承担赔偿责任……对于能证明有犯罪事实的证据不足或者主要犯罪事实证据不足的案件，只要有证据证明被不起诉人有违法行为，检察机关不承担赔偿责任。"参见周国均：《关于证据不足不起诉的国家赔偿问题》，载中国法律信息网。

的合法财产，应及时返还给被害人。由于各赔偿义务机关掌握的标准不一致，影响了国家赔偿制度执行的严肃性。按法律规定，人民法院的赔偿委员会是赔偿案件的最终决定机关，赔偿请求人不服公安机关或检察机关的赔偿决定或复议决定，可以向人民法院赔偿委员会请求决定赔偿，这可能会导致公安机关或检察机关决定不予赔偿的案件，人民法院赔偿委员会却作出了赔偿决定并要求公安机关或检察机关执行。这些分歧的存在，会影响公安机关或检察机关办理涉财案件的积极性，降低办案效率，对当事人财产权的保障不利。

三、财产权保障与我国国家赔偿制度的改革完善

（一）有关概念的界定

从立法和实务看，通过国家赔偿途径来保障当事人财产权利，主要是通过认定违法所得、被害人合法财产及被追诉人合法财产，以及相应的返还、赔偿决定来实现的。因此，在完善国家赔偿制度过程中，必须明确相关概念及有关的返还、赔偿程序。

1. 对“违法所得”、“被害人合法财产”、“被追诉人合法财产”的概念辨析。

第一，对被追诉人合法财产的认定。从法律规定看，我国刑法、刑事诉讼法均提到了“违法所得”和“被害人合法财产”的

概念，但未提到被追诉人合法财产的概念。[①] 被追诉人的合法财产权利的保障是不容忽视的。刑事诉讼中被采取扣押、冻结等措施的财产，除犯罪所得、犯罪所用、违法（违规）所得、违法（违规）所用之外，剩余的就可能只有被追诉人的合法财产了。虽然立法上没有“被追诉人合法财产”这一概念，但我们可从物权的基本特征对刑事诉讼中的物及被追诉人的合法财产予以分析。物权是权利人在法律规定的范围内按照自己的意志支配自有物或者依照授权支配他人的物，直接享受物的效益的排他性财产权。与其他有关权利相比较，物权具有以下特征：是对物支配权、是排他性财产权、是对世权（对任何人都有约束力）、是绝对权。[②] 物权的特征表明，对被采取扣押、冻结等措施的财产中属于被追诉人合法财产的判断，是不需要证据从正面证明是否属于被追诉人所有的。只要没有证据证明从被追诉人处采取扣押、冻结等措施的财产属于犯罪所得、犯罪所用、违法（违规）所得、违法（违规）所用，也不能证明属于被害人的，就应当认定为属于被追诉人的合法财产。

无论是人民法院判决未认定为犯罪赃款赃物的被采取扣押、冻结等措施的款物，还是因侦查机关撤销案件前或人民检察院决定不起诉前而采取扣押、冻结等措施的财物，都存在包括违法（违规）所得、犯罪所得、违法（违规）所用、犯罪所用、被害人及被追

---

① 我国《刑法》第64条规定，犯罪分子违法所得的一切财物，应当予以追缴或者责令退赔；对被害人的合法财产，应当及时返还；违禁品和供犯罪所用的本人财物，应当予以没收。没收的财物和罚金，一律上缴国库，不得挪用和自行处理。《刑事诉讼法》第198条规定，公安机关、人民检察院和人民法院对于扣押、冻结犯罪嫌疑人、被告人的财物及其孳息，应当妥善保管，以供核查。任何单位和个人不得挪用或者自行处理。对被害人的合法财产，应当及时返还。对违禁品或者不宜长期保存的物品，应当依照国家有关规定处理。对作为证据使用的实物应当随案移送，对不宜移送的，应当将其清单、照片或者其他证明文件随案移送。人民法院作出的判决生效以后，对被扣押、冻结的赃款赃物及其孳息，除依法返还被害人的以外，一律没收，上缴国库。

② 参见张俊浩：《民法学原理》，中国政法大学出版社1991年版，第333页。

诉人合法财产的可能性，准确区分这些被暂时采取措施的财产的属性，不仅是理论研究要解决的问题，更是执法实践急需解决的热点、难点问题。对于终结追诉后被采取扣押、冻结等措施的财产性质的认定，应当贯彻权利保障、行为主体、证据基础三大原则。权利保障是对该财产的处理要体现保障被追诉人财产权的思想，将属于被追诉人合法财产的部分与违法所得严格区分，凡是不能认定为违法所得或者其他权属性质的财产，应当推定为属于被追诉人的合法财产，杜绝凡不能认定为犯罪赃款、且当事人不能说明财产合法来源的，就推定为违法所得的做法。在对被采取扣押、冻结等措施的财产权属性质的认定中，在没有证据证明财产来源不合法的情况下，让被追诉人承担证明财产所有权的举证责任，不符合保障人权的精神，与物权理论也相违背。行为主体原则要求对扣押、冻结财产的权属认定要紧密围绕被追诉人实施的违法行为展开，不能偏离违法行为而抽象地论述被扣财产的性质。凡是不能认定为违法行为的，就不存在违法所得的认定。证据基础原则要求对扣押、冻结财产权属的划分要以证据为基础，证据应当成为认定该财产是否违法所得、是否属于被害人合法财产的基本要素。这三大原则应当贯穿被扣押、冻结财产性质认定的全过程。

第二，对“违法所得”的认定。对于被采取扣押、冻结等措施的财产，如果能证明属于下列情形，可认定为属于“违法所得”：首先，被追诉人的行为不构成犯罪，但有证据能证明其属于违法行为，并能证明被采取扣押、冻结等措施的财产与该违法行为有因果关系的，应认定为“违法所得”。典型的案例是某案以刑事案件立案侦查并采取扣押等措施，后因财产数额达不到追究刑事责任的标准而撤销案件或不起诉而终结案件。但对该案刑事程序的终结并不表明被追诉人所获取的财产或已被扣押的财产不具有违法性。这种情况在实务中大量存在的原因，主要是因为刑事案件的立案标准和人民法院追究被告人刑事责任的标准不统一，侦查机关的立案标准远远低于人民法院追究被告人刑事责任的标准。侦查机关以低标准立案之后，便可以采取刑事强制措施和侦查措施，对于办案是十分“方便”的。但结果是大量已立的刑事案件被迫撤销，嫌疑人和有关涉案财物被迫作其他处理。这些涉案财物虽然最终可能与犯罪无关（因为刑事案件已撤销），但却不能否认其违法性。其次，被追诉人的行为虽不构成犯罪，但现有证据能证明被追诉人之前无合理根据占有、持有、管理被采取扣押等措施的财产，或者能证明被追诉人占有、持有、管理该财产违反了行政法律或有关行业规定，且不属于被害人所有的，认定为违法所得。

第三，对被害人（包括国家，下同）合法财产的认定。如果有证据证明被采取扣押等措施的财产属于被害人所有的，尽管现有证据不能证明被追诉人的行为构成犯罪，应认定为被害人合法财产；如果有证据证明被追诉人利用经营管理本单位财产的职务便利，或者受单位委托从事经济活动的便利条件，将属于单位的财产转移到自己的控制之下，该被追诉人所控制的财产，应认定为被害单位的合法财产。

2. 明确在侵犯财产权国家赔偿案件中的确认和返还财产、赔偿（以下将“返还财产”和“赔偿”简称为“退赔”）① 的关系，以及退赔的具体标准。

此处的“确认”是指赔偿义务机关受理、审查、认可诉讼中采取的查封、扣押、冻结、追缴等措施是否侵犯财产权。确认中的审查是一种程序性审查，而不是实体性审查。只有经过确认程序并立案之后，才进入实体性审查阶段，才可以决定是否退赔。确认程序是赔偿审查程序的前提和基础，赔偿审查程序是决定是否退赔的实体性审查程序。对被因违法查封、扣押、冻结、追缴而要求退赔

① 按《国家赔偿法》第28条规定，侵犯公民、法人和其他组织的财产权造成损害的，一般都要求返还财产，或者予以赔偿，为表述方便，文中简称为“退赔”。

的赔偿申请，经审查认为采取这些措施时程序不合法、法律手续不完备、财产中存在当事人合法财产，或者人民法院判决中未确定这些财产为赃款、赃物的，都应当予以确认。当然，经过确认后的案件，也不是必然给予退赔。是否应当退赔，还要从事实和证据上进行审查。即主要审查是否有充分证据证明当事人合法权益受到侵害，损害行为是否因国家机关工作人员的职务行为造成，工作人员主观上是否有过错，损害结果的发生是否是当事人自己所造成，是否存在国家赔偿法规定的免除赔偿责任的其他情形，等等。经审查后，决定是否退赔应按照以下标准掌握：

第一，有证据证明当事人对被采取查封、扣押等措施的财产依法享有所有权，或者当事人有合理根据占有被采取查封、扣押等措施的财产的，应决定退赔。

第二，有证据证明被追诉的主行为不构成犯罪，没有证据证明被采取查封、扣押等措施的财产属于违法所得或者被害人合法财产的，应决定退赔。

第三，有证据证明被追诉的主行为不构成犯罪，但现有证据能证明被追诉人没有合理根据占有查封、扣押的财产的，决定不予退赔。此情形主要指当事人的主行为虽不构成犯罪，但在刑事诉讼中被采取查封、扣押等措施的财产并非当事人所合法所有或占有，而是因当事人违反有关规定或其他行政法律、法规而取得的，不予退赔，应将该财产交主管机关处理。①

第四，有证据证明被追诉的主行为属违法行为，并能证明涉案财产与违法行为有因果关系的，应决定不予退赔，或者上缴国库，或者直接返还给被害人。比如张某请求返还财产案。公务员张某因

① 比如轰动一时的刘晓庆偷税案。晓庆公司共偷漏税款700万元。虽然人民法院向刘晓庆下达了不起诉通知书，但所冻结的款项不会因为不起诉决定书而返还当事人。因为当事人至少还违反了有关税收方面的行政法规，应依法补交税款。

涉嫌受贿被立案侦查，后查明其受贿额为4800元人民币，不够追究刑事责任标准，人民检察院撤销案件。侦查期间扣押其人民币1万元。经审查，决定返还超范围扣押的5200元，受贿所得的4800元属违法所得，不予退赔。

（二）财产损失赔偿范围的确定

对于《国家赔偿法》第28条的规定，[①] 理论和司法实践中多数观点认为，国家赔偿对罚没或者查封、扣押、冻结财产的赔偿限于返还财产或者返还原物；财产灭失的，赔偿相应价金；财产已经拍卖的返还拍卖价款；造成停产停业的，限于赔偿停产停业期间的经常性费用开支；如果在上列行为之外还有其他行为造成当事人损害的，按照直接损失给予赔偿。该条第1至第6项内容，不存在其他直接损失，除第1项至第6项已经规定的赔偿范围和赔偿方式外，不再给予其他赔偿。笔者认为，这样的赔偿范围是值得商榷的。根据法律解释的一般原则，应当结合法律条文的上下文，综合解释法律，而不能孤立地、机械地解释法律。如果简单排斥第7项对前六项内容的约束，有悖于法律解释的一般原则。从《国家赔偿法》第28条的条文结构看，第7项明显是一个兜底条款，是对前六项规定的补充和完善。第7项内容涵盖前六项内容，同时大于前六项内容。对该条的正确理解应当是，在按照前六项规定赔偿不足以补偿当事人实际损失的情况下，造成的其他损失应当按照直接

---

① 我国《国家赔偿法》第28条规定，侵犯公民、法人和其他组织的财产权造成损害的，按照下列规定处理：（1）处罚款、罚金、追缴、没收财产或者违反国家规定征收财物、摊派费用的，返还财产；（2）查封、扣押、冻结财产的，解除对财产的查封、扣押、冻结，造成财产损坏或者灭失的，依照本条第3、4项的规定赔偿；（3）应当返还的财产损坏的，能够恢复原状的恢复原状，不能恢复原状的，按照损害程度给付相应的赔偿金；（4）应当返还的财产灭失的，给付相应的赔偿金；（5）财产已经拍卖的，给付拍卖所得的价款；（6）吊销许可证和执照、责令停产停业的，赔偿停产停业期间必要的经常性费用开支；（7）对财产权造成其他损害的，按照直接损失给予赔偿。

损失予以赔偿。

在对《国家赔偿法》第28条进行上述理解的前提下，对直接损失的理解就成为是否能够充分保障当事人获得国家赔偿的关键所在。笔者在这里不再讨论理论界争论不休的各种学说和观点。对于刑事诉讼中已经发生的、可以计算的合理损失应当属于直接损失，这一点在理论上应当是成立的。然而，实务中在很多情况下对这类损失也持排斥态度。笔者认为，以下财产损失应当作为直接损失，由赔偿义务机关予以赔偿：（1）在刑事诉讼过程中，当事人为证明自己无罪，聘请律师辩护所花费的合理的代理费、调查取证费、鉴定费等费用。（2）对当事人的存款或者现金违法扣押或者采取其他强制处分，造成同期银行存款利息损失，如果有证据证明当事人的款项系贷款，应当赔偿其应当支付给银行的贷款利息。（3）当事人被限制人身自由期间，国家机关违法收取的高额伙食费、住宿费，应当在扣除合理的伙食费之后，其余部分予以返还。无论限制人身自由的场所在什么地方，均不得在赔偿中扣除当事人的住宿费，因为，在限定场所住宿的费用，完全系国家机关的错误羁押行为造成的。（4）受国家机关指令，当事人往返居住地和国家机关所在地造成的交通费、住宿费损失。此外，由于国家机关严重超越法定期限，对相关案件久拖不决，致使当事人主动到该国家机关咨询问题、汇报情况，由此所花费的合理的交通费、住宿费等损失也应当属于应予以赔偿的直接损失范围。（5）由于国家机关违法对机器设备、交通工具等财产采取查封、扣押等措施，造成的自然损耗或者折旧损失。例如，国家对某些机器设备、营运车辆规定了法定的使用年限，每年有一定比例的折旧费，到期国家机关不再给予年检，作报废处理。如果国家机关查封、扣押这些财产，折旧费应属于当事人的直接财产损失。（6）当事人被非法羁押期间，配偶、子女或者父母依法去羁押场所探视在押人员所产生的交通费、住宿费等合理费用。例如，应监所要求，当事人的父母由住所地前往监所为被羁押人员送衣物、食品等所支出的合理的往来交通费、住宿费等。(7) 国家赔偿程序中，赔偿请求人为取得国家赔偿聘请代理人代为参加国家赔偿活动产生的合理的代理费、调查取证费、鉴定费等。这类费用同样是当事人已经实际支出的费用。根据直接损失赔偿原则，这部分损失应当作为当事人由于国家机关的违法行为遭受的直接损失予以赔偿。

另外，对财产市值的计算要有利于受害人。在国家赔偿标准中，会涉及对财产市值的计算。比如原物无法返还的，要赔偿原物的损失。而在计算原物损失时，首先有一个计算该原物市场价值的问题。笔者认为，如果出现两个不同时间段的市值，应当以有利于受害人的标准来确定，同理，《国家赔偿法》第28条第4项规定，“应当返还的财产灭失的，给付相应的赔偿金。”该相应赔偿金，也应当按照有利于受害人的标准来确定。

总的来说，国家赔偿中财产损失的范围应当回归到民事赔偿标准上来。无论是“民”给“民”造成的损害，还是“官”给“民”造成的损害，在损害和受害人遭受的损失后果上，二者都没有本质区别，因而在赔偿标准上，不必规定不同的标准；即使有些国家机关的侵权行为具有特殊性，民事侵权中不可能存在（如扣押、错判等，只有公权力机关才能做出），可以另行规定法定赔偿标准，这些标准也不应当比民事赔偿标准更低。设立国家赔偿制度，让国家机关赔偿公民个人的损失，这本身就是一种民主制度，是人权保障制度。如同所有民主制度都有成本一样，国家赔偿制度也是有成本的，国家拿出一部分钱来支付受害人，弥补受害人的损失，这就是民主制度的必要成本。[①] 这种成本换来的是纠纷的减少，人们的安居乐业和社会的稳定，换来的是国家机关违法现象的减少，依法行使职权的张扬，换来的是涉案当事人包括财产权在内

① 参见应松年、杨小君：《国家赔偿若干理论与实践问题》，载中国法律信息网。

的各项基本权利受到严格保障，以及整个社会都期待的公平和正义。

（三）赔偿程序的改革完善

国家赔偿程序是法律程序的一种形态。而法律程序是指按一定的顺序、方式和手续来作出决定的相互关系。其普遍形态是，按照某种标准和条件整理争论点，中立的第三方公平地听取各方意见，在当事人可以理解或认可的情况下作出决定。[①] 这其实也是正当法律程序的内在要求。对于国家赔偿程序的性质，有的学者认为国家赔偿程序是一种特别程序，与民事诉讼法规定的特别程序相类似，[②] 也有学者认为国家赔偿程序是解决国家赔偿争议的一种非诉讼的特殊程序。[③] 但无论国家赔偿程序的具体性质如何，至少其属于具有权威性的中立第三方解决争议的法律程序的范畴是毋庸置疑的。从我国立法和实务看，国家赔偿程序与正当法律程序的要求还有相当大的差距。一是争议双方的力量对比不均衡。在国家赔偿程序中作为请求人的一方为公民或单位，作为被请求人的一方为国家公安司法机关，双方力量存在非均衡性。二是启动程序的前提条件设定不当。请求人必须先经赔偿机关的确认方可提起赔偿请求，程序的启动机制不利于请求人权利的保护。三是国家赔偿的审理程序缺乏公开性，当事人缺乏辩论质证的机会。四是国家赔偿的决定为最终的结果，没有上诉或再审制度。而按照正当法律程序的要求，一项法律程序的底线至少应该保证程序特征的存在以及纠纷解决的进行。对于国家赔偿程序而言，至少应该包括：纠纷双方诉讼地位的确立、人民法院的中立地位、裁判结果的权威性。

---

① 参见季卫东：《程序比较论》，载《比较法研究》1993 年第 1 期。

② 参见应松年：《国家赔偿法研究》，法律出版社 1995 年版，第 220 页。

③ 参见陈光中、徐静村：《刑事诉讼法学》，中国政法大学出版社 1999 年版，第 449 页。

1. 纠纷双方地位的确立。一是地位相当原则。即双方在纠纷解决过程中的法律地位是相当的，诉讼权利是对等的。二是诉讼主体的程序主导权受到足够的重视。诉讼程序应保障诉讼主体的程序启动权、诉讼权利的自由行使以及不受程序外主体或证据等因素的影响和拘束。三是诉讼程序的充分参与。要保证双方有充分的攻防手段、足够的攻防机会，诉讼主体之间及其与裁判者之间信息交流的通畅。

2. 第三者的中立地位。在国家赔偿程序法中，第三者的中立不仅意味着第三者与双方当事人、裁判结果无利益上的联系，同时也意味着第三者地位的独立。没有独立审判权的裁判者很难是一个中立裁判者。

3. 结果的权威性。作为程序的重要组成部分，结果的权威性理应受到重视，尤其是在我国的司法实践中大量案件存在执行难，当事人财产权得不到及时有效的保障，使得裁判结果的权威性受到了严重挑战。

为此，笔者认为，我国国家赔偿程序应严格遵守正当法律程序的要求，在程序制度上作如下设计：

一是建立独立的确认程序，由中立的法官来进行确认。公安司法机关的确认制度已经成为请求人索赔的主要障碍，成为挡在当事人财产权保障大门前的一大障碍。实务中大约有接近44%的请求人因为无法提供确认文书而被拒于国家赔偿的大门之外。[①] 这种确认程序是由侦查、检察机关对自身行为的合法性作出确认，其公正性不能不令人怀疑。因此，应由相对中立和独立的人民法院赔偿委员会来负责确认公安司法机关行为的违法与否，同时行使对国家赔偿的裁判权。至于确认的具体程序可以由请求人一方提出申请，采用诉讼的方式，通过双方的控辩，由赔偿委员会作出最终的决定。

---

① 参见徐静村：《国家赔偿法实施程序研究》，法律出版社2000年版，第29页。

二是构建争议双方的诉讼参与关系。对当事人的抗辩权、辩论权、质证的权利、申请回避的权利、庭外和解的权利、要求撤诉的权利等在法律上予以确认。同时建立相应的权利保障制度保障上述权利的行使，比如通过贯彻直接言词原则，建立当事人到庭辩论制度。另外，由于双方在证据信息占有上的不平衡，可以在举证责任的设置上适当考虑请求人的利益，实行举证倒置原则。

三是增加裁判结果的执行制度。可以参照民事赔偿程序中有关执行的规定，在法律中增加裁判结果的执行程序规定，以改善当事人和社会公众对裁判结果的信任和期待。

四是改革审级制度，实行与现行诉讼制度相匹配的审级制度，对裁判结果不服的当事人，可以向上一级人民法院赔偿委员会上诉，并实行两审终审制。

（四）规范、改革我国国家赔偿费用的支付方式，解决国家赔偿案件中的关键问题——“钱”的问题

要实现国家赔偿就必须保证有一定的赔偿费用。从世界各国或地区的国家赔偿法规定来看，赔偿费用出自国家财政收入这是毫无疑问的，但支付方式多种多样，具体包括四种：一是法国、韩国、新加坡等国家的模式。由中央政府统筹编列预算，统一支付赔偿费用。即所有国家赔偿费用皆由中央政府按照各项赔偿的基本情况，确定每年所需费用的基数，在编列预算时作为一项专项支出列入收支科目，以备支付赔偿专用。地方支出的赔偿费用由中央财政统一拨付，地方不负责筹措。二是我国模式。由各级政府分别编列赔偿预算，各自支付赔偿费用。即赔偿费用不是由中央政府统一管理和支付，而是由各级政府根据各自的具体状况每年在编制预算时，把国家赔偿费作为一项专项支出列入各自的预算，哪一级政府所属的机关造成了损害需要赔偿，就由哪一级政府从其专项赔偿费中支付。三是美国模式。由国家设立专项基金，国家与具体国家机关相结合，在一定条件下共同支付赔偿费用，即在一般情况下赔偿费用

由造成损害赔偿的各具体国家机关自行负担，但若超过某一特定数额时则由国家统一负担。四是由保险机构支付赔偿费用。具体分为两种操作方式：由公民个人向保险公司投保，当其合法权益受到国家机关及其工作人员的职权行为侵害时，公民可先从保险公司取得赔偿金，保险公司随后可向政府机关提出赔偿请求。法国的某些地区和部门采用了这一方式。或者由政府向保险公司投保，当发生行政行为侵权时，由保险公司向受害人支付赔偿费用。美国某些地方政府采用了一方式。①

上述各种赔偿金的来源和支付方式各有利弊。第一种方式的优点在于能保证赔偿费用的统一管理和支付，避免因地方财政紧张而使受害人得不到及时赔偿的情况出现。其缺点是各级地方政府或具体国家机关可能会因为赔偿费用不是由自己所出而掉以轻心，要么为体现政绩而减少应赔偿的事项和数额，要么慷国家之慨，滥施赔偿。第二种方式的优点在于可以引起各级政府对赔偿问题的高度重视，增强其工作责任心和紧迫感，严肃认真地对待自己所承担的工作。其缺点是地方政府经常因为财政紧张而负担不起赔偿费用，影响受害人及时得到赔偿。在贫穷落后地区，这种情况表现得尤为突出。第三种方式的优点是，既可以增强各国家机关的行政责任感，又可以减轻具体国家机关的压力，保证受害人不会因为机关经费困难而得不到及时补偿。第四种方式的优点在于，可将国家赔偿的某些具体工作交由专业性较强的保险公司进行，既可减轻国家有关机关的负担，又能使赔偿工作更谨慎合理。虽然一些学者主张采用保险公司支付赔偿金的方式，② 但笔者认为，非国家机关性质的保险公司在某种程度上参与了国家权力的行使过程，可能会影响国家权

① 参见姜明安：《中国行政法治发展进程调查报告》，法律出版社 1998 年版。

② 参见孙永兴：《评析国家赔偿法“缺陷”之缺陷》，载《天津市政法管理干部学院学报》2002 年第 3 期。

力的正常行使；保险公司也可能会从自身利益出发，为赔偿的实现施加某种压力，使赔偿问题复杂化。因此，采用保险公司支付赔偿金的方式适于保险业发达、正规、制度健全的国家或地区，并不适合我国目前的国情。参考其他国家在这一问题上的做法，通过分析比较其优缺点，结合我国在国家赔偿费用问题上的具体情况，我们考虑可从以下几方面完善我国国家赔偿费用的支付方式：

1．改变现有赔偿费用支付方式。可将财政预算列支的赔偿费用设为独立的赔偿基金。该基金起先由财政部门下设赔偿办公室管理，慢慢尝试由中介组织来管理和支付基金，赔偿请求人可凭赔偿协议书、决定书或者判决书直接从该基金中申领。这样做的理由，一是赔偿请求人可以顺利地获得赔偿金而无需四处奔波讨要赔偿，只凭生效的法律文书就可直接领取赔偿金；避免了因国家机关拒不赔偿或无力赔偿给请求人带来的赔偿困难，也可以防止因国家机关无钱赔偿而给今后的工作带来压力或违法执法。二是解决了人民法院执行难的问题。国家赔偿的执行工作难，一直是让许多人民法院头疼的问题。执行工作阻力大，赔偿义务机关不配合，判决有效却不能执行，不利于维护司法尊严。① 采用统一支付赔偿费用的方式，持有效判决书即可领到赔偿金可以解决这一问题。三是由中介组织承担基金支付和管理职能，可以将财政部门和赔偿义务机关从琐碎的赔偿事务中解脱出来，更好地完成提供公共产品的职能。但中介组织向受害人支付赔偿金后，应立即向财政部门报送相关材料，由财政部门向有关机关和人员行使追偿的权力。在追偿过程中会有三种情况：有赔偿能力的、有部分赔偿能力需要国家补助一部分的、无赔偿能力完全需要国家补助的。财政部门应根据具体情况采取不同的追偿方案，要有相应的配套制度。

---

① 参见沈德咏在全国部分高、中级人民法院赔偿办主任座谈会上的讲话，1999 年 8 月 11 日。

2. 监督中介组织，实现国家赔偿资讯公开。备受关注的孙志刚案、杨志杰案进入到国家赔偿阶段后就再没了下文。到底赔了多少，谁赔的，怎么追偿的，这些信息都不为人知。处理过程和结果不公开，掀起了一道道“内幕”，这与建设法治国家、保护人民知情权是背道而驰的。政府作为重要资讯的源头，任何隐瞒、封锁、遗漏信息的行为都是法治所不能接受和原谅的。所以，国家赔偿的相关信息必须公开，以舆论压力促使国家机关严格执法。这就要求中介组织整理、归纳、统计国家赔偿案件资料，及时将案件情况、判决结果、赔偿费用、支付方式报送财政部门并附相关材料原件及复印件。应将一定时期内国家赔偿基金的使用和管理情况列成总表，建立国家赔偿案件档案，为政府了解国家赔偿案件处理情况、国家机关违法情况提供调查依据。各地的中介组织还应将地区统计结果汇总，定期在网站公布国家赔偿案件的数量、处理结果、赔偿数额及支付情况。必要时可举行听证会，接受各方面的监督。毕竟，国家赔偿金的最终承担者是广大纳税人，纳税人有权知道自己的钱是怎样被使用的，更可培养国家机关及其工作人员的责任感。

第六章　刑事诉讼被害人财产权保障制度

刑事诉讼中的财产权保障必然包括被追诉人的财产权保障和被害人的财产权保障两大方面，缺一不可，这是我国宪法、刑法及刑事诉讼目的的要求。我国台湾地区学者也曾指出："被害人于刑事诉讼追诉中的角色定位，是一个相当复杂的问题，于刑事政策上，如何给予其合理的地位，应综合考量刑法上的报应或预防功能、国家刑罚权与个人赔偿实益之间的关系、刑事诉讼之一般目的、个人与国家刑罚权之比重分配，而为综合的判断。"① 对被害人角色定位不同，对其在刑事诉讼中的财产权保障方式和相应的制度设计也不相同。面对被害人财产权保障这样一个十分复杂的问题，我们应从多个视角全方位深入思考和研究。笔者认为，现代国家虽然一般都以公诉为主、自诉为辅，但国家公诉并不能覆盖被害人在刑事诉讼中独立主张财产权的权利。被害人既然是刑事诉讼当事人，就应当具有独立的诉讼地位，具有完善的程序来保障其财产权。就被害人的财产权保障体系而言，应包括刑事附带民事诉讼制度（包括与刑事诉讼有关的独立的民事诉讼制度，下同）、资产追回机制、国家财产权保障制度以及国家补偿制度。刑事附带民事诉讼制度是

① 刘邦绣：《由犯罪被害人观点检视现行刑事司法制度》，载《刑事法杂志》（台湾）第46期。

保障被害人财产权的最基础的制度，也是被害人主张财产权的基本程序，包括资产追回机制和国家财产权保障机制都适用于该程序。资产追回机制对我国刑事诉讼而言是一种全新的财产权保障机制，对于保障外逃犯罪的被害人财产权具有重大意义；而国家财产权保障机制则会对于国家财产权遭受侵害后如何进行救济发挥重要的功能。

一、刑事被害人财产权保障的正当理由

长期以来，各国刑事诉讼活动重点都放在被追诉人身上，使得被害人往往成为程序中被遗忘的人，包括财产权在内的各项权利得不到应有的保护、满足和救济。但近50年来，随被害人保护运动的发展，理论研究的深入，对于被害人权利的保护，已由消极的犯罪补偿，转向刑事诉讼中积极保护被害人的地位和权利。尤其是进入21世纪以来，各国基本上都在刑事诉讼中强化被害人的当事人地位，对于被害人和被追诉人权利尽量给予平等保护，这是一种世界性的趋势。[①] 笔者以为，这种回归是符合刑事诉讼发展规律的。从本质上来说，刑事诉讼中实质意义上的“两造”只有被追诉人和被害人。国家公诉制度的确立虽然是刑事诉讼科学化的重要特征，但它并不能完全覆盖被害人在诉讼中的地位。追求公平和正义是刑事诉讼永恒的目标，而公平和正义不应偏向于任何一方，原告和被告都不应受到过度的青睐或冷遇，诉讼双方应维持均衡状态。财产权保障制度是刑事诉讼制度的重要内容，其价值就是在其内在体现社会公平和正义的理念。“正义乃是使每个人获得其应得的东

① 参见陈光中：《21世纪域外刑事诉讼立法最新发展》，中国政法大学出版社2004年版，“序言”第5页。

西的永恒不变的意志”,[①] 保障刑事被害人的财产权是公平正义理念的体现，在法律规范领域，宪法不会抛弃被害人，刑事诉讼法和刑法更不可能抛弃被害人。

（一）被害人财产权保障和被追诉人财产权保障同为宪法基本权利

“所谓被害人，指宪法所保障的基本人权，遭受国家、社会、个人的侵害之人或者集团组织。”[②] 同被追诉人一样，被害人的权利保障也是受宪法所保护的基本权利。就刑事诉讼中所涉及的宪法基本权利而言，其功能主要有两方面表现：一是通过基本权利来限制国家权力，对被追诉人财产权保障而言，主要是通过限制、规范国家权力的行使来尽量减少财产权受侵犯，从而达到财产权保障的目的。此时，作为权利保障主体的被追诉人是消极的。因此，有的学者尤其是德国以及我国台湾地区的学者将这种权利保障称为宪法基本权利的“防御功能”。[③] 这是基本权利最主要的功能。因为强大的国家权力侵犯公民权利是极其容易发生的事情，必须靠具有最高法律效力的宪法予以规制，才可能将“防御功能”落到实处。

---

① ［日］椎桥隆平：《美国刑事程序中被害人的作用》，载《刑事法杂志》(台湾) 第1028期。

② 张甘妹：《日本之犯罪被害人保障制度》，见《犯罪被害人保护研讨会实录》，台湾“法务部”1995年5月编印，第128页。

③ 基本权利的“防御功能”的概念多为宪法学者所研究，尤其是德国和我国台湾地区的学界经常论及。参见：李惠宗：《宪法要义》，元照出版公司2002年版，第91页；李建良：《基本权利理论体系之构成及其思考层次》，见《宪法理论与实践（一）》，学林文化实业有限公司1999年版，第62～63页；许宗力：《基本权的功能与司法审查》，见《宪法与法治国行政》，元照出版公司1999年版，第156页。德国联邦宪法法院1958年的“吕特判决”第一次确立了“防御权”的概念。在这一判决中，德国联邦宪法法院宣称：“基本权利主要在于确保个人的自由领域免于遭受公权力的干预；基本权利是人民对抗国家的防御权。”

二是明确国家的保障义务。① 限制国家权力并非宪法基本权利的唯一功能，基本权利的功能还表现为国家义务。即国家有义务运用公权力制止、惩治一切侵害财产权的行为，并有义务对被侵害的财产权利予以救济。表现在被害人的财产权保障方面，除了国家依职权主动行使（比如有关机关的追缴或责令退赔）之外，还可以表现为被害人通过积极的附带民事诉讼行为或独立民事诉讼行为，依赖国家司法权的行使而得以实现。此时，作为权利保障主体的被害人是积极主动的。

从司法实践看，被害人权利被侵犯的形态复杂多样。但对于被害人权利的保障，相对于被追诉人的权利保障而言，在宪法学领域的研究还相当缺乏。虽然我国宪法也明确规定公民合法的私有财产不受侵犯，公民享有一系列人权，但对于被害人权利的实质保障内容却没有明确规范。刑事诉讼法规定得更多的是犯罪嫌疑人、被告人、罪犯的权利。基于国家刑罚权的独占性和宪法对被害人制度性保障的不足，作为弱势一方的被害人只能消极接受刑事诉讼的结果，而缺乏其他有效措施满足自身需求。在当代人权理论高涨和充分保障社会弱势群体精神的指引下，应大力加强包括被害人财产权在内的各项权利保障。

（二）刑事诉讼目的的要求

任何一种制度规范，本身都具有一个最高的指导原则，即所谓的目的，以支配整个规范制度的运作。刑事诉讼也有其目的，以指导国家刑事司法权力的运作，所有的刑事诉讼行为，都必须遵循此目的，否则会导致国家刑罚权的滥用，又回到专制时代的状态。因此，刑事诉讼的目的，将是探讨各项刑事诉讼制度的根本所在。刑

① 比如我国《宪法》第12条规定，“国家保护社会主义的公共财产。”第13条规定，“国家依照法律规定保护公民的私有财产权和继承权。”第33条规定，“国家尊重和保障人权。”这些条款，在规定公民权利的同时，也同时明确了国家的义务。

事诉讼目的的确立，关系到刑事诉讼模式的建立，进而影响后续的刑事诉讼的进行。“近来刑事诉讼的目的，强调被追诉人的权利的保障，以及基于法治国家诉讼关照的义务，在程序中不断提升被追诉人程序上的地位及权利。”[①] 然而，过度保护被追诉人程序权利的结果，是被害人的相同权利被漠视。当代刑事诉讼关于保障人权的目的，应同时包括保障被追诉人和被害人的人权两个方面。所以，刑事诉讼程序运作的作用，除了保障被追诉人避免因国家发动刑罚权而造成不当侵害外，另一方面还希望通过刑事诉讼程序的运作，使被害人和潜在被害人学习如何避免成为制造犯罪行为的一种因素。[②] 因此，应提升被害人在刑事诉讼上的权利，使得他们能够通过刑事诉讼程序，满足其“报应情感”和财产权等实质权利的保障需求。

（三）刑法目的的要求

传统以公诉罪为主线的刑法理论认为刑法目的以惩罚目的为优先。所谓罪刑法定、罪责刑相适应均以公诉罪为理论探讨的逻辑前提，在国家追诉主义的视角中，似乎假定了这样一个前提，行为人实施了犯罪行为就必然追究其刑事责任，而且，刑事责任是刑法强制犯罪人向国家担负的一种法律责任，而不是向被害人承担的一种责任。随着第二次世界大战结束后西方民权运动的兴起，刑事司法程序中被害人境遇受到关注和重视，以被追诉人为本位和核心的传统司法遭到人们的批评，犯罪被害人学理论将犯罪看作罪犯与被害人之间的一种互动过程，提出了“被害人在犯罪和预防犯罪的过程中，不只是一个被动的客体，而是一个积极的主体，不能只强调

---

① 赖帅君：《论刑事简易程序之协商机制》，中正大学法律研究所论文集，第2～12页。

② 参见［德］托玛斯·卫根德：《德国刑事诉讼程序的审前程序与证据调查》，载《法学业刊》第45卷第1期。

罪犯的人权，而且要充分地肯定和坚决保护被害人的人权。”①进入21世纪后，保护被害人权利的这种趋势更加明显。对被害人的保护主要在于事后救济，而这种救济也主要体现在保护和救济其财产权方面。从我国刑法规定看，其第36条规定的民事赔偿优先原则、②第37条的非刑罚处分原则③以及第98条关于告诉才处理的规定都可体现出除打击犯罪外，保护被害人财产权同样是我国刑法主要目的的理念。可见，刑法的目的不仅在于国家发动刑罚权以惩罚犯罪，对于权益受侵害的人，国家也应加以恢复（restorative justice）和保护。因此，对被害人财产权保护必须包含在刑法的目的范围内，刑法目的方才完善。

---

① ［英］J. W. S. 塞西尔·特纳·肯尼：《刑法原理》，王国庆等译，华夏出版社1989年版。

② 我国《刑法》第36条规定：由于犯罪行为而使被害人遭受经济损失的，对犯罪分子除依法给予刑事处罚外，并应根据情况判决赔偿经济损失。承担民事赔偿责任的犯罪分子，同时被判处罚金，其财产不足以全部支付的，或者被判处没收财产的，应当先承担对被害人的民事赔偿责任。这表明在国库收入和保护被害人财产权方面，优先考虑的是被害人财产权。

③ 我国最高人民法院的以下几个司法解释更能充分体现保护被害人财产权也是刑法目的的理念。《最高人民法院关于审理盗窃案件具体应用法律若干问题的解释》第6条第2项规定：盗窃公私财物虽已达到数额较大的起点，但情节轻微全部退赃、退赔的可不作犯罪处理。《最高人民法院关于审理挪用公款案件具体应用法律若干问题的解释》第2条第1项规定：挪用正在生息或者需要支付利息的公款归个人使用数额较大，超过3个月但在案发前全部归还本金的，可以从轻处罚或者免除处罚；挪用公款数额巨大，超过3个月，案发前全部归还的，可以酌情从轻处罚。第2项规定：挪用公款数额较大，归个人进行营利活动的，构成挪用公款罪，不受挪用时间和是否归还的限制。在案发前部分或者全部归还本息的，可以从轻处罚；情节轻微的，可以免除处罚。《最高人民法院关于审理交通肇事刑事案件具体应用法律若干问题的解释》第2条规定：造成公共财产或者他人财产直接损失，负事故全部或者主要责任，无能力赔偿数额在30万元以上的处3年以下有期徒刑或拘役；第4条规定：无能力赔偿数额在60万元以上的属于“有其他特别恶劣情节”，处3年以上7年以下有期徒刑。

(四) 保障被害人财产权的实践及立法

被害人运动，在欧美国家主要是从20世纪60年代开始，倡导如何避免被害人第一次被害、第二次被害、第三次被害。进入70年代，被害人运动开始与女权运动、权利平等相结合，逐步走出单纯的学术研究范畴，成为一系列的社会运动。后来，被害人运动更扩张到了对被害人救济、治疗、补偿等立法领域，成为社会关注的焦点。

1. 被害人补偿制度。1957年，英国的Magery Fery女士在《观察家报》发表了《为了被害人的正义》一文，认为如果犯罪人在无力赔偿的情况下，被害人便无法得到赔偿，主张建立国家补偿制度。此观点在本国及国外获得了巨大的反响。1964年新西兰通过了犯罪被害人补偿法，随后的英国、澳大利亚、加拿大、美国的一些州，甚至1981年的日本，都通过立法，实行该制度。我国台湾地区在1998年也通过了“犯罪被害人保护法”。①

2. 被害人援助制度。被害人运动，昭示了保障被害人财产权利的重要性，但如何来实现这些权利，却是不断探索的过程。在20世纪60年代后福利国家观念的支配下，国家完全可以替犯罪人支付被害人因犯罪行为所受的损失。但随福利国家思潮的改变，国家不再愿意无止境地支付这种损失。另一方面，民间的被害人保护团体开始主张，除了给予被害人经济赔偿外，还应该进一步对被害人进行具体的、有形或无形的援助与支持。这逐渐发展成犯罪被害人的支持与援助制度。

3. 刑事附带民事诉讼制度。我国缺乏权利运动的历史传统，上述经被害人权利运动争取来的权利在我国法律制度中并不存在。因此，刑事附带民事诉讼制度几乎成了保障我国被害人财产权的唯一途径。在有关被害人权利保障的资料论著中，不管是从刑事政策

① 该问题在许永强所著《刑事法治视野中的被害人》中有较详细的资料介绍。

的角度还是刑事诉讼的角度，一般都只提到了被害人补偿制度和被害人援助制度的内容，[1] 而未涉及刑事附带民事诉讼的内容，笔者认为这是有原因的。从两大法系主要国家的情况看，被害人权利运动主要是在20世纪六七十年代的美国开展起来的，该运动主要倡导国家对被害人的补偿制度和援助制度，不以赔偿问题和财产权问题为重点，反映在立法上，英、美、日等国刑事被害人的赔偿问题是通过独立的民事诉讼解决，不存在刑事附带民事诉讼，而德国也基本如此，附带民事诉讼“这一程序实际上已被虚置”[2]。相对而言，附带民事诉讼制度仅在法国和我国台湾地区比较完善。法国《刑事诉讼法典》第2条明确规定，“对重罪、轻罪或违警罪造成的损害请求赔偿的民事诉讼，由本人遭受犯罪直接造成的损害的人提起。”[3] 在法典随后关于“民事当事人及其效果”的大量条文中规定了被害人如何进行诉讼来保障其财产权。我国台湾地区“刑事诉讼法”也规定了“因犯罪而受损害之人，于刑事诉讼程序得附带提起民事诉讼，对于被告及依民法负赔偿责任之人，请求回复其损害”[4]，即只要是犯罪被害人，均可通过民事诉讼的方式保障财产权。基于我国被害人财产权保障的现实（我国并不存在被害

---

① 参见许永强：《刑事法治视野中的被害人》，中国检察出版社2003年版；杨正万：《刑事被害人问题研究——从诉讼角度的观察》，中国人民公安大学出版社2002年版。这些著作中，在研究被害人问题时，基本未提及被害人刑事附带民事诉讼权利的问题。

② ［德］克劳思·罗科信：《德国刑事诉讼法》，吴丽琪译，法律出版社2003年版。其第63章第590页论述道：附带民事诉讼乃源自实体关联性之思想……然而该诉讼程序至今亦未受到重视。由于在委任律师时会遇到一些对律师不利的规定（非强制代理诉讼，只能收取其他一般律师费用的一半，见德国《联邦之律师收费办法》），故此种委任并不受欢迎，并且常在困难的案件中，由于请求赔偿之声请不适当，而为法官依《刑事诉讼法》第405条第2段拒绝之。

③ 余叔通、谢朝华译：《法国刑事诉讼法典》，中国政法大学出版社1998年版。

④ 林钰雄：《刑事诉讼法》（下册），中国人民大学出版社2005年版，第373页。

人国家补偿和国家援助制度），如果不通过刑事附带民事诉讼来保障被害人的财产权，则无其他途径可循。所以，我们必须在刑事附带民事诉讼制度中强调被害人财产权保障问题。

二、刑事附带民事诉讼制度

犯罪的客体往往是多方面的，即所谓的复杂客体。被害人财产权被犯罪行为侵犯，国家在动用公权力对犯罪行为人的人身、财产予以制裁以维护社会公共秩序时，受犯罪所侵害的财产权利也需要得到及时的补救。被害人的财产权保障和被追诉人的财产权保障同等重要，都是宪法精神的要求，也是刑事诉讼目的的要求。通过对我国现行的刑事附带民事诉讼制度进行考察、研究后会发现，该制度与其他刑事诉讼制度中过于注重惩罚被追诉人、控制社会秩序而忽视对被追诉人、被害人个人权利保障的价值取向一致，过于侧重对犯罪的打击而忽视对被害人的财产权的保护。实践中可经常看见这样的矛盾情形：对于一个财产侵权纠纷运用单纯的民事诉讼方式，尚能使受到侵害的财产权得以有效恢复，而通过刑事附带民事诉讼解决一个较为严重的犯罪行为导致的财产侵权责任时，却未必能够达到财产权救济的目的。这有客观条件的限制，比如犯罪人的赔偿能力问题，但主要还是制度上甚至观念上的原因。因此，从保障刑事被害人财产权利的立场出发，我们必须重新审视、反思、重构刑事附带民事诉讼制度。

（一）刑事附带民事诉讼制度的功能

1. 保障被害人的财产权，使被害人受损害的财产权利得到全面救济。这是刑事附带民事诉讼制度的主要功能。[①] 被害人是遭受犯罪行为直接侵害的人，其对诉讼制度的满意程度关系到社会秩序的恢复。被害人对诉讼制度是否满意主要包括两个方面，首先是自己因犯罪所遭受的损失尤其是财产权方面的损失是否得到了赔偿；其次才是被告人是否得到了应有的惩罚。从笔者在本书第四章的论述看，近年来，不管是公安机关立案侦查的犯罪，还是检察机关立案侦查的犯罪，以财产权为侵害对象的犯罪一直呈迅速上升趋势，占所有刑事案件的85%以上。因此，在大量的以财产权为唯一犯罪对象的案件中，犯罪行为及后果发生之后，作为被害人的个人、单位甚至国家，首先考虑的往往并不是犯罪人应受到何种惩罚，而是如何按照有效的诉讼制度，挽回损失，保障自己的财产权。而在现代民主法治社会中对犯罪以国家公诉为主，被害人显然无法通过私力救济来达此目的。因此，作为以财产权保障为使命的国家的刑事附带民事诉讼制度，也必须关注同样的问题，这是国家的义务；而且刑事诉讼中被害人财产权要通过司法权得到保障，除了依赖这一制度实现之外，基本上别无他途。可见，刑事附带民事诉讼制度是否科学、完善，对被害人财产权保障具有重大意义。

2. 对犯罪人的全面惩罚功能。刑事附带民事诉讼制度具有的对犯罪人的惩罚功能，必须同时体现在两个层面上。一是通过刑事附带民事诉讼的进行，使得犯罪人因其犯罪行为所造成的损害，通过承担民事责任得以及时解决。这种体现报应和恢复原状目的的制度，有利于促使犯罪人对其行为的后果有全面的认识，从而实现刑罚的预防功能。二是基于过失原则的多轨制侵权责任承担原则。刑

① ［德］克劳思·罗科信：《德国刑事诉讼法》，吴丽琪译，法律出版社2003年版，第590页。作者在第63章A. I对附带民事诉讼的“目的及意义”中论述道：即当因一犯罪行为而致生财产法上之请求权时，显而易见地为了避免双重工作负担，也为了避免产生矛盾之裁判，因而在刑事诉讼程序中即已许可被害人提起补偿请求权，如此即可同时兼顾使被害人获得迅速补偿。

事附带民事诉讼被告人的范围是宽泛的，除了实施犯罪行为的人以外，尚有“法律上之主体，因他人之行为而负责者，包括国家就公务员之行为负责，法人就法人负责人之行为负责，法定代理人就未成年人子女之行为负责、雇佣人就受雇人之行为负责”①。刑事附带民事诉讼制度中所确立的被告人范围，不仅体现了损害赔偿的目的，也体现了刑事诉讼程序的全面惩罚目的。②

3．实现诉讼过程的经济合理性。刑事诉讼过程的经济合理性要求，在司法资源有限的前提下，合理地设计刑事诉讼程序和科学地配置这些司法资源，来实现刑事诉讼的目的。刑事附带民事诉讼制度的合理性体现在：基于犯罪行为和侵权行为具有事实上的同一性，使得在同一个刑事诉讼程序中，司法机关既解决被告人刑事责任的认定问题，又使解决因犯罪行为而引起的民事责任的承担成为可能。这种程序设计有利于避免因审理法院的不同而产生不同的裁判结果，有利于维护法律的严肃性，树立法院威信；同时也避免了法院的重复审理，节约了司法资源中的人力、物力、财力，还方便了民事当事人的诉讼活动，节约了当事人的开支，体现了便民的原则。

（二）刑事附带民事诉讼制度的立法考察

用不同的法律规范调整犯罪行为人、国家及被害人之间的利益关系，让其对同一行为分别承担不同性质的责任，已经得到世界各国的普遍认同，多数国家已付诸实施。但在以公诉救济为主的刑事

---

① 曾世雄：《损害赔偿原理》，中国政法大学出版社2001年版。

② 比如《最高人民法院关于执行〈中华人民共和国刑事诉讼法〉若干问题的解释》第86条规定了承担赔偿责任的人的范围。附带民事诉讼中依法负有赔偿责任的人包括：（1）刑事被告人（公民、法人和其他组织）及没有被追究刑事责任的其他共同致害人；（2）未成年刑事被告人的监护人；（3）已被执行死刑的罪犯的遗产继承人；（4）共同犯罪案件中，案件审结前已死亡的被告人的遗产继承人；（5）其他对刑事被告人的犯罪行为依法应当承担民事赔偿责任的单位和个人。

诉讼和以私诉救济为主的民事诉讼的协调上，各国在处理方式上并不一致。主要有以下两种模式：

1. 平行式。这种模式特别强调民事诉讼的独立地位，将民事诉讼与刑事诉讼完全分离，民事赔偿问题原则上由民事诉讼程序予以解决，民事诉讼与刑事诉讼不存在任何依附关系，而是一种纯平行关系。英美法系国家，就不允许在刑事诉讼中附带民事诉讼。在英国，较早地实行了解决被害人赔偿问题的赔偿令制度。赔偿令不单单是一种解决民事赔偿的方式，而是一种刑罚。根据这一制度，法庭可以根据自己的职权或根据被害人的请求，在判决时以赔偿令的形式责令犯罪人赔偿被害人的损失。根据1982年英国刑事审判法的规定，如果法庭决定同时适用罚金和赔偿令，但罪犯显然无法支付两者，那么，法庭只执行赔偿令。在美国，不实行附带民事诉讼制度，以往被害人损害赔偿问题，都是在刑事诉讼之外，由被害人或其家属向犯罪人或有关方面提起民事诉讼另行解决。1982年美国被害人和证人保护法规定，法院可以对罪犯判处作为独立刑罚的赔偿，或在法定刑以外加处赔偿。如果法院决定不选择这种惩罚方法，则必须提出一份书面声明以说明其动机。此外，在美国盛行的“辩诉交易”这一结案方式中，辩诉双方在谈判被告人的罪行性质和量刑问题时，被害人的民事赔偿问题也往往一并加以解决。这种将刑事诉讼与民事诉讼绝对分离的做法，无疑是以强调两者各自的特殊性为出发点的。比如美国证据法对刑事诉讼和民事诉讼的证明标准要求就有很大不同，前者要求达到无任何合理怀疑的程度，后者仅要求达到优势证据的证明程度。[①] 被称为“世纪审判”的辛普森案就说明了这一点：辛普森虽然在刑事诉讼中被认定无罪，但是在财产诉讼中却败诉，承担赔偿责任。这种结果是美国证

① 参见《美国联邦刑事诉讼规则和证据规则》，卞建林译，中国政法大学出版社1998年版，第21、22页。

据法对刑事责任和民事责任所确立的不同的证明标准所导致的。第二次世界大战后的日本，也彻底抛弃公诉附带私诉制度，仅限定在裁判中可以宣告发还赃物，在侦查中对于没有必要扣押的赃物可以发还被害人，但都以发还被害人理由明显为限。而且，在这些情况下，也不妨碍利害关系人依照独立的民事诉讼程序主张其权利。至于刑事损害赔偿的诉讼，刑事诉讼法不再规定，而是依美国方式，按民事诉讼程序解决。①

2. 附带式。这类模式又有法国式和德国式之分。笔者认为，法国刑事诉讼中的民事当事人制度是比较科学完善的。法国式立法在鼓励被害人通过刑事诉讼程序提出民事赔偿救济的同时，兼顾了民事诉讼的独立性，其主要特点有：（1）附带民事诉讼保持民事救济的独立性。附带民事诉讼请求的主体范围与客体范围十分广泛。“任何遭受重罪、轻罪或违警罪直接损害者，有权提起损害赔偿的民事诉讼。”“（公诉管辖法院对）一切就追诉对象的犯罪事实所造成的损失而提起的诉讼，包括物质的、身体的和精神上的损失，均应受理。”② 附带民事诉讼不仅可以针对罪犯与共犯提起，而且可以针对罪犯与共犯的继承人、其他应负民事责任的第三人（犯罪行为的保险人、雇主、行政部门）等提起。我国最高人民法院的司法解释也认为上列这些人应负赔偿责任，但并没有明确这些人能否作为刑事附带民事诉讼的被告人。（2）受害当事人有选择权。被害人可以选择刑事附带民事诉讼的方式进行，即民事诉讼与公诉同时向刑事法院（庭）提起，也可以单独以民事诉讼进行，即民事诉讼与公诉分开，单独向民事法院（庭）提起。但当事人

---

① 参见刘金友：《附带民事诉讼的理论与实践》，中国展望出版社 1990 年版，第 12 页。

② 《法国刑事诉讼法典》，余叔通、谢朝华译，中国政法大学出版社 1998 年版，第 3 页。

一旦在民事法院与刑事法院之间作出选择，这一选择便是一种最终确定的不可撤销的选择。（3）因刑事犯罪严重程度不同，适用不同的审判程序。重罪案件及其附带民事诉讼，是由不同的审判人员按照不同的程序进行审理，然后分别作出刑事和民事判决的；违警罪案件和轻罪案件及其附带民事诉讼，则是由同一法庭按照刑事诉讼程序合并审理，用同一判决宣判的。（4）被害人可以就物质损失，依法申请全部或部分的国家补偿金。（5）进行附带民事诉讼，应当交纳诉讼费。该费用由原告预交，由败诉方承担。

德国早期的刑事诉讼法没有规定刑事附带民事诉讼程序，1943年和1950年刑事诉讼法修改时增加了这一程序，但又有许多限制，如提起民事赔偿请求的范围仅限于财产损失、赔偿最高限额不得超过5000马克、刑事法官享有对民事部分裁判与否的酌定权等，从而使这一程序实际上已被虚置。[①] 因此，其现实的操作方式与美国比较接近，即对因犯罪行为而遭受的损失，被害人很少在刑事诉讼中提起请求补偿之诉，而是在刑事诉讼结束之后提起独立的民事诉讼予以解决。

可见，两大法系国家在程序设计上，都从不同角度以不同方式强调附带民事诉讼的独立性。附带民事诉讼并非刑事诉讼程序的必要组成部分，刑事诉讼可以附带、也可以不附带民事诉讼，是否附带，当事人享有选择权。在确立刑事附带民事诉讼的国家，规定当事人请求赔偿的范围与民事实体法一致，鼓励其提起独立的民事诉讼救济方式，保障其在两种不同的程序中获得同样的利益。设立刑

---

① 参见［德］克劳思·罗科信：《德国刑事诉讼法》，吴丽琪译，法律出版社2003年版。其第63章第590页论述道：附带民事诉讼乃源自实体关联性之思想……然而该诉讼程序至今亦未受到重视。由于在委任律师时会遇到一些对律师不利的规定（非强制代理诉讼，只能收取其他一般律师费用的一半，见德国《联邦之律师收费办法》），故此种委任并不受欢迎，并且常在困难的案件中，由于请求赔偿之声请不适当，而为法官依刑事诉讼法第405条第2段拒绝之。

事附带民事诉讼制度，从程序上看，不仅能节约时间和费用，而且能使民事原告人从刑事公诉人为证实被告人有罪而采取的必要行动中得到便利；从被害人财产权保障来看，选择独立提起或者附带提起民事诉讼，是被害人在刑事诉讼中救济自己财产权最为重要的程序权利。

与两大法系主要国家相比，我国在解决刑事犯罪所导致的赔偿和对被害人财产权的保障问题上，采用的是刑事附带民事诉讼模式，但与上述国家的附带模式又有很大不同，主要表现在：其一，被附带的民事诉讼缺乏相应的独立性，在相当大的程度上被刑事诉讼所包含或吸收，如在立案、审理、期限、上诉等程序上，均要遵循刑事诉讼的规定或受其制约。而我国刑事诉讼法律又是以打击犯罪为侧重点的，体现在附带民事诉讼这种本应以保障个人财产权为目的的程序制度中，打击犯罪的职能几乎覆盖了保障被害人的财产权的职能。其二，当事人不具有相应的程序选择权。只要案件进入了公诉程序，不管这种诉讼需要被害人等待多久以及会带来什么样的诉讼结果，被害人只能提起附带民事诉讼，基本上无权选择其他的救济方法，比如单独提起民事诉讼。但应当肯定的是，近年来，随着当事人财产权保护意识的加强，司法实践中已有了一些突破，但还远远不够。① 其三，被害人请求刑事赔偿的范围与民事实体法

① 比如《最高人民法院关于执行〈中华人民共和国刑事诉讼法〉若十问题的解释》第89条规定：附带民事诉讼应当在刑事案件立案以后第一审判决宣告以前提起。有权提起附带民事诉讼的人在第一审判决宣告以前没有提起的，不得再提起附带民事诉讼。但可以在刑事判决生效后另行提起财产诉讼。又如2000年12月4日通过的《最高人民法院关于刑事附带民事诉讼范围问题的规定》第5条规定：犯罪分子非法占有、处置被害人财产而使其遭受物质损失的，人民法院应当依法予以追缴或者责令退赔。被追缴、退赔的情况，人民法院可以作为量刑情节予以考虑。经过追缴或者退赔仍不能弥补损失，被害人向人民法院民事审判庭另行提起民事诉讼的，人民法院可以受理。这两个规定在一定程度上体现了财产赔偿请求虽然不必然附带于刑事诉讼中获得解决，但刑事诉讼中，需要单独提起财产诉讼的情形远不止于此。

的规定不统一，使得通过独立的民事诉讼或附带民事诉讼两种程序得到的救济效果不同一。即在现行的法律规定内，被害人通过刑事附带民事诉讼的方式保障其财产权，远不如直接通过独立民事诉讼的方式彻底和有效。其原因有二：一是立法上，无论是刑事诉讼法还是民事诉讼法均缺乏相应的单独提起民事诉讼的规定，也没有明确民事赔偿之诉的请求范围；二是观念上，长期以来奉行国家本位主义，强调公益优先，认为刑事审判庭审理的附带民事诉讼是刑事诉讼的附属程序，附带民事诉讼的特点是“刑主民辅”，这种观念下的制度设定，并不利于保障被害人的财产权，而且还可能限制被害人全面主张自己的财产权。其四，从实务角度看，被害人获得赔偿的权利往往被司法机关对被告人判处的财产刑所覆盖，即赔偿被惩罚所替代。对被害人的赔偿，虽然我国刑事诉讼法有明确规定，但被害人的损失往往因被告人经济困难或被告人主观上不积极等原因，得不到实际补偿。加之有些审判机关受利益驱动，大量使用罚金刑，当被告人的赔偿能力不足，不能同时支付被害人应当得到的赔偿数额及罚金刑数额时，审判人员就会“重罚轻赔”，或者在判决时减少给被害人的赔偿数额，或者先将罚金收缴入库剩余部分给付被害人，或者干脆不予给付，限制被害人有效追偿其损失。

（三）财产权保障与我国刑事附带民事诉讼制度的改革完善

如果说民主科学的对物的强制措施制度和国家赔偿制度是保障被追诉人财产权的最重要的程序法律制度，那么，附带民事诉讼制度则是保障被害人财产权最重要的程序法律制度。被害人在刑事诉讼中遭受犯罪行为侵害，可能是财产权直接遭受侵害，或者是人身权遭受侵害之后直接导致财产权损失。现代诉讼制度下，被害人财产权遭受侵害之后，不可能通过私力救济的方式获得赔偿；在国家垄断起诉的法律制度下，也不可能完全依赖国家通过惩治犯罪行为人来达到财产权保障的目的。尤其是在以追诉惩罚犯罪为刑事诉讼主要目的的法律制度下，被害人的这种期待更是难以实现。立法规定刑事附带民事诉讼制度，根本原因在于因同一个犯罪行为导致了刑事诉讼法律关系和民事诉讼法律关系这两种诉讼法律关系的产生。行为人所实施的危害社会的行为，在刑法上构成犯罪，应当追究刑事责任；在民事法律上又属于侵权或者违约行为，造成被害人财产权损害，还应承担民事赔偿责任。在诉讼中把两次诉讼活动简化为一次进行，既有利于人民法院的审判，也便于保障被害人财产权，减少讼累，避免重复劳动。因此，附带民事诉讼制度是有存在必要的。从本质上看，附带民事诉讼本质上是一种民事诉讼，在表现形式上是一种特殊的民事诉讼，我们有必要通过完善该制度，充分发挥其保障被害人财产权的功能。

1．扩大刑事附带民事诉讼的受案范围。

在现行立法和实务中，人民法院受理的刑事附带民事诉讼多为故意杀人、故意伤害、交通肇事等涉及人身权利受到犯罪侵犯而遭受财产损失的案件。虽然这些案件必然是刑事附带民事诉讼的受案范围，但刑事案件中被害人财产权受到侵害需要保护的情形还远远不止这些。尤其是在以侵犯财产权为主要犯罪目的的案件中，行为人非法占有、处置被害人财产而使被害人遭受损失的，被害人提起附带民事诉讼时，因为立法和司法解释的局限性，人民法院一般都不予受理。立法中关于附带民事诉讼程序的规定过于原则、粗陋自不必说，一些司法解释大大缩小了人民法院受理附带民事诉讼的案件范围，多数案件中被害人的财产权缺乏司法保障的途径。比如《最高人民法院关于刑事附带民事诉讼范围问题的规定》（以下简称《规定》)，就对刑事附带民事诉讼范围作了十分局限的规定。①《规定》第 1 条第 1 款规定：“因人身权利受到犯罪侵犯而遭受物质损失或者财物被犯罪分子毁坏而遭受物质损失的，可以提起附带民事诉讼。”第 5 条第 1 款规定：“犯罪分子非法占有、处置被害

① 详见《最高人民法院关于刑事附带民事诉讼范围问题的规定》。

人财产而使其遭受物质损失的，人民法院应当依法予以追缴或者责令退赔。被追缴、退赔的情况，人民法院可以作为量刑情节予以考虑。”同条第2款规定：“经过追缴或者退赔仍不能弥补损失，被害人向人民法院民事审判庭另行提起民事诉讼的，人民法院可以受理。”根据该《规定》，事实上已把“因犯罪分子非法占有、处置被害人财产而使其遭受物质损失”的情况排除在刑事附带民事诉讼范围的受案范围之外。

财产权的范围是十分宽泛的，犯罪行为对被害人的财产权侵犯远不止“人身权利受到侵犯而遭受的损失和财产被毁坏遭受的损失”。为全面保护被害人的财产权，不能把刑事附带民事诉讼的范围仅限于人身权利受到侵犯而遭受的损失和财产被毁坏遭受的损失。对于因犯罪行为造成财产损失的其他情形，也应纳入赔偿请求的范围。从附带民事诉讼立法比较发达的法国刑事诉讼法来看，民事诉讼的标的可以是受害人遭受的物质上、身体上或精神上的损害，也可以包括因犯罪而被隐匿、转移、窃取或扣押的财产损害，还可以包括由刑事诉讼所引起的费用支出，其范围是十分宽泛的，只要是因犯罪行为所导致的财产权损害都可以作为附带民事诉讼提出。[①] 从理论上讲，只要犯罪行为侵害了被害人的财产权，不论造成的是违约损失还是侵权损失，不论是因人身权利遭到侵犯而受到的财产损失，还是因财产权利遭到侵犯而受到的财产损失，都应该列入赔偿请求范围内，被害人可以依法提起刑事附带民事诉讼。

2. 刑事附带民事诉讼应适用的实体法是民事法而不是刑事法。

关于刑事附带民事诉讼实体法的适用问题，我国诉讼法理论界主要有两种意见：一种意见认为，确定民事赔偿应适用《刑法》第36条，即“由于犯罪行为而使被害人遭受经济损失的，对犯罪

---

① 参见［法］卡斯东·斯特法尼：《法国刑事诉讼法精义》（上册），罗结珍译，中国政法大学出版社1998年版。

分子除依法给予刑事处罚外，并应根据情况判处赔偿经济损失”，具体数额由审判人员依照具体情况确定。另一种意见认为，应适用民法通则的有关规定来解决刑事附带民事赔偿问题。笔者认为，审理刑事附带民事诉讼案件，在解决财产权损害赔偿问题时，主要应适用民事法。无论中外，财产权是民事法保障的主要内容，民事法已经确立了一系列完善的制度和原则来认定、救济遭受侵害的财产权。刑事附带民事诉讼要解决民事赔偿问题，是一种特殊的民事诉讼。民事赔偿当然应该用民事法的制度来解决。用刑事法规范来解决民事赔偿问题，一则是刑事法规范对民事赔偿方面的规定本就十分原则，几乎无可操作性；二是刑事法规范主要解决行为人的刑事责任问题，其重心并不在财产权保障问题上，这样做显然不利于保障被害人的财产权。

3. 刑事附带民事诉讼应同时适用民事诉讼法和刑事诉讼法。

刑事附带民事诉讼是利用刑事诉讼程序一并解决与定罪量刑直接有关的财产权损害问题，它和普通民事诉讼的一个重要区别在于，它不是依照民事诉讼法的规定而是根据刑事诉讼法的规定提起和进行的。就广义而言，刑事附带民事诉讼也是刑事诉讼的一个部分。因此，刑事附带民事诉讼的诉讼程序问题应当服从刑事诉讼法的规定。但是，也应当看到，刑事诉讼程序是专为追究被告人的刑事责任而设定的，用它来解决赔偿损失这种民事权利纠纷必然有很多不相适应的地方，为此，法律就有必要对该民事问题的处理设立一些特殊程序予以补救。这种专为解决民事问题而设立的特殊规定，是刑事附带民事诉讼程序适用刑事诉讼法的必要补充和保障。

我国现行刑事诉讼法及相关的司法解释对于刑事附带民事诉讼具体程序的规定过于简单，且没有明确有哪些程序可以适用民事诉讼法的规定，导致司法实践中出现混乱局面。笔者认为，在目前刑事诉讼法及相关的司法解释对刑事附带民事诉讼审理程序方面的规定尚不完备的情况下，在司法实践中，为了保持司法的统一，首先应贯彻“刑事优先”的原则，刑事诉讼法及相关司法解释有特殊规定的，应当适用刑事诉讼法及相关司法解释，如管辖、审判组织、期间、诉讼费用、审理期限等；刑事诉讼法及相关司法解释没有规定的，应当适用民事诉讼法及相关的司法解释，比如诉讼原则、强制措施、诉讼证据、先行给付、诉讼保全、调解、和解、撤诉、反诉等。

4. 完善被害人在附带民事诉讼中的程序性权利。

首先，在起诉方式上，应赋予被害人自由选择权。被害人可以通过附带民事诉讼解决财产权保障问题，也可以通过提起独立民事诉讼解决财产权保障问题。目前实行的刑事附带民事诉讼的方式，可以避免刑事诉讼的拖延，有利于人民法院结案，对于被告人也相对有利。但这一规定在价值取向上表明，在及时追究被告人刑事责任的公权与主张财产权的私权出现冲突的情况下，立法者优先选择了公权，这是一种国家本位的表现，也印证了我国的刑事附带民事诉讼制度设置的主要目的是为了国家权力行使的方便快捷，为了控制犯罪服务。这种价值取向牺牲了公民有效的财产权主张。这样的后果是，被害人在侦查终结或起诉机关提起公诉遥遥无期的情况下，其财产权主张便永远无法进入法庭审理程序。诚如我国台湾地区学者林荣耀所说：“附带民事诉讼的本质，仍属民事诉讼，并非刑事诉讼，不过利用刑事诉讼之程序而已。故因犯罪而受损害之人，如不想利用刑事诉讼程序，即得另行提起民事诉讼；而刑事法院认为附带民事诉讼程序确系繁杂，非经长久时日不能终结其审判者，亦得以合议裁定，移送于该法院之民事庭。”[①] 可见，合理的起诉制度应当是，刑事案件被害人可以在附带民事诉讼与单独提起民事诉讼二者之间进行选择，既可以选择提起刑事附带民事诉讼，也可以选择单独提起民事诉讼。

① 陈朴生：《刑事诉讼法论文选辑》，五南图书出版公司1984年版，第398页。

其次，真正确保被害人的知情权。被害人作为诉讼当事人，理应有权了解和知悉办理案件的全过程，这样才能使被害人在心理上得到满足，才能使被害人能及时、有效地参与到诉讼程序中去，积极主张自己的财产权。例如，英国政府的白皮书《所有人的公正》（Justice for All）提出要确保在2005年被害人能够在网上知道他们的案件的处理过程的信息。在刑事诉讼的进行过程中，侦查、起诉和审判机关都有义务告诉被害人有权提起附带民事诉讼，挽回财产损失，并在此过程中对当事人进行必要的指导，使其清楚自己所享有的诉讼权利，明确诉讼知识、程序，了解法庭审理的运作规则，也使当事人在心理上、行为上对以后的法庭审理活动有所适应。只有当事人自身正确行使了法定的权利，其合法权益才能够得到充分的保障。因为在很多情况下，被害人并不知道被告人是谁、是否归案、刑事案件何时提起公诉，有的甚至不知道可以提起附带民事诉讼。如果将告知被害人有权提起附带民事诉讼作为侦查、起诉机关尤其是人民法院立案侦查、起诉和审理案件的一项法定工作程序，就可以最大限度地保障被害人提起附带民事诉讼的起诉权得以实现，进而达到其通过司法权保障财产权的目的。

再次，人民法院要采取必要的财产保全措施。财产保全是人民法院依法对诉讼中出现的特殊紧急情况采取的、限制被告人处分一定财物的措施。该措施的价值在于能防止被告人恶意转移、藏匿、毁损或挥霍其占有的争议财产或有关财产，保护被害人的合法权益，确保被害人财产权能得以顺利实现。在多数情况下，附带民事诉讼中的被告人不同于一般意义上的民事当事人，而是犯罪行为人本人。犯罪行为人比民事诉讼法意义上的被告人的主观恶性和社会危害性都要大。虽然诉讼中其人身一般处于被羁押状态，但其家属或同案人转移财产的可能性很大，会导致将来的判决落空，被害人财产权得不到实质性救济。而且，在侦查、起诉阶段，有关机关虽然对有关涉案物采取了扣押、冻结等一些强制处分，但对物的强制处分主要还是从收集、调查证据，证明被追诉人的刑事责任的角度考虑的，被采取强制处分的物和犯罪行为人所应承担的损害赔偿并不雷同。多数情况下，已被扣押、冻结的物并不能弥补被害人所遭受的全部财产损失，而需要用犯罪行为人的其他合法财产来赔偿。此时，人民法院的财产保全措施就十分必要。最高人民法院在关于执行刑事诉讼法的有关解释中也提到了这个问题，即人民法院在审理附带民事诉讼案件时，在必要时可以决定查封或者扣押被告人的财产。实践中，犯罪行为人及其亲属往往慑于犯罪行为造成的危害后果和即将发生的民事赔偿，可能隐匿或转移财产，造成附带民事诉讼虽经判决，但无法执行的情况。因此，通过人民法院庭前准备及时查封和扣押行为人的财产是完全有必要的。财产保全可由被害人申请而采取，也可由人民法院根据案件的具体情况，依照职权采取保全措施。

最后，在人民法院判处被告人财产刑和其应承担的赔偿责任时，被害人财产权的保障必须要优先于财产刑的执行。即如果犯罪行为人给被害人财产权造成损失，在刑事诉讼中既承担民事赔偿责任，同时被人民法院判处罚金或没收财产的财产刑，但其财产又不足以或不能全部支付的，按照被害人财产权保障优先的原则，应当先承担对被害人的民事赔偿责任，然后执行财产刑。比如英国《2000年刑事法庭权力（判决）法案》规定，法庭在没收犯罪所得前要考虑受害人的赔偿和归还要求，以确保受害人（或外国政府）在法庭没收犯罪嫌疑人资产前，即可得到赔偿金或收回有关资产。法庭将根据“没收令”将这些款项扣除。此外，如受害人是外国政府，英国政府根据《2002年犯罪所得法案》，可以分享有关没收的犯罪款。我国《刑法》第36条也作出了基本相同的规定，可以说这是各个国家在处理没收（罚金）和保障被害人财产权关系上的通行做法，[①] 体现的是在国家公权力和公民私权利冲突时，应优先满足私权利的理念。

三、资产追回机制

近年来，我国的侦查机关在开展声势浩大的“追逃”行动，并取得了很好的战绩，犯罪人受到了应有的惩罚，维护了国家、社会的安全与稳定，保护了被害人的合法权利。侦查机关开展“追逃”行动，说明犯罪嫌疑人、被告人甚至罪犯逃跑不归案的情况较多，其所造成的人身侵害或财产损失十分严重。追缉在逃犯罪嫌疑人，尤其是追缉外逃经济犯罪嫌疑人是“追逃”活动的重要内容，这些人给国家、单位或公民个人造成的财产损失是巨大的。据统计，到2004年底，由公安机关立案侦查的外逃的经济犯罪嫌疑人尚有500多人（其中多为贪官），涉案金额达700亿元人民币。目前通过双边司法协助、国际刑警组织等手段被遣返并追回财产的只有很小一部分。[②] 从1998年到2003年，我国公安机关通过国际刑警组织的配合，先后将230多名外逃的经济犯罪嫌疑人从30多个国家和地区缉捕回国，也将从外国潜逃至中国的嫌疑人遣送回其

① 我国《刑法》第36条第2款规定，承担民事赔偿责任的犯罪分子，同时被判处罚金，其财产不足以全部支付的，或者被判处没收财产的，应当先承担对被害人的民事赔偿责任。

② 参见《人民公安报》，2005年10月24日。

本国。[①] 这些外逃的嫌疑人，曾经利用自己的职务便利，攫取国家、单位、公民的巨额钱财，严重侵犯国家、单位、公民的财产权利。我国检察机关自1998年以来，在国内外有关部门的协助下，成功抓获了潜逃国外的经济犯罪嫌疑人70余人。原中国银行广东开平支行行长余振东等3人贪污挪用公款达4.83亿美元后潜逃美国，经过大量的外交努力，余振东于2004年被美国司法人员移交给中方。[②] 在现有的法律规定下，在逃人员未被抓获，其刑事责任无法落实，达不到刑罚的教育、惩罚、抚慰的目的，要赔偿犯罪行

---

① 外交部副部长武大伟2005年10月22日向全国人大常委会就公约所作的说明。据不完全统计，1998年至2003年，全国公安机关克服重重困难，多策并举，先后从泰国、缅甸、新西兰、澳大利亚等国家和地区缉捕经济犯罪嫌疑人230余名，其中包括诈骗资金5亿元、潜逃国外8年之久的钱宏，侵吞国有资产、潜逃境外5年的陈安民，诈骗资金4.8亿元、潜逃国外9年的黄飞，涉嫌贪污国家巨额资金的原贵州省交通厅厅长卢万里等，得到了党中央、国务院和公安部领导的表扬和广大人民群众的赞誉。但在境外缉捕工作中，还存在一些不容忽视的问题，比如，有的发现经济犯罪嫌疑人逃往境外后存在畏难情绪，消极对待；有的基础工作不扎实，不能准确、及时地报送在逃境外经济犯罪嫌疑人信息，影响了全国总体情况的汇总；有的虽然积极性比较高，但工作随意性大，不能按规定报经主管部门同意，擅自出境办案；有的回国后不按规定上报工作报告，等等。这些问题在一定程度上影响了全国境外缉捕工作的开展。此外，由于经济的一体化，犯罪的国际化，不法分子作案后逃往境外的情况也越来越突出。据不完全统计，目前全国共有在逃境外经济犯罪嫌疑人500多名，涉案金额700多亿元人民币。为加大缉捕在逃境外经济犯罪嫌疑人工作的力度，需要进一步规范境外缉捕工作。

② 我国打击外逃经济犯罪嫌疑人之路依旧艰难而漫长，需要在法律制度、观念转变、提升素质等诸多方面做充分准备。据法国《世界报》5月8日文章题为“中国越来越多的贪官逃往国外”的报道：近几年，中国加强了反腐斗争，不断有市长、省长甚至部长落网。中国越来越需要外国的合作，因为贪官往往把外国作为避风港。到目前为止，中国只和19个国家签订了引渡协议。外逃贪官的主要选择是美国、加拿大和澳大利亚，而中国和它们之间没有签订任何引渡协议。2004年4月16日，美国联邦警察局将涉嫌参与挪用4.85亿美元公款的中国银行广东开平支行原行长余振东移交给了中国警方。迄今为止，中美之间的司法合作一直受到中国司法系统某些特点——尤其是严刑逼供和死刑——的制约。但在余振东这个案子上，美方最后还是决定将其移交给中方，但前提是不能将他判处死刑或12年以上的有期徒刑。

为给被害人造成的财产损失，保障被害人的财产权更是无从谈起。虽然我国刑法有关于犯罪行为导致的被害人的经济损失要承担赔偿责任的规定，但这种赔偿损失都是以追究行为人刑事责任为基本前提的。比如《刑法》第36条第1款规定：“由于犯罪行为而使被害人遭受经济损失的，对犯罪分子除依法给予刑事处罚外，并应根据情况判处赔偿经济损失。”这里的对“犯罪分子除依法给予刑事处罚”是“判处赔偿经济损失”的前提条件。《刑事诉讼法》第77条规定：“被害人由于被告人的犯罪行为而遭受物质损失的，在刑事诉讼过程中，有权提起附带民事诉讼。”这里规定的仅仅是被害人的起诉权，并未明确人民法院在被告人潜逃的情况下如何保障被害人的财产权。由于法律和有关司法解释并未明确在逃人员（包括共同犯罪中部分成员被抓获、部分人员在逃的情况）是否能作为刑事附带民事诉讼的被告人，使得在司法实践中人民法院与被害人认识各不相同，争议很大。由于被告人赔偿能力不同，被害人基于自己财产权保护的角度，往往将在逃人员也列为刑事附带民事诉讼被告人，但人民法院却以其尚未被抓获，无法进行刑事审判为由不开启审判程序之门。可见，我国打击在逃经济犯罪嫌疑人的力度还远远不够，对有关被害人财产权的保障相当欠缺，必须在刑事诉讼中构建、实施相应的财产权保障制度，以明确、缜密的法律制度来保障财产权利。

2003年10月31日，联合国大会审议并通过了《联合国反腐败公约》（以下简称《公约》），2003年12月10日，我国代表在

《公约》上签了字。《公约》的通过和签署，为我国打击腐败犯罪、[1] 保障被害人财产权提供了有力武器，也为有关制度的构建提供了法律依据。《公约》全文约5万字，共包括8章78条：第一章“总则”共4条；第二章“预防措施”共10条；第三章“定罪和执法”共28条；第四章“国际合作”共8条；第五章“资产追回”共9条；第六章“技术援助和信息交流”共3条；第七章“实施机制”共9条；第八章“最后条款”共7条。[2] 2005年10月28日，我国批准加入了《公约》。从内容上看，《公约》涵盖了预防、打击有关犯罪的具体措施，既有实体性规定，又有程序性规定。研究《公约》的诸项规定，找出我国现行立法与实务中与《公约》的差距，并进行相应的制度改革，对于我们更好地利用《公约》打击外逃犯罪嫌疑人、追回被其占有的国家财产或其他被害人的合法财产，具有非常重要的意义。

（一）资产追回的概念

《公约》第五章专章规定了资产追回机制。按《布莱克法律辞典》解释，“资产是指一切类型的财产，包括不动产和动产，有形财产和无形的财产。”“追回，从其最广泛的意义来看，是指在案件和诉讼中通过正式的判决或有管辖权的法院令使某人享有的权利得以恢复或维护，或者通过这一判决使被他人侵犯或占有的权利或

---

① 从《联合国反腐败公约》有关条文的规定看，腐败犯罪，主要是指受贿、索贿罪（第15条、第16条和第21条）、贪污、挪用或者以其他类似方式侵犯财产罪（第17条）、公职人员资产非法增加罪（第20条）、侵占罪（第22条）、洗钱罪（第23条）、窝赃罪（第24条）等。从犯罪主体看，公约不仅包含了公职人员，而且包含了私营部门的人员（比如第12条、第21条和第22条）。这与我国刑法的规定是基本吻合的，因此也适用于我国《刑法》分则第三章规定的破坏市场经济秩序罪、第五章侵犯财产权、第八章贪污贿赂罪、第九章渎职罪等类罪名中的若干具体犯罪行为。本文统称为实务中惯用的“经济犯罪”一词。

② 参见外交部条约法律司编译：《〈联合国反腐败公约〉及相关法律文件》，法律出版社2004年版。

财产重新获得。"[①] 而英国 P. H. 科林编著的《英汉双解法律词典》将"追回"直接理解为重新获得。[②] 依据《公约》规定，资产追回可以理解为，贪污贿赂等经济犯罪发生后，行为人将犯罪所得的财产或犯罪所使用的工具、设备及其他财产转移到国外，资产流出国依《公约》的规定向资产流入国提出请求，通过司法协助程序予以追索或返还，重新获得该资产的制度。它具有三个方面的特点：（1）资产范围广泛，既包括犯罪所得，也包括作案的工具和其他证据，不仅包含有形资产和无形资产，而且还包含动产和不动产；（2）具有涉外性，即资产已处于国外（或境外）；（3）必须通过国际刑事司法协助的途径和程序追回，往往附随犯罪人的引渡而进行。其性质属于国际刑事司法协助的范畴。关于资产追回的概念，有学者将其归入国内实务界通称的"追赃"范畴而称其为"境外追赃"；在国际刑法领域通常称为财产（或物品）移交（handing over of property），国外一些学者甚至将这一概念与引渡结合起来，形象地称为"对物的引渡"[③]。

（二）资产追回的基本方式

"本公约缔约国……承认在刑事诉讼程序和判决财产权的民事

---

① By Henry Campbell, Black. M. A. ,*Black's Law Dictionary*, Fifth edition, St. Paul Minn WEST PUBLISHING CO 1979, p. 108; p. 1147。

② 参见［英］P.H. 科林：《英汉双解法律词典》，陈庆柏、王景仙译，世界图书出版公司 1998 年版，第 461 页。

③ ［日］森下忠：《国际刑法入门》，阮齐林译，中国人民公安大学出版社 2004 年版，第 183、185 页。日本著名国际刑法学者森下忠认为，对物的引渡是指把存在于本国的证据物移交外国有关部门的国际刑事司法协助。根据是否伴随犯罪人引渡，对物的引渡分为两种：一是物的随附引渡；二是物的单独引渡。引渡的对象物包括应作为证据之物和因犯罪行为所得之物。被请求国应当对这些物品进行扣押并且引渡给请求国。请求国在请求引渡犯罪人的同时一并提出引渡该物的请求的，被请求国在本国法律允许的范围内同意该请求。

或者行政诉讼程序中遵守正当法律程序的基本原则。”[①]《公约》在序言中明确了各国要在正当法律程序的指导下实施资产追回措施。在此基础上，《公约》创设了流入外国的犯罪所得的资产的追回机制，按其第五章规定，资产追回的方式分直接追回机制和通过没收的间接追回机制。这个机制的确立，表明国际社会在经济犯罪所得资产追回方面的合作迈出了实质性的步伐。即使嫌疑人将犯罪所得转移到国（境）外，但还是存在相应机制救济和保障被害人的财产权。

1. 直接措施。

按《公约》第 53 条规定，直接措施是指资产流出国的资产因经济犯罪被转移到流入国，流出国通过本国民事诉讼程序主张对该资产的合法所有权；或者由流入国法院命令嫌疑人赔偿；或者流入国通过采取有效措施，在本国法院或主管机关没收有关资产时，承认流出国对资产的所有权。

直接措施主要解决两方面问题。一是资产流出国可以通过本国司法途径（比如提起民事诉讼）确认外流资产的所有权，而资产的流入国应当认可这一司法结果或对资产流出国提出的资产合法所有权的主张，给予承认并执行；二是资产流入国可以通过法院令的方式命令行为人向资产流出国支付补偿或损害赔偿。采取这一措施的好处是可以快捷、迅速地追回资产，不需要事先对资产采取没收等法律措施，但前提必须是资产流出国要有独立的民事诉讼程序，可以在嫌疑人潜逃时，对其已造成的财产损失提出独立的民事诉讼；或者有资产流出国有管辖权的法院作出的判决（含裁定）或下达的法院令。

① 外交部条约法律司编译：《〈联合国反腐败公约〉及相关法律文件》，法律出版社 2004 年版，第 4 页。

2. 间接措施。

按《公约》第54条规定，间接措施是指资产流入国依据本国法律或者执行资产流出国法院发出的没收令，没收被转移到本国境内的犯罪所得资产后，再返还给资产流出国。在作出没收令之前，资产流入国还可以依照资产流出国的冻结令或扣押令冻结或扣押在本国的犯罪资产，以备将来没收和返还顺利实现。

按《公约》规定，间接追回财产的措施有两种，一是对依照没收事宜国际合作条款，就通过或者涉及实施《公约》所确立的犯罪所获得的财产，提供司法协助，包括使其主管机关能够执行另一缔约国法院发出的没收令、使拥有管辖权的主管机关能够通过对洗钱犯罪或者对可能发生在其管辖范围内的其他犯罪作出判决，或者通过本国法律授权的其他程序，下令没收这类外国来源的财产；二是通过冻结或扣押等方式，包括在收到请求缔约国的法院或者主管机关发出的冻结令或者扣押令时，使本国主管机关能够根据该冻结令或者扣押令，对该财产实行冻结或者扣押，但条件是该冻结令或者扣押令须提供合理的根据，使被请求国相信有充足理由采取这种行动，并对财产予以没收，也可以考虑采取补充措施，使本国主管机关能够保全有关财产以便没收，例如基于与获取这种财产有关的、外国实行的逮捕或者提出的刑事指控。

没收令、冻结令或扣押令对于保护资产流出国被害人的财产权是十分有效的，既可以由资产流出国的司法机关作出，也可以由资产流入国司法机关作出，而且没收令还可以不经犯罪人刑事定罪程序，独立作出。其目的是在犯罪人死亡、潜逃或者缺席而无法对其起诉的情形或者其他有关情形下，能够不经过刑事定罪而没收这类财产。

（三）我国现行立法、实务与《公约》要求的差距

对于我国的刑事司法现状来讲，直接追回方式和间接追回方式各有利弊。直接追回方式的前提一是我国必须要有对犯罪造成损失

后，所能提起的独立民事诉讼程序，这是我国目前所没有的。二是他国法官能直接命令嫌疑人返还资产。但目前看，被请求国是否协助不得而知。间接追回方式的前提一是我国必须要有对犯罪造成损失的独立没收令制度，这也是我国目前所没有的。二是要有冻结令或扣押令。而我国没有冻结令或扣押令，只有一份简单的冻结通知书和扣押物品清单，实务更不要求提供冻结或扣押的“合理根据”。三是他国法官能直接发出没收令并及时将资产返还我国。但目前看，被请求国是否协助不得而知。可见，无论是用直接追回方式还是间接追回方式，我国均存在法律制度上的缺失，这是我国追回外流资产，保障被害人财产权的最大障碍。

1．我国缺乏对犯罪所造成的损失的独立民事诉讼制度。

《公约》对资产追回最有效的方式是，明确经济犯罪的被害人是国家、单位或个人，并赋予被害人就有关资产单独提起民事诉讼的权利。即使在犯罪人死亡、潜逃或者因其他原因缺席而无法对其提起公诉的情况下，被害人仍享有根据《公约》规定，可以不经过刑事定罪而获得这类财产的权利。虽然我国刑事诉讼法设有刑事附带民事诉讼制度，但它主要适用于传统的暴力犯罪、侵犯一般财产权的犯罪。对一些包括经济犯罪在内的侵犯国家利益的犯罪，实践中往往由人民检察院代表国家提起刑事诉讼，并不存在单独的民事赔偿问题。更严重的问题是，我国的刑事附带民事诉讼制度中，民事问题的解决是以行为人的刑事责任得以追究为前提的。因此，我国不存在对犯罪造成的损失的独立民事诉讼制度。这使得我国不能采用直接追回方式中的第一种方法。[①] 由于独立民事诉讼法律制度的缺失，《公约》规定的“不经过刑事定罪而没收腐败资产”的机制，在我国基本无法落实，打击外逃犯罪人仍十分乏力。这不仅

---

① 这是《公约》第53条第1项中规定的方法：允许另一缔约国在本国法院提起民事诉讼，以确立对通过实施根据本公约确立的犯罪而获得的财产的产权或者所有权。

无法挽回国家的损失，还严重败坏国家形象。有些犯罪人携带犯罪所得潜逃国外后，过上骄奢淫逸的生活，比如浙江杨秀珠在潜逃前就已经在纽约黄金地段置办了至少5处高级房产。可见，如何让《公约》在我国打击经济犯罪中发挥作用，还需构建相应的制度。

2．我国刑事程序中没有缺席审判制度。

根据《公约》关于财产间接追回机制的有关规定，如果一国的资产因腐败犯罪被卷往他国，那么资产流出国的法院可以向流入国发出没收令，请求资产流入国的有关机关代为没收这些财产。按《公约》第54条第1款第3项要求，资产流出国应当建立缺席审判程序，以便在腐败分子因各种原因特别是因外逃而无法出席审判时，法院可不经定罪而直接作出没收财产的裁判。资产流入国在将没收的财产返还给资产流出国时，通常要求资产流出国出示法院作出的没收财产的生效判决。而按我国目前的有关规定，人民法院只有在被告人到案，对其作出刑事判决时才能决定没收赃款赃物，[①] 这必然导致在腐败分子因潜逃、死亡等原因无法出席法庭审判时，我国将无法作出没收财产的生效裁判。该制度的缺失使我国无法适用间接追回方式。

3．冻结、扣押适用条件严重缺位。

根据《公约》关于资产间接追回机制的有关规定，资产流出国的法院或主管机关可以向资产流入国发出冻结令或者扣押令，资产流入国在接到冻结令或扣押令时应当予以执行，但根据《公约》第54条第2款规定，资产流入国执行该令状的前提是“该冻结令或者扣押令必须提供合理的根据，使被请求国相信有充足理由采取这种行动”。然而在我国，由于针对财产的冻结和扣押措施并不被

① 参见《最高人民法院、最高人民检察院、公安部、国家安全部、司法部、全国人大常委会法制工作委员会关于〈中华人民共和国刑事诉讼法〉实施中若干问题的规定》第48条的规定。

认为是强制措施，因而立法对冻结和扣押的规定非常粗陋，基本没有冻结和扣押适用条件的规定。[①] 这种立法上的疏漏导致我国实务中，冻结和扣押措施的适用非常混乱，冻结和扣押的条件依附于逮捕甚至是立案的条件，有关机关在没有合理根据的情况下，也可以随意决定冻结和扣押。这种状况的存在很可能导致我国的“冻结令”和“扣押令”因无法达到《公约》规定的有“合理的根据”的要求而被资产流入国拒绝执行。

4. 我国刑事没收的范围过窄。

没收在《公约》中具有重要的地位，是资产追回机制的关键或核心。没收范围的大小决定着对被害人财产权保障的程度。按《公约》第 2 条第 7 项规定，没收是指根据法院或者其他主管机关的命令对财产实行永久剥夺。按照杨宇冠教授等学者的归纳，没收的主要对象是犯罪所得，有三种表现形态：一是替代收益，即由犯罪所得全部或部分转变或转化的其他财产。《公约》第 31 条第 4 款规定，应当以这类财产代替原犯罪所得而对之适用本条所述措施。二是混合收益，即犯罪所得已经与从合法来源获得的其他财产相互混合。《公约》第 31 条第 5 款规定，应当在不影响冻结权或者扣押权的情况下没收这类财产，没收价值最高可以达到混合于其中的犯罪所得的估计价值。本款的用意是作为最低限度标准，各缔约国均可以在其本国立法中自行作出高于这一最低限度标准的规定。三是利益收益，即由犯罪所得、犯罪所得转变或转化而成的财

① 我国《刑事诉讼法》第 114 条规定了扣押的条件：在勘验、搜查中发现的可用以证明犯罪嫌疑人有罪或者无罪的各种物品和文件，应当扣押；与案件无关的物品、文件，不得扣押。第 117 条规定了查询、冻结的条件：人民检察院、公安机关根据侦查犯罪的需要，可以依照规定查询、冻结犯罪嫌疑人的存款、汇款。扣押和冻结，均是干预公民财产权的行为，其他国家刑事诉讼法对此规定得相对完善具体，而我国的规定却十分简陋，与其他国家差距甚大。

产或者已经与犯罪所得相混合的财产所产生的收入或其他利益。①

从我国的法律规定和实务看，我国的没收的概念和《公约》中没收的概念不同，因此范围也不一样。我国《刑法》第64条规定，犯罪分子违法所得的一切财物，应当予以追缴或者责令退赔；对被害人的合法财产，应当及时返还；违禁品和供犯罪所用的本人财物，应当予以没收。因此，仅从字面上看，我国没收的范围十分狭窄，仅仅限于“违禁品和供犯罪所用的本人财物”。而我国追缴的对象是“犯罪分子违法所得的一切财物”，这本是《公约》中没收的范围。可见，我国的追缴和没收的范围之和才是《公约》中没收的范围。我国实务中将追缴和没收对象习惯称为“赃款赃物”，我国《刑事诉讼法》第198条第3款规定：“人民法院作出的判决生效以后，对被扣押、冻结的赃款赃物及其孳息，除依法返还被害人的以外，一律没收，上缴国库。”法律在这里明确了没收的对象是经人民法院生效裁判确定的被扣押、冻结的赃款赃物及其孳息，但对于赃款赃物的范围，法律并没有具体规定。对照《公约》关于没收对象的规定，我国法律规定的没收范围显然过于狭窄，实践中犯罪行为人往往将赃款赃物转移或转换为其他的财产形态，这显然不利于最大限度地打击经济犯罪行为和追回经济犯罪所得资产，在一定程度上影响了对被害人财产权保障的程度。

（四）适应《公约》规定的刑事诉讼制度建设

犯罪嫌疑人潜逃，会导致被犯罪行为破坏的社会关系长期无法得到恢复，社会矛盾长期得不到解决，犯罪嫌疑人的罪与非罪无法判定，被查封、扣押、冻结资产无法及时处理，附带民事诉讼原告人的诉讼请求无法得到满足，对被卷走的资产更是无法追回。随着时间的流逝，物证可能毁损、灭失，证人对案情的记忆可能模糊、

① 参见杨宇冠、吴小军：《〈联合国反腐败公约〉资产追回机制与我国刑事诉讼法的完善》，载中国法律信息网。

混淆，即使过了很长时间以后犯罪嫌疑人归案，也有可能因证据问题而被认定无罪。同时，如果国家法律制度对外逃行为束手无策，在有确实充分的证据证明其经济犯罪罪行的情况下，仅因其外逃而不能对其定罪量刑，不能没收涉案资产，不能执行财产刑，更不能保障被害人财产权。犯罪嫌疑人会因不履行法定义务而获利，这不仅无法维护社会秩序，也使司法权威荡然无存，对其他犯罪嫌疑人也有负面的示范效应。

虽然我国现行法律制度与直接追回方式和间接追回方式都有相当大的差距，但追回机制本身无疑是解决资本外逃的根本途径。为此，我们可从多角度进行制度构建，来满足《公约》的要求，达到保障被害人财产权的目的。比如，可以通过建立独立的民事诉讼制度来满足直接追回方式的要求，通过建立刑事缺席审判制度来满足间接追回方式的要求，通过扩大我国刑事没收对象的范围来最大限度保障被害人财产权。

1. 建立独立民事诉讼制度，和附带民事诉讼制度共存，以适应《公约》规定的直接追回机制。

让当事人在独立民事诉讼和附带民事诉讼之间享有选择权，这是世界各国的一个潮流。尤其是针对死亡或外逃的犯罪嫌疑人已造成的财产损失，用民事程序来解决问题，是法治国家的通常做法。比如，英国《2002 年犯罪所得法案》涉及冻结和扣押犯罪所得的条款就规定，犯罪嫌疑人的资产在司法调查开始时就可予以冻结。这些被冻结的资产和其他所有未被冻结的犯罪所得都将被进行估价，并根据“没收令”对受害人进行赔付。“没收令”是判决程序的一部分，一般在判决后予以公布。在判决前，也可没收犯罪嫌疑人在英国的资产，这被称为“民事补偿”。这种情况一般在不可能进行判决的情况下实施，例如犯罪嫌疑人已经死亡，或正在国外且不能被引渡回国接受审判。我国确立针对经济犯罪的民事诉讼程序，不仅避免了与发达国家法律制度的冲突，而且可以加大打击经济犯罪的力度——即使嫌疑人潜逃成功后我国无法提起刑事诉讼，也可以提起民事诉讼来达到损害赔偿的目的。

相对于刑事追诉而言，适用民事诉讼来惩罚外逃经济犯罪的力度要大得多。原因是多方面的：一是两者的证明标准不同，民事诉讼更容易达到诉讼的证明要求。民事诉讼采取“优势证明标准”，与之相比，刑事诉讼中的有罪证明标准要严格得多，在我国实行的是“犯罪事实清楚，证据确实、充分”的标准，要达到此证明标准难度很大。二是民事诉讼更容易获取证据。由于刑事诉讼涉及犯罪嫌疑人财产权、自由权甚至生命权的剥夺，因此以保障犯罪嫌疑人人权为核心设置了大量的程序约束制度和证据排除规则，使得要证明某人有罪十分困难；而民事诉讼是私人之间的利益之争，并不需要复杂的程序和过多的证据排除规则来限制事实真相的发现。三是民事诉讼程序更容易推进。民事诉讼注重当事人的意思自治，被告人不出庭仍能查清事实的，法庭就可以作出缺席判决。但刑事诉讼却一般不允许缺席审判。四是根据有关国际条约与实践的做法，民事司法引渡要比刑事司法引渡容易得多，民事判决在国际上的相互认可也比较容易。因此，结合目前我国打击经济犯罪的形势，对经济犯罪嫌疑人提起独立民事诉讼更具有现实意义。正如学者所言，“这种放弃对腐败犯罪的刑事追诉，只提起民事诉讼的做法，确有丢了西瓜捡芝麻之嫌，但这是一种不理想的理想，是一种制度与现实的妥协。与其让那些获得政治庇护的腐败分子安然无恙地逍遥法外，不如降低要求。对之提出有把握的民事诉讼，国家就可以尽量地挽回经济损失，而挽回经济损失也是治理腐败犯罪之必须。”①

---

① 陈瑞华、马明亮：《加强司法改革，促进反腐败斗争》，载《法制日报》，2004年9月16日。

2. 建立合理的缺席审判制度，适应《公约》规定的间接追回机制。

刑事缺席审判制度是存在较大争议的。有的学者认为，从国际发展趋势看，刑事诉讼中的缺席判决，将不被承认。“1998 年联合国全权代表外交会议（罗马会议）采纳了大多数国家主张的，被告人不在场、审判不得进行的意见。《国际刑事法院规约》第 63 条规定：审判时被告人应当在场。现在，世界上如英、法等许多国家本来就不承认刑事诉讼中的缺席判决，如果腐败犯罪嫌疑人逃往这些国家，其本国法院作出的刑事缺席判决不仅毫无用场，而且反而有害。这些国家对受刑事缺席判决的逃犯，如果外国要求引渡的话，将不予引渡。英国 1989 年《引渡法》第 6 节第 2 款规定：对受缺席判决的逃犯，拒绝予以引渡。”① 从有关国家刑事诉讼法规定看，笔者认为，上述观点中所称的“不承认缺席审判”也不是绝对的，只要符合法律规定的适用条件，也可以缺席审判；另外，缺席审判也应分对物的缺席审判和对人的缺席审判，从《公约》的规定看，是允许对物进行缺席审判的。按日本学者森下忠的观点，国际上不承认缺席审判，主要针对对人的引渡而言的，对于“物的引渡”，允许设立合理的缺席审判制度。

缺席审判制度还应分不同情况。一是在犯罪嫌疑人死亡或丧失刑事责任能力的情况下，比如精神病发作，应依法终止对其进行刑事追究，这是各国的共同规定。但对涉案资产必须经过司法权认定后才能最终作出处理。其实对涉案资产的法律定性与对行为人的法律定性是同一事物的两面，在对行为人的罪责进行法律认定的同时，也应对涉案资产作出法律认定，该返还的返还，该没收的没收。对于这一问题，我国相关司法解释已作出了系列规定，即由人

① 中国社会科学院国际法研究中心林欣研究员接受《财经》杂志采访时的观点。

民法院进行裁定，没收上缴国库或返还被害人。①

另一种是在犯罪嫌疑人潜逃的情况下，如何追回其犯罪所得资产。这是一个更复杂的问题。笔者认为应改革我国的刑事诉讼制度，建立缺席审判制度。我国刑事诉讼立法和实务都持否定态度，这固然能在一定程度上保证诉讼的公正，维护被告人的合法权利，但从各国缺席审判制度的运作状况和《公约》的规定看，这一制度在及时确认财产权、保护被害人财产权利方面能发挥重大的作用。法国刑事诉讼法规定，无论是重罪（第 270 条）、轻罪（第 410 条）或者违警罪案件（第 544 条），只要是被告人未被捕获、或未到庭、或经传唤无正当理由不到庭者，均可进行缺席审判。德国刑事诉讼法（第 232 条、233 条）、日本刑事诉讼法（第 284 条、第 285 条）、意大利刑事诉讼法（第 488 条第 3 款）、美同联邦刑事诉讼规则（第 43 条）均有缺席审判的规定。《公约》也主张缔约国设立缺席审判制度。其第 57 条第 3 款第 2 项规定："对于本公约所涵盖的其他任何犯罪的所得，被请求缔约国应当在依照本公约第 55 条实行没收后，基于请求缔约国的生效判决，在请求缔约国向被请求缔约国合理证明其原对没收的财产拥有所有权时，或者当被请求缔约国承认请求缔约国受到的损害是返还所没收财产的依据时，将没收的财产返还请求缔约国，被请求缔约国也可以放弃对生效判决的要求。"这表明，《公约》是主张缔约国设立缺席审判制

① 《最高人民法院、最高人民检察院、公安部、国家安全部、司法部、全国人大常委会法制工作委员会关于〈中华人民共和国刑事诉讼法〉实施中若干问题的规定》第 19 条规定：对于在侦查、审查起诉中犯罪嫌疑人死亡，对犯罪嫌疑人的存款、汇款应当依法予以没收或者返还被害人的，可以申请人民法院裁定通知冻结犯罪嫌疑人存款、汇款的金融机构上缴国库或者返还被害人。《最高人民法院关于执行〈中华人民共和国刑事诉讼法〉若干问题的解释》第 294 条第 2 款规定：对于人民检察院、公安机关因犯罪嫌疑人死亡，申请人民法院裁定通知冻结犯罪嫌疑人存款、汇款等的金融机构，将该犯罪嫌疑人的存款、汇款等上缴国库或者返还被害人的案件，人民法院应当经过阅卷、审查有关证据材料后作出裁定。

度并制作生效判决书的。可见，缺席审判制度是客观存在的，并且对外逃资产的追回具有重大意义，关键的问题是要设立科学合理的适用缺席审判的条件。

在适用条件的选择上，可以考虑以下几个条件：适用案件的范围，凡适用缺席审判的案件，应当是《公约》明确规定的罪名，且犯罪所得物数额在100万元人民币以上的各类经济犯罪案件；在逃者地点明确，嫌疑人在某被请求缔约国藏匿、犯罪所得也在该国存放；嫌疑人经我国司法机关通过各种司法渠道或者途径令其回国而拒不回国接受审判；确实构成某种经济犯罪，其犯罪事实清楚，证据确实、充分，应当追究其刑事责任；刑事诉讼程序已经启动，刑事案件已经立案、起诉。

在适用程序上，人民法院依法履行告知或送达程序时，其方式可以是，在开庭前的法定期限内由人民法院将起诉书副本送达在逃被告人的近亲属，并要求他们转送或者转告；或者被请求缔约国向逃到该国的被告人转送起诉书副本和人民法院有关司法文书；还可以利用网络媒体发布公告。同时利用上述方式告知被告人依法享有的辩护权。在庭审程序上，仍然按通常审判程序开庭审判并作出判决。即使被告人未出席庭审，但有为其辩护的辩护人或者律师参加，有控辩双方出席，由法官主持公开审判，这也不违反现代刑事诉讼公正审判的要求。经过法庭调查、举证、质证、法庭辩论等阶段后，由法官对该被告人作出判决，同时对涉案赃款赃物一并作出裁决，也符合诉讼公正、效率的要求。无论在一审或者二审期间，若外逃被告人对缺席审判作出的裁判不服而愿意到庭参加庭审，人民法院应当重新依照通常程序开庭审判。若被告人在刑罚执行完毕之前，证明他未回国接受审判有正当的理由，并请求回国参加审判时，人民法院可以撤销已作出的缺席审判的判决，重新对其进行公开审判。

3. 废除非暴力性财产型犯罪的死刑。

这看似是实体法的问题，但却是遏制嫌疑人不惜一切代价携款外逃的制度性建设。首先，这是国家刑事司法制度完善及与国际接轨的重要转变。非暴力性的财产型犯罪以获取财产利益为直接的和最终目标，其社会危害性仅仅表现为“对社会或被害人造成了单纯的物质损害，并不触犯社会基本政治秩序和重大利益”①，对人的基本权利一般不会存在威胁和危险，其人身危险性相对较轻、具有可改造性，不应属于“罪行极其严重”的犯罪类型。② 一般情况下，该类犯罪行为人的刑事责任可以因其退回犯罪所得的财物或赔偿损失而有所减轻。而且，从世界刑事司法制度的发展趋势看，对非暴力性的财产型犯罪适用死刑的国家越来越少。当代的国际刑事司法合作日益频繁，我国的死刑制度也必须尽量与其他法治国家协调一致，才能顺利实现刑事诉讼的目的，尤其能顺利实现对潜逃国外的经济犯罪嫌疑人的追诉目的。从赖昌星遣返屡次受挫就可看出该问题的必要性和重要性。加拿大移民部在审理赖昌星案件时，就提出了 14 大类涉及我国法律制度方面的问题，包括死刑问题、对私有财产的态度、刑事诉讼程序及我国外交部作出的不判处赖昌星死刑的承诺的有效性问题等。这些法律制度中，我国与加拿大的有关规定之间都存在不少差异，也正是这些差异性，致使两国在协调赖昌星遣返案件时，有相当的难度和障碍。如果不对现行法律制度予以改革、完善甚至重建，在今后的实务中还会面临同样的困难。其次，在一定程度上能减少犯罪嫌疑人的外逃规模。死刑是剥夺犯罪行为人生命的最严厉的刑罚方法。对于非暴力性的财产型犯罪，我国刑法在可处死刑的犯罪数额标准上是比较低的。以最为普遍典

① 赵秉志教授在第 17 届国际刑事法学会上的发言，载《法制日报》，2004 年 9 月 18 日。

② 我国《刑法》第 48 条将“罪行极其严重”作为死刑的适用条件。

型的贪污、贿赂犯罪为例，刑法规定个人贪污或受贿的数额在 10 万元以上，如果情节特别严重的，即可判处死刑。从笔者所掌握的 1997 年以后至今的资料看，涉嫌贪污贿赂犯罪而外逃嫌疑人的涉案金额，无一例外地大大超过了 10 万元的标准。如果涉案金额低于 10 万元的，按刑法规定不可能判处死刑，因此嫌疑人一般都不会冒外逃的种种风险。可见，正是由于可能被判处死刑的巨大威胁存在，嫌疑人在案发前或案发后会寻找一切方法潜逃国外。如果对此类犯罪废除死刑，则既可以免除嫌疑人被判处死刑的种种忧虑，又能与有关国家规定接轨，顺利遣返嫌疑人。嫌疑人一旦遣返成功，对被害人的财产权又多了一层保障。

4. 完善我国刑事搜查、扣押、冻结制度。

《公约》规定，在用间接追回方式中，资产流出国可以持根据"合理理由"签发的扣押令或冻结令，申请资产流入国法院或主管机关执行搜查、扣押。因此，完善我国刑事搜查、扣押、冻结制度，也是资产顺利追回的制度构建的重要内容。该问题已在本文第四章"我国搜查扣押制度的问题及完善"中具体论述，此处略。

四、国家作为被害人的财产权保障

（一）国家财产权概述

现代国家都有自己的财产，它是政府运行和社会公共事业的基础。根据国家财产的实质特性，国家所控制的财产可以分为两类：一类是国家公共财产，又称为不可交易的国家财产、公用财产，它们是为公共利用和公共利益而存在的财产，国家在任何情况下对它的处分都必须通过特定的程序才能使其加入到整个社会财产的流转之中；另一类是国家普通财产，也称为国家私产、可交易国家财产、经营性国家财产，这是国家专有的可以自主处分的财产，不管是用于社会公益事业，还是用于商业投资，或者是将之出卖给个人，只要符合民法的平等自愿、等价有偿原则，都是合法有效的。[①] 在自由资本主义时期，发达国家一般认为国家财产适用民法规范，但通过公共目的或者立法来限制某些财产的处分或者将不可交易的国家财产排除在民法之外。20 世纪以来的普遍趋势是，民法对国家财产分类作出规定，可交易国家财产适用民法的一般规则，另行制定国家财产法对国家财产进行特别规范。我国现行国家财产法律体系，主要是通过宪法、民法通则、公司法、专利法、著作权法、土地管理法、草原法、海域使用权管理法、个人所得税法、税收征收管理法等法律以及大量的涉及国家财产的行政法规、行政规章如国有资产评估管理办法、国有企业财产监督管理条例等构成。这些法律法规的制定和实施，对于规范我国国家财产的取得、使用和管理，防止国家财产的流失、促使国家财产的保值和增

① 对国家财产的内容也有其他的分类方法。有学者认为，国家所有权客体总体上可分为四类：资源性财产、经营性财产、行政性财产和公益性财产，其中，自然资源资产并不反映在国有资产的账面上，而后三类分别以经营性资产与非经营性资产的名义列入国有资产总量。参见李庆海：《国家所有权法学透析》，载中国法律信息网。也有极少数学者认为，我国国家从来没有，而且按照市场经济规则更不可能对一切名义上归属于它的财产真正享有并行使所有权。从国家所有权的统一性和唯一性理论得出的任何观点都是不符合我国市场经济的需求和公有权的实际状态的。参见：孙宪忠：《德国民法对中国制定物权法的借鉴作用》，载《中外法学》1997 年第 2 期。

值，发挥了积极的作用。① 从刑事诉讼法和刑法的角度看，无论哪种类型的国家财产，都可能成为犯罪侵害的对象，只是表现形式不同而已，比如国家公共财产，容易成为贪污贿赂犯罪的侵害对象，而国家普通财产，可能成为合同诈骗罪等犯罪的侵害对象。

我国目前国家财产权实现方式的特点是，国家作为管理者的行政权力与国家作为所有人的财产权利统一为一体，该实现方式是前苏联国家财产权实现方式的承袭。多年来，这种官僚的国家财产权实现方式始终没有变革。这种国家财产权的实现方式给那些享有权力且滥用权力的人提供了方便，尽管改革降低了我国国有化的集中程度，但国家财产权实现方式并没有发生根本性变化。因此，国家

① 也有学者认为，我国现行国家财产法律体系，还存在较多的缺陷，对保护国家财产权不利，呼吁建立《中国国家财产法》。一般认为，现行法律最主要的有以下几个方面缺陷：（1）可供执行的法律依据形式零乱，层次较低。我国目前关于国家财产的立法，除刑法外，形式过于分散，内容也多具有即时性，同时立法形式主要表现为行政法规和行政规章，甚至非规章的政策性文件在实践中发挥着极其突出的作用。（2）没有区分两类性质不同的国家财产。我国现行立法没有国家公共财产和国家私产的规定，实践中常常发生地方政府处分具有独立法人资格的事业单位的经营性财产的案件。（3）国家财产取得缺乏与建设社会主义法治国家相协调的系统制度。从法理上说，没收、征收、税收、罚金、罚款、收费等国家依据其公权力取得的财产都是国家财产，但我国还没有全面建立依据这些方式取得的财产都是国家财产的观念，特别是收费制度，问题更是世人共睹。另外，无主财产应由谁取得尚无详细具体的法律规定。（4）没有确认地方公共团体所支配的财产的权利性质，从而使得现行地方公共团体的财产欠缺合法性。地方公共团体（包括地方政府）所支配的财产，无论在改革开放之前还是之后，客观上都是存在的，在实行社会主义市场经济体制之后尤其在国家实行分税制以后，地方公共团体支配的财产在不断增加，但地方公共团体所支配的财产，在权利属性上是什么，现行立法没有涉及。（5）国家财产支配主体过于宽泛，极易造成国家财产的流失和部门之间的分配不公。我国目前能够支配国家财产的主体，从中央到地方基层单位，数量非常大，各支配单位客观上有着本单位的利益，为了实现这种利益，相当多的国家财产支配者将非税国家财产视为本单位的财产予以分配，既造成了国家财产的流失也造成了部门之间的严重的分配不公。但无论如何，国家财产权需要保护这一点是不存在任何争议的。参见屈茂辉：《制定中国国家财产法的基本思路》，载中国法律信息网。

财产权实现方式的变革，也成为我国法律制度改革的核心内容，其变革应该是朝着更有利于保障国家财产权不受侵犯的方向发展。

（二）国家可成为财产犯罪的被害人

刑事诉讼中的国家财产权保障指的是在刑事案件中，国家作为犯罪被害人，其财产权遭受侵害时，应给予的法律保障。从宽泛的意义上讲，有犯罪人必有被害人。“无被害人即无犯罪，因此，犯罪行为所侵犯、危害或者破坏的被害人，可能是某个人、某种团体、道德规范或法律制度。”① 国家兼具民事主体与公权力主体的双重属性，因此其很可能成为犯罪被害人。从学界以及有关立法对被害人的定义中我们可以看出，“犯罪被害人”也包括国家在内。“被害人，是指正当权利或合法权益遭受犯罪行为直接侵害的公民、机关、团体、企事业单位等。”②“犯罪行为所侵害的群体不限于个人的集合，而且还包括建立在群体基础之上而作为整体的机关、团体、企事业单位以及国家和社会。”③“犯罪学中的被害人包括个人、社会团体、企事业单位，以及拥有公共权力的国家等在内的综合概念。”④ 法国是民事当事人制度最完备发达的国家。在法国，如同自然人一样，公法法人和私法法人，只要其证明受到了犯罪的侵害，就可以成为民事当事人。而公法法人，指的就是国家、省与市镇行政区等。⑤ 公法法人可以就盗窃财产罪、诈骗罪引起的损失请求赔偿。在我国，自然人与法人（单位）均可成为犯罪侵

---

① ［德］汉斯·约阿希姆·施奈德：《国际范围内的被害人》，中国人民公安大学出版社 1992 年版，第 5 页。

② 张国安：《新编刑事诉讼法》，中国人民公安大学出版社 1996 年版，第 24 页。

③ 张振高：《论犯罪被害人的权利保护》，载《中央检察官学院学报》1997 年第 3 期。

④ 康树华：《犯罪学》，群众出版社 1998 年版，第 105 页。

⑤ 参见［法］卡斯东·斯特法尼：《法国刑事诉讼法精义》（上册），罗结珍译，中国政法大学出版社 1998 年版，第 192 页。

害的对象等问题已在学术界达成共识，立法也予以确认。[①] 但从总的情况看，法学界对国家被害的理论研究重视不够，而在实务中直接侵害国家利益的犯罪却很普遍。渎职犯罪、贪污罪、偷税罪、抗税罪、走私罪、私分国有资产罪等犯罪（对照条文细分出来，我们称为“针对国家的财产型犯罪”），必然侵害国家财产权；间谍罪、资敌罪、煽动分裂国家罪、危害国防利益罪等（我们称为“针对国家的政治型犯罪”），侵犯的是国家的主权、领土完整及国防利益；妨害国（边）境管理罪、妨害文物管理罪、危害公共卫生罪、破坏环境资源保护罪等（我们称为“针对国家公益的犯罪”），侵犯的是国家公共管理秩序；侮辱国旗、国徽罪，侵犯的是国家尊严。这一系列的犯罪中，国家都是被害人。被害人的最显著的特征是合法权益直接遭到犯罪的侵害。自然人有其法定的合法权益，法人（单位）自从依法成立之日起也有合法权益。国家作为被害主体，同样具有合法的权益。从法律上看，自然人、法人、国家均是享有权利又承担义务的主体，因此不仅要将国家被害置于被害人学的研究范围，而且还要在刑事诉讼中国家财产权保障普遍不受重视的现实下，在刑事诉讼制度中完善、构建国家财产权的系列保障制度。

1. 国家财产权被侵害的现实可能性。

在经济犯罪活动，尤其是贪污、贿赂、合同诈骗等犯罪中，国家往往属于状态性的被害人，“这种被害人有可能遭受被害的原因并非纯粹是由于一时的偶然因素，而主要是因其本身某些因素而具备了现实的潜在被害倾向。”[②]

首先，与政治性犯罪中的国家被害相比，经济犯罪活动中国家

---

① 我国《刑法》第2条规定，刑法的任务之一，是保护国有财产和劳动群众集体所有的财产。

② 宋践：《论当代社会被害性》，载《南京大学法学评论》1998年春季号。

的被害意识相对薄弱。对于以国家为加害对象的政治性犯罪活动，比如，危害国家安全的犯罪，国家的被害意识往往较为强烈，预防和打击均相当迅速有力；而“作为经济犯罪活动受害人的国家最重要的两大特征是：受害者无名无姓；集体性”①。国家在经济犯罪活动中被害往往由于看似没有被害人而不易察觉，即便发现国家财产权受到侵害，一般也无人过问或无从提起诉讼而不了了之，使犯罪人得以逃脱惩罚。

其次，由于对经济犯罪国家被害的敏感性差，因此，国家被害后反应滞后，不能迅速地制定并执行有效的预防和应对措施。对于相关人员的贪污、渎职等行为，尤其是在经济活动中国家被骗行为缺乏有效的、灵敏的约束机制，国家在遭受犯罪行为侵害后，往往要经过较长的时间，且所受侵害达到一定的严重程度以后才知道，更谈不上被害预防。比如，浙江的杨秀珠、贵州的卢万里这些重大经济犯罪行为人，都是在潜逃之后才发现国家已经被害。与自然人被害及法人被害的预防措施相比，国家被害的预防措施即便制定得当，也往往由于需要较多的人力物力和较长的实施周期而无法取得立竿见影的效果，从而进一步刺激了行为人的犯罪心理。

国家财产权在犯罪中被害的更深层次原因在于，国有企业的产权不明晰、权责不明确，管理漏洞较多，导致企业经营者将国有资产的财产权利私人化，而将财产责任公有化。他们在拥有支配财产权利的同时，无须承担财产风险。犯罪人之所以对国有公司、企业、事业单位“情有独钟”并屡屡得逞，与这些单位直接负责的主管人员的玩忽职守是直接相关的。他们的失职行为给国家造成了巨大的经济损失。据有关部门统计，1991 年至 1994 年间，中国各种涉外企业逾期未收汇总额达 89 亿美元，其中有意欺诈的拖欠款占 60%。在这些外贸业务中突出的问题就是相关人员的失职行为，

① 汤啸天：《犯罪被害人学》，甘肃人民出版社 1998 年版，第 113、114 页。

例如，不经资信调查，贸然与新客户签约；过分信任老客户，当老客户付款异常时，不作资信调查，失去避免风险的机会；更多的则是业务操作不规范，合同条款有漏洞等。

综观全球范围内的各类犯罪呈现出的新特点，我们可以发现，国家在越来越多的犯罪类型中成为直接的被害人，如白领犯罪、毒品犯罪、黑社会组织犯罪等，而国家被害的核心是国家财产权被侵害，我们必须对此有一个清醒的认识。德国著名的犯罪学家施奈德曾说："我们必须对国家蒙受了巨大损失这一事实予以关注，实际上，国家因诈骗行为的存在而损失了大量的金钱。"① 从犯罪预防的角度讲，国家可以采取相应的行政或立法手段来进行有针对性的被害预防，而从财产权保障或救济的角度看，更应该进一步完善刑事诉讼相关制度。

2. 国家财产权保障的必要性。

与自然人和法人一样，国家成为犯罪被害人也是个体因素和社会因素综合作用的结果。② 从社会因素方面来考察，正如有学者认为的那样，在社会转型期间不仅会导致犯罪机制的转变，而且也同样引起被害机制的转变。我国目前正处于建立社会主义市场经济的进程当中，市场主体的多元化，交易活动的复杂化，生产生活资料流动的大面积、大幅度化，使得财产犯罪目标激增，不仅对犯罪人具有强烈的冲击作用，也使其他社会关系参加者在社会交往尤其是经济交往中的被害性大大增强。国家由于特定的时代背景及其自身的局限性，在犯罪活动中、尤其是在经济犯罪活动中具有比以往更大的被害性。以合同诈骗案件为例，近年来，对国有企事业单位的

① ［德］汉斯·约阿希姆·施奈德：《犯罪学》，中国人民公安大学出版社 1990 年版，第 822 页。

② 参见赵秉志：《新刑法教程》，中国人民大学出版社 1997 年版，第 177 页。

诈骗案件占了相当大的比例，且呈不断上升的趋势。[①] 随着市场经济体制的建立，国有单位已经失去了以往的优越地位，只能作为普通的市场主体参与到市场中去。这样，国家就通过它的代理人——国有企事业单位的经营者直接参加到市场经济活动当中。一方面，这符合市场经济的基本要求；另一方面，从被害人的角度而言，国家被害的机会大大增加了。凡是其他普通市场主体可能会遭遇到的被害，国家也同样可能遭遇到，甚至频率更高，程度更深。

我国目前正处于新旧体制转轨时期，新的管理体制尚不健全，许多政策、法规还不完善、配套，其中对国有资产的管理体制更是不能适应当前瞬息万变的经济生活，犯罪行为人往往看准国有企事业单位下手的原因也就在于此。就国有企业改革而言，几乎每一步改革都会引来一阵财产犯罪的热潮，造成国有资产的大量流失。可见，除了对针对国家财产犯罪的行为人依法打击惩处之外，很有必要从诉讼的角度建立国家财产权的保障机制。因为仅仅对犯罪行为人的打击并不必然能保障国家的财产权，我们更应关注的是国家财产权遭受侵犯之后，如何从诉讼的角度去救济国家财产权。

（三）保障国家财产权的刑事诉讼机制

笔者认为，国家财产权被害时，应由国家财产的经营管理单位的法定代表人或其上级管理机关（以下简称“代管人”）参与到刑事诉讼中，通过提起刑事附带民事诉讼，或者独立向人民法院提起

---

① 比如，据江苏省公安厅统计，2005 年该省合同诈骗发案猛增，个案案值巨大，且不断出现新的诈骗手段。1 月 - 12 月，江苏省共立合同诈骗案件 2037 起，案值高达 127921 万元，平均个案案值达到近 63 万元，几乎是 2004 年平均值 25.4 万元的 2.5 倍，说明江苏省合同诈骗犯罪危害程度加重。据山东省公安厅统计，2005 年合同诈骗犯罪案件 989 起，非法经营类案件 650 起，分别占立案总数的 13.9% 和 9.14%，同比分别上升了 13.29% 和 31.31%。合同诈骗犯罪案件一直是扰乱市场秩序最常见的多发性经济犯罪。而在合同诈骗犯罪中，国家被诈骗的案件又占很大比例。

诉讼，起诉犯罪行为人，保护国家的财产权利。[①]

国家作为被害人，其在刑事诉讼中的地位、诉讼权利义务和其他自然人或单位作为被害人的情况应该是没有区别的，经营管理国家财产的单位或其上级机关，应当参与到刑事诉讼中来，主张国家财产权保护。首先，1997 年刑事诉讼法为了更好地保护被害人的利益，把被害人归于当事人中，可以享有当事人的一系列诉讼权利。当事人在诉讼中不应该缺位，既然承认国家可以成为被害人，就应该承认其财产代管人应该参与诉讼，这样更有利于查清案件事实，同时更好地保护被害单位的权利。其次，被害人陈述属于法定的证据种类，不管是在侦查、起诉还是审判阶段，都必定会作为证据收集，以证明整个案件事实。这就需要有人代表国家来提供证言，证明受损害的情况。尤其是在法庭审理中，必须有人代表国家出庭。因为被害人在开庭前提供的证据，必须经过法庭质证，接受询问才能作为证据使用。我国没有规定直接言词审理原则，导致不出庭质证的情况很多，但是我国目前的证据认定都应经过当庭质证，通过控辩双方的争论来确定证据是否可以采纳，具有多大的证明力。当庭询问是最好的查证方法。被害人陈述属于法定的证据种类，所以必须经过质证、接受询问才能作为证据使用。虽然我国目

① 2006 年 1 月份，一起偷逃国家关税及进口环节增值税达 200 多万元走私案，在被告人作了有罪供述、相关书证比较充分的情况下，人民法院审理后认为海关依据海关担保规定收取的 160 万税款差额保证金属于行政处罚，遂从全部偷逃税款中去除，然后以偷逃税款未达法定数额为由宣告被告人无罪。如此判决让侦缉此案的某海关缉私局深感疑惑，在检察机关对此案拟不抗诉的情况下，缉私局得知此判决时，抗诉时效仅剩最后一天。熟悉海关担保制度性质的海关侦缉人员发现，该案在审判中具有明显瑕疵，及时与检察机关进行沟通和探讨，希望检察机关抗诉，但由于是非法定渠道沟通，检察机关没有及时书面答复。如此有瑕疵的人民法院判决最终得以生效，国家巨额损失不能得到任何弥补。据说许多海关缉私局在实践中遇到过的类似问题。这种案件中由于无人及时代表作为被害人的国家参与刑事诉讼活动，开展刑事诉讼行为，因此国家利益经常遭受损失。转引自中国诉讼法律网：《谁来代行国家被害人的权利》。

前并没有规定交叉询问制度，但是被害人的出庭可以为交叉询问制度提供必要的前提条件。如果否定了代管人作为国家被害人的出庭资格，会造成证据的证明力欠缺，在诉讼结果上可能对国家财产权不利。

国家是法律上拟制的人格，不能以自己的行为参加诉讼，有关的诉讼权利义务，必须设置相应的制度来实现。国家财产权被害主要分为两种情况：一种是由于经营、管理国家财产的单位的法定代表人或单位的其他工作人员犯罪，侵犯国家财产权。另一种是由于该单位以外的人犯罪使国家的财产遭受损失，侵犯国家财产权。如果是单位的法定代表人犯罪，则由该国有单位的经营管理机关或国有资产监管部门作为原告提起附带民事诉讼，人民检察院可以支持起诉，① 但不宜直接作为原告。我国台湾地区立法和学界也持同样观点。其“刑事诉讼法”第 497 条规定：“检察官于附带民事诉讼之审判，毋庸参与。”其理论界也认为：“附带民事诉讼，虽在刑事诉讼程序中附带提起，但其所为的诉讼行为仍应属于民事诉讼程序，所以检察官对于在附带民事诉讼的审理自无参与必要。”② 在我国台湾地区，即使“国家机关”因犯罪而受损害，仍应由该机关的长官代表起诉。③ 这是因为民事诉讼原告人应当是被侵害的权利的所有者或管理者，而检察机关既不是被害单位财产的所有者也不是管理者，其强行代替被害单位行使民事权利，实行国家干预并不合理。而且，检察机关通过民事诉讼活动获得胜诉权并实际取得

① 2000 年，最高人民检察院在《关于强化检察职能，依法保护国有资产的通知》中提出检察机关要依法支持起诉。

② 林钰雄：《刑事诉讼法》（下册），中国人民大学出版社 2003 年版。

③ 我国台湾地区有完善的刑事附带民事诉讼制度，但在国家被害后申请赔偿时，也并未区分情况，而是一律由“该‘国家机关’的长官，而非由检察院自行代表起诉”。参见林钰雄：《刑事诉讼法》（下册），中国人民大学出版社 2005 年版，第 373 页。

财产后，如果将本属于被害单位的财产上交国库，归国家所有，势必侵害了被害单位的财产权益；而如果将财产返还被害单位，这实际上是行使了法人或其他组织的代理人角色，与检察机关本身的角色和诉讼地位不相称。

如果是单位法定代表人以外的其他人员犯罪，侵犯国家财产权，则由该单位法定代表人作为原告提起附带民事诉讼，享有相关的诉讼权利、承担诉讼义务。在上述两种情况中，如果被侵害单位或其上级主管机关不提起诉讼，或当人民检察院支持起诉不足以实现保障国家财产权的目的时，才由人民检察院的民事行政检察部门代位作为原告提起民事公诉，以保护国家利益。可见，国家财产权如果因犯罪而遭受损失，在刑事诉讼中可以通过上述主体提起附带民事诉讼获得救济；[①] 如果追诉机关不予追究，而受害单位或其代理人有证据证明对被告人侵犯自己人身权利、财产权利的行为应当依法追究刑事责任的，可以直接向人民法院提起刑事自诉，要求人

---

① 我国《刑事诉讼法》第77条规定，如果是国家财产、集体财产遭受损失的，人民检察院在提起公诉的时候，可以提起附带民事诉讼。这里提的是“人民检察院在提起公诉的时候，可以提起附带民事诉讼”，并没有规定人民检察院是唯一的提起者；人民检察院可以提起、也可以不提起附带民事诉讼。如果人民检察院不提起，则应由单位法定代表人提起；如果单位法定代表人不提起，则由人民检察院提起；单位法定代表人和人民检察院也可以协商由谁来提起。《最高人民法院关于执行〈中华人民共和国刑事诉讼法〉若干问题的解释》第85条规定，如果是国家财产、集体财产遭受损失，受损失的单位未提起附带民事诉讼，人民检察院在提起公诉时提起附带民事诉讼的，人民法院应当受理。这说明在国家财产因刑事犯罪遭受损失的时候，受损失单位和人民检察院之间在提起附带民事诉讼以保护国家财产权的问题上，存在互动、互补的关系。

民法院追究被告人刑事责任，并赔偿给国家造成的财产损失。[①]

五、国家补偿制度与被害人财产权保障

国家补偿犯罪被害人的制度早在3600多年前就产生了。汉穆拉比时期的《巴比伦法典》（公元前1775年）规定，“如果未能抓获罪犯，地区政府应当赔偿抢劫犯罪被害人的财产损失。”[②] 作为被害人财产权保障制度的重要内容1985年联合国通过的《为罪行和滥用权力被害人取得公理的基本原则宣言》中也就犯罪被害人的赔偿和补偿作出了规定。[③] 其核心是在犯罪人无力承担对被害人的损害赔偿时，由政府或者基金组织承担，以保障被害人的财产权，矫正被破坏的正义。

（一）国家补偿的理论依据

德国犯罪学家汉斯·亨梯在其《论犯罪者与被害者的相互作用》一文中提出的犯罪者与被害者是互动的观点，为国家保障被害人财产权提供了主要依据。当被害人遭受到犯罪侵害后，如果无法从罪犯处得到适当的赔偿并陷入贫困境地时，其经济地位已处于一种不平等的状态中，“没有什么不平等的现象会像经济上的不平等现象一样导致如此大的怨恨，其他不平等的现象之所以不像经济

---

① 这里面有两个问题，一个是为了保护被害人的财产权，在刑事自诉中也可以提起附带民事诉讼。《刑事诉讼法》第77条规定，被害人由于被告人的犯罪行为而遭受物质损失的，在刑事诉讼过程中，有权提起附带民事诉讼。这里的“刑事诉讼过程”并没有被限制为自诉或公诉。另外，从法律规定看，刑事自诉案件的范围十分广泛，这样的规定是十分科学的，有利于在程序上保障被害人的财产权利。当然为了维护自身的财产权利，被害人或其代理人也可以选择民事起诉的方式。

② 转引自李玉华：《论刑事被害人国家补偿制度》，http://www.law-star.com/pshowtxt?keywords=汉穆拉比&dbn=lwk&fn=006-2000-1-83.txt&upd=1,2006年1月24日。

③ 参见程味秋、[加] 杨诚、杨宇冠编：《联合国人权公约和刑事司法文献汇编》，法制出版社2000年版，第207页。

上的不平等现象那样引发极大的怨恨，只是因为它们被认为不是人为的结果。”① 如果此时被害人财产权得不到保障，“会招致刑事被害人及市民对包括刑事司法在内的法秩序的不信任感，进而削弱刑法的规制机能。”② 除此之外，国家的契约责任也要求国家保障被害人财产权。正如卢梭所认为的，人们必须“寻找到一种结合形式以全部共同的力量来护卫和保障每个结合者的人身和财富，这种结合的形式即为国家”③。公民个人依契约将自己的权利交给国家来行使，并形成对国家保护自身合法权益的预期，国家应保证这种预期不受破坏，政府对每个公民的命运有一视同仁的抽象责任。④

（二）国外的实践及立法情况

世界上最早提出对被害人补偿具体实施制度的是英联邦国家。被尊为犯罪补偿制度之母的英国大法官玛格丽·弗瑞女士在1957年即提出了建立犯罪被害补偿制度的问题，⑤ 不但引起新西兰、澳大利亚、加拿大及美国等国家的重视，而且对英国本土也有重大影响。1963年新西兰颁布了世界上第一部刑事被害补偿法，1964年英国也颁布了刑事伤害补偿计划，1976年西德联邦议会通过了暴力犯罪被害人补偿法，等等。受此影响，英国建立了“被害者补偿制度”。这个立法上的变革，很快扩散到各英语国家或地区，包括美国加利福尼亚州及其他15个州、澳大利亚、加拿大。奥地利、瑞典、芬兰、日本、德国等国也陆续通过立法建立了犯罪被害补偿

---

① ［英］弗里德利希·冯·哈耶克：《法律、立法与自由》，中国大百科全书出版社2000年版。

② ［日］大谷实：《犯罪被害人及其补偿》，黎宏译，载《中国刑事法杂志》2000年第2期。

③ ［法］卢梭：《社会契约论》，何兆武译，商务印书馆1980年版。

④ 参见［美］德沃金：《法律帝国》，中国大百科全书出版社1996年版。

⑤ 参见王正嘉：《刑事司法上被害人保护及其与犯罪人的关系——个批判的省思》，载《月旦法学杂志》2004年第7期。

制度。其目的在于强调国家对控制犯罪和补偿被害人的责任，使不能获得被告人赔偿的被害人最大程度地从被害后果中得以恢复。许多国家还设立了专门的机构，并通过立法规定了补偿的宗旨和性质、申请的接受、获得补偿的条件和金额及领取办法等。

（三）我国的研究与探索

我国没有国家补偿制度，因此在被害人财产权保障的内容和范围上是不完整的。早在1996年我国修改刑事诉讼法时，有学者就提出，我国刑事诉讼制度的完善，应当在关注被告人人权保障的同时，注意对被害人权利的保障，并在条件具备时建立犯罪被害人的国家补偿制度。① 该制度已逐步引起我国学者的关注，具备了一定的思想基础。

基于被害人财产权保障的考虑，我国实务界对国家补偿制度也进行了有益的尝试。2004年2月淄博市委政法委、淄博市中级人民法院出台《关于建立犯罪被害人经济困难救助制度的实施意见》，当市民在刑事案件中遭遇伤害后，被害人不能从加害人及其他方面获得实际经济补偿，生活特别困难的，由政府给予一定数额的资金救助。条件和标准是：接受救助的对象是犯罪发生地在淄博境内，政法机关对刑事加害人的处理程序合法，定罪准确，量刑适当的案件的犯罪被害人，并符合被害人因受害致伤、致残，需要花费巨额医疗费用，而本人又无力支付等七种条件之一；救助只限于无过错的被害人；被害人若从加害人或保险公司或其他部门获得了足够的赔偿或补偿，不再予以救助；救助的对象只限于犯罪被害人

---

① 参见樊学勇：《关于对刑事被害人建立国家补偿制度的构想》，载《中国人民大学学报》1997年第6期；田思源：《构建我国犯罪被害人国家补偿制度框架的基本构想——关于制定我国〈犯罪被害人补偿法〉的提案》，载《法学杂志》2001年第6期；李玉华：《论刑事被害人国家补偿制度》，载《政法论坛》2000年第1期；王波：《关于建立我国国家补偿被害人制度的若干思考》，载《黑龙江省政法管理干部学院学报》2001年第4期。

暂时有特殊困难的，以后的困难应由社会救济或社会保障解决；救助金额的标准依据具体犯罪行为发生地平均生活水平，刑事犯罪给被害人造成的实际侵害结果，结合被害人年龄、职业、生活水平等情况，进行资金救助。这项制度在全国开了被害人补偿制度之先河。山东省苍山县人民检察院对刑事被害人也专门设置了一个“救济程序”：人民检察院受理案件后，办案人员要告知被害人在刑事诉讼中享有的权利（譬如刑事附带民事诉讼的权利）和实现权利的途径，如果依法还不能实现这些权利，就启动“法外救助程序”，依靠社会各界的力量，对被害人进行救助。尽管山东省个别地方在进行积极探索，但从全国总的情况看，对被害人进行国家补偿还是十分罕见的。

（四）我国被害人财产权保障的障碍之一——国家补偿立法的缺失

国家补偿立法的缺失带来了实务中的许多问题，笔者试图通过对马加爵案件的分析来说明这一点。2004 年 4 月云南省昆明市中级人民法院一审判决马加爵死刑并剥夺政治权利终身的同时，作出了民事判决，判令给三个受害人每家赔偿 2 万元，并驳回了他们要求进行精神赔偿的要求。而被他杀害的 4 个同学中有 3 个同学的家庭和他家一样穷。4 月初，受害人杨开红、唐学李家属分别提出了 31 万余元和 16 万余元的经济损失赔偿请求，包括误工费、丧葬费、死亡赔偿金、交通费和住宿费。杨开红的家属另外还提出了索赔 15 万元精神损害抚慰金的要求。与此同时，邵瑞杰的家属也提出了 35 万经济损失赔偿。但根据法庭调查的结果，马加爵只有一台电脑，而他的家人明确表示没有经济能力代为赔偿。因此，人民法院后来作出的民事判决，距离被害者家庭的索赔额相距甚远。后来，云南大学对马加爵案的 4 名被害人家属进行补偿，补偿金额从

6万元到11.5万元不等（外加3000元保险金）。[①] 但这种补偿显然不足以抚慰承受失子之痛的各位家长。2005年，我国立的刑事犯罪案件464万余起，[②] 而刑事案件的破案率一般在60%左右，即使每起案件都只有一个犯罪嫌疑人，即我国每年有近200万被害人根本不可能从罪犯那里得到赔偿。按规定，嫌疑人不归案就不算破案，所以不破案被害人一般就无法得到赔偿。在司法实践中，犯罪被害人即使能够得到补偿，也往往只是象征性的，而不是足够的。

从上述案例可以看出，犯罪行为在侵害了被害人生命权的同时，也侵犯了其家属的财产权，更破坏了社会秩序。在多数情况下，被害人都是损害行为的直接承受者，是刑事犯罪中受到最严重侵害的个体。因此，在刑事诉讼追求惩罚犯罪、保护人权的双重目的实现过程中，必然要寻求对被害人受损利益的救济和保护，使其在物质和精神上都获得应有的补偿，减轻被害人的痛苦，矫正被破坏的正义，这是刑事诉讼不能回避的使命，也是司法公平正义理念的要求，更是国家和社会义不容辞的责任。但现行刑事诉讼法仅规定，以犯罪行为人本人现存的财产为限，来赔偿被害人经济损失。这是明显有缺陷的，正如上述案例所表明的那样，现实的情况是绝大部分犯罪行为人无力赔偿或不愿意赔偿给被害人造成的财产损失。

（五）国家补偿制度建立的基本思路

国际人权法、国外立法、司法判例以及国内对犯罪被害人补偿的有益的探索，为完善我国刑事司法制度中对被害人的补偿制度提供了借鉴。为了从根本上改变我国刑事立法和司法实践中存在的不合理的状况，扭转法律在保护被害人求偿权方面的不合理的规定或软弱无力的现象，有必要制定国家补偿法或者在现有的刑事诉讼法

---

① 《新闻晨报》2004年3月19日消息。

② 2006年1月19日公安部新闻发布会上发言人武和平发布的数据。

中规定国家补偿制度。为此，笔者建议明确以下几方面问题：

关于补偿的方式、数额和程序。具体规定可根据我国国情，参照其他国家的实践和联合国《为罪行和滥用权力被害人取得公理的基本原则宣言》的原则制定。但应明确两点：第一，补偿数额应规定最高限额。第二，补偿申请的时间不能理解为在对刑事被告有罪宣判后。为切实保护受害人的利益，只要其能证明自己受到的侵害达到一定程度，就可以在刑事诉讼中随时申请国家补偿。此外，还应当借鉴美国一些州的做法，在被害人提出的国家补偿要求获得解决之前，先向被害人提供一部分应急贷款。

关于补偿受理机关和决定机关。被害人可向该刑事案件的管辖法院提出补偿申请。补偿程序以书面审理为主，但应当体现方便、快捷的原则，避免被害人在补偿程序中身心再度被害。

关于补偿对象。补偿对象应当限于自然人由于严重暴力犯罪和其他一些特殊的情况引起的生命、健康侵害，并由此给被害人或其家属带来的财产权损失。不包括法人和其他组织受到的侵害。自然人包括我国公民和在我国境内受到犯罪侵害的外国人、无国籍人。

关于补偿条件。一般应当同时满足以下条件：第一，必须是无法从罪犯或其他途径得到充分补偿。第二，必须是严重暴力犯罪被害人受到的生命、健康方面的损害。第三，被害人对自己被害不承担责任或承担很少责任。如果被害人是未成年人、老人、基本或完全丧失劳动能力者，国家应当根据其生活来源情况，给予适当补偿，而不应考虑其责任大小。比如法国刑事法院在受理交通事故造成的过失杀人或过失伤害案件时，如果受害人的年龄不满15岁或者已经超过60岁，或者不论受害人的年龄如何，如果在受到伤害时持有承认其至少80%的永久性无能力或残疾证书，无论他们是否有过错，都可以得到赔偿。[①] 第四，必须及时报案，并且与司法机关积极合作。

关于补偿资金来源及管理。“资金不足”是反对者的主要理由。[②] 因此，在立足国情的基础上，筹集足够的资金，十分重要。可以建立专门的补偿基金，资金来源主要有国家税收、犯罪人缴纳、社会捐助等。关于犯罪人缴纳可考虑几个思路：其一是对某些罪犯适用的附加刑中的罚金和没收财产；其二是借鉴瑞典的做法，令被判管制或拘役的罪犯再向专门基金缴纳一定的金钱；其三是考虑将管制或拘役“以罚代刑”，既可起到惩罚犯罪的目的，又可充实专门基金，达到对刑事被害人的保护；其四是罪犯在假释时，作为一个条件，令其缴纳一定数量金钱。早在1990年，意大利法学家加罗法洛在布鲁塞尔国际监禁代表大会上，就提出请求“有条件自由”的囚犯，应向被害人支付相当比例的积蓄，并把这看作是囚犯本人的一个确实无疑的悔悟信号。

---

① 参见［法］卡斯东·斯特法尼：《法国刑事诉讼法精义》（上册），罗结珍译，中国政法大学出版社1998年版，第297、298页。

② 参见刘贵萍、许永强：《构建我国犯罪被害人的国家补偿制度》，中国人民公安大学出版社2004年版。

结　语

几年来，笔者尽了最大努力对刑事诉讼中的财产权保障问题进行研究。本文沿着一条法学研究的传统路径，从基本理论到原则理念再到制度建设，探讨了刑事诉讼中财产权保障的性质和法理基础，分析了理论维度上刑事诉讼和财产权的关系、刑事诉讼法和宪法的关系，并在正当法律程序原则、司法审查原则和比例原则的指引下，从刑事诉讼的制度层面上研究构建了物的强制处分制度中的搜查、扣押制度，被害人财产权保障制度，国家刑事赔偿制度中的财产权保障制度。在这些制度构建中，笔者是以我国刑事诉讼制度中现存的问题（既包括立法层面又包括实务层面）为重心加以分析的，同时这种分析又未受现有刑事诉讼理论和制度所限制，而是从较高层面和较开阔的视野中论述如何在我国建立相关制度。

一是开辟了刑事诉讼中除传统的人身权保障之外的财产权保障新领域。财产权保障在法治发达国家刑事诉讼中是比较完善的，在我国由于种种原因却鲜有涉及。财产权保障的核心内涵是“免受政府和他人的侵犯”，这给我们提供了一个新的视角来考察刑事诉讼中的程序正当化问题。对一个正当化的程序而言，不仅程序本身具有正当性，程序辐射范围内的内容也具有完整性。刑事诉讼中的正当程序本身就具有普适性和规律性的特征，但程序的内容却包括了财产权、人身权、生命权、隐私权等内涵。搜查、扣押等对物的强制处分制度，以及国家赔偿制度、附带民事诉讼制度、资产追回机制等，就是从财产权保障的视角出发研究设计的结果。

二是注重财产权主体的完整性，兼顾被追诉人财产权保障和被害人财产权保障。尽管在刑事诉讼人权保障的舞台上，被追诉人长期以来一直是主角，但财产权保障却并非被追诉人的专利。犯罪行为一般都会给被害人造成财产损失，如何救济被害人已被侵害的财产权，同样是刑事诉讼的任务。为此，笔者专门论述了附带民事诉讼制度的改革完善以保障被害人的财产权，沿用资产追回机制来解决被害人尤其是国家被害时的财产权保障问题。针对目前国家财产权经常遭到侵犯的现状，笔者还提出了刑事诉讼中国家财产权保障的概念，并建议国家被害时必须由被害单位法定代表人或被害单位上级管理机关参与到刑事诉讼中，通过提起刑事附带民事诉讼，或者独立向人民法院提起诉讼，起诉犯罪嫌疑人或被告人，保护国家的财产权利。

三是立足于刑事诉讼的财产权非一般的民事权利，而是宪法所保障的基本权利这一基点，构筑刑事诉讼中的各项财产权保障制度。宪法是保护个人权利、限制国家权力的基本法。这一基点使我们能站在宪法的高度来观察刑事诉讼法制。刑事诉讼法不再是单纯的部门法学，而是国家宪法的“测震器”、“宪法之施行法”。这就要求，不管是在侦查、起诉还是在审判中，都必须接受宪政精神的指引，受宪政精神的约束，此基础上的刑事诉讼研究或实务运作，自然会达到财产权保障的最大效果。

必须指出，由于笔者精力、能力、时间等因素所限，本文仍然存在材料引证、研究方法和理论挖掘上的诸多不足。笔者掌握的实务中的资料要多于理论层面的资料，对国外的资料，尤其是英文以外的资料，学习的更多的是翻译成中文的篇章论著。英文资料的原文看过一些，也参加过诉讼法研究中心的翻译项目，但从本文的整体需要看，尚有局限。同时，笔者对财产权保障研究的覆盖面还是较满意的，但在研究的深度上有些欠缺，需要进一步的理论挖掘。

研究方法上的不足，主要表现在对国外有关制度的比较研究基本未能在微观的层面上展开，有些制度设计的线条过粗。对与本文有关的哲学、伦理学、政治学、社会学等领域的研究也欠深入。这些，都有待于在老师的指导和同学朋友们的帮助下，通过后续研究予以弥补。

主要参考文献

一、典籍

1．卞建林译．美国联邦刑事诉讼规则和证据规则．北京：中国政法大学出版社，1996

2．卞建林等译．加拿大刑事法典．北京：中国政法大学出版社，1999

3．宋英辉译．日本刑事诉讼法．北京：中国政法大学出版社，2000

4．陈瑞华等译．英国1984年警察与刑事证据法．北京：中国政法大学出版社，2001

5．黄道秀译．俄罗斯联邦刑事诉讼法典．北京：中国政法大学出版社，2003

6．李昌珂译．德国刑事诉讼法典．北京：中国政法大学出版社，1998

7．黄风译．意大利刑事诉讼法典．北京：中国政法大学出版社，1994

8．余叔通，谢朝华译．法国刑事诉讼法典．北京：中国政法大学出版社，1998

9．马相哲译．韩国刑事诉讼法．北京：中国政法大学出版社，2004

10．姜士林，陈玮主编．世界宪法大全．北京：中国广播电视出版社，1989

11．余叔通，文嘉主编．新汉英/英汉法学词典．北京：法律出版社，2000

12．张友渔等编．中国大百科全书（法学卷）．北京：中国大百科全书出版社，1984

13．夏征农等编．辞海（缩印本）．上海：上海辞书出版社，1989

14．曾庆敏等编．法学词典．上海：上海辞书出版社，1989

15．曾庆敏主编．刑事法学词典．上海：上海辞书出版社，1991

二、中文著作

1．樊崇义．诉讼原理．北京：法律出版社，2003

2．樊崇义，夏红编．正当程序文献资料选编．北京：中国人民公安大学出版社，2004

3．樊崇义．正当法律程序研究．北京：中国人民公安大学出版社，2005

4．樊崇义．刑事诉讼法修改专题研究报告．北京：中国人民公安大学出版社，2004

5．陈光中．刑事诉讼法实施问题研究．北京：法制出版社，2000

6．陈光中．21 世纪域外刑事诉讼立法最新发展．北京：中国政法大学出版社，2004

7．陈光中．外国刑事诉讼程序比较研究．北京：法律出版社，1998

8．陈光中，丹尼尔·普瑞方廷．联合国刑事司法准则与中国刑事法制．北京：法律出版社，1998

9．武延平．刑事诉讼法教程．北京：法律出版社，1996

10．刘金友．证据法学．北京：中国政法大学出版社，2003

11．周士敏．澳门刑事诉讼制度论．北京：国家行政学院出版社，2001

12．卞建林，刘枚．外国刑事诉讼法．北京：人民法院出版社，中国社会科学出版社，2002

13．卞建林．刑事诉讼的现代化．北京：中国法制出版社，2003

14．宋英辉．刑事诉讼原理．北京：法律出版社，2003

15．宋英辉，吴宏耀．刑事审判前程序研究．北京：中国政法大学出版社，2002

16．杨宇冠．非法证据排除规则研究．北京：中国人民公安大学出版社，2002

17．傅宽芝．发达国家诉讼制度．北京：时事出版社，2001

18．程荣斌．外国刑事诉讼法教程．北京：中国人民大学出版社，2002

19．樊凤林：刑罚通论．北京：中国政法大学出版社，1994

20．崔敏．中国刑事诉讼法的新发展．北京：中国人民公安大学出版社，1996

21．汪建成．刑事诉讼法学概述．北京：北京大学出版社，2001

22．王敏远．刑事司法理论与实践检讨．北京：中国政法大学出版社，1998

23．陈瑞华．刑事诉讼的前沿问题．北京：中国人民大学出版社，2000

24．陈卫东．刑事诉讼法实施问题调研报告．北京：方正出版社，2001

25．陈永生．侦查程序原理论．北京：中国人民公安大学出版社，2003

26．孙长永．侦查程序与人权．北京：方正出版社，2001

27. 孙长永．日本刑事诉讼法导论．重庆：重庆大学出版社，1993

28. 徐静村．刑事诉讼法学（修订本）．北京：法律出版社，1999

29. 左卫民，周长军．刑事诉讼的理念．北京：法律出版社，2000

30. 谢佑平．刑事侦查制度原理．北京：中国人民公安大学出版社，2003

31. 郭志媛．刑事证据可采性研究．北京：中国人民公安大学出版社，2004

32. 何家弘．美国刑事诉讼规则．北京：中国检察出版社，2003

33. 何家弘．外国犯罪侦查制度．北京：中国人民大学出版社，1995

34. 杨正万．刑事被害人问题研究．北京：中国人民公安大学出版社，2002

35. 郝宏奎．侦查论坛．北京：中国人民公安大学出版社，2004

36. 何勤华．西方法学名著精萃．北京：中国政法大学出版社，2002

37. 赵秉志．酷刑遏止论．北京：中国人民公安大学出版社，2003

38. 王立宪，严军兴．英国普通法制度之旅．北京：群众出版社，2002

39. 王哲．西方政治法律学说史．北京：北京大学出版社，1988

40. 向泽远．法律监督与刑事诉讼救济论．北京：北京大学出版社，2005

41. 林钰雄．搜索扣押注释书．台北：元照出版公司，2002

42. 法治斌．人权保障与释宪法制．台北：月旦出版公司，1993

43. 王兆鹏．刑事诉讼法讲义（一）．台北：元照出版公司，2003

44. 王兆鹏．搜索扣押与刑事被告的宪法权利．台北：瀚卢图书出版有限公司，2000

45. 陈新民．宪法基本权利之基本理论．台北：元照出版公司，2002

46. 陈志龙．人性尊严与刑法体系入门．台北：三民书局股份公司，1995

47. 孟维德．公司犯罪问题与对策．台北：五南图书出版公司，2003

48. 孟维德．白领犯罪现象、理论与对策．台北：亚太图书出版社，2002

49. 余凌云．警察行政权力的规范与救济．北京：中国人民公安大学出版社，2002

50. 王大伟．英美警察科学．北京：中国人民公安大学出版社，1995

51. 程小白．追赃理论与实务．北京：中国人民公安大学出版社，2005

52. 齐延平．人权与法治．济南：山东人民出版社，2002

53. 刘卫政．疏漏的天网：美国刑事司法制度．北京：中国社会科学出版社，2000

54. 夏新华．法治：实践与超越——借鉴域外法律文化研究．北京：中国政法大学出版社，2004

55. 张俊浩．民法原理．北京：中国政法大学出版社，1993

56. 马俊驹，余延满．民法原论．北京：法律出版社，2005

57. 程萍. 财产所有权的保护与限制. 北京：中国人民公安大学出版社，2005

58. 梅夏英. 财产权构造的基础分析. 北京：人民法院出版社，2002

三、中文论文

1. 陈光中. 刑事诉讼法再修改之基本思路. 人民检察，2005（10）

2. 陈光中. 中国刑事强制措施制度的改革与完善. 政法论坛，2003（5）

3. 樊崇义. 刑诉法再修改要论. 法学杂志，2004（1）

4. 樊崇义. 联合国刑事司法准则与公安法治. 山东公安专科学校学报，2003（4）

5. 樊崇义. 走向理性化的国家赔偿制度. 政法论坛，2002（4）

6. 宋英辉. 关于搜查、扣押电子资料的立法完善问题. 见证据法论坛（第7卷）. 北京：中国检察出版社，2004

7. 宋英辉. 刑事审前程序与刑事司法公正. 中国法学，2003（1）

8. 宋英辉. 关于非法搜查扣押的证据物的排除之比较. 政法论坛，1997（1）

9. 杨宇冠. 反腐败公约推动反腐败. 法制日报，2004－2－26

10. 杨宇冠. 非法证据排除规则的例外. 比较法研究，2003（6）

11. 傅宽芝. 违法证据的排除与防范比较研究. 外国法译评，1997（1）

12. 崔敏. 关于司法改革的若干思考. 诉讼法论丛，1998（2）

13. 陈瑞华. 司法权的性质：以刑事司法为范例的分析. 法学研究，2000（5）

14. 陈瑞华. 从流水作业走向以司法裁判为中心：对中国刑事司法改革的一种思考. 法学，2000（3）

15. 陈卫东. 论侦查权的司法控制. 政法论坛，2000（6）

16. 刘根菊. 对侦查机关实施强制性处分的司法审查. 中国刑事法杂志, 2002 (4)

17. 刘根菊. 关于公诉案件被害人权利保障问题. 法学研究, 1997 (2)

18. 汪建程. 论刑事诉讼中犯罪控制和人权保护. 刑事法评论, 第6卷

19. 谢佑平. 论程序法定原则. 见诉讼法理论与实践. 北京: 人民法院出版社, 2001

20. 柯耀程. 证据保全立法之检讨. 月旦法学杂志, 第97期

21. 王兆鹏. 告诉乃论案件与强制处分. 刑事法杂志, 第46卷第2期

22. 吴景芳. 台湾的刑事审前程序之改革. 法令月刊, 第55卷第7期

23. 王正嘉. 刑事司法上被害人保护及其与犯罪人关系. 月旦法学杂志, 2004年7月

24. 林俊益. 论刑事被告诉讼基本权之保障. 宪政时代, 第27卷第1期

25. 方文宗. 搜索、扣押权限之分配. 刑事法杂志, 第46卷第6期

26. 何赖杰. 无票搜索之审查. 司法周刊, 第1056期

27. 何赖杰. 逮捕、搜索与扣押. 台湾本土法学, 第25期

28. 吴景钦. 从检察院强制处分权的逐步废除探讨检警职权之消长. 法令月刊, 第53卷第4期

29. 陈运财. 宪法正当法律程序之保障与刑事诉讼; 陈爱娥. 司法院大法官会议解释中财产权概念之演变; 王文宇. 从财产权之保障论释字第349号解释. 见刘孔中、李建良主编. 宪法解释之理论与实务. 台北, 中山人文社会科学研究所, 1998

30. 张天一. 论刑法上财产概念的内涵. 刑事法杂志, 第47

卷第 1 期

31. 蔡佩芬. 赃物与准赃物之意义范围新释. 法学业刊，第 47 卷第 3 期

32. 黄朝义. 从搜索条文之修正论司法审查. 司法周刊，第 1045 期

33. 王兆鹏. 法官审核搜索票之权责. 司法周刊，第 1041 期

34. 张淳棕. 刑事证据保全制度. 司法周刊，第 1158 期

35. 王梅英. 无令状搜索. 司法周刊，第 1048 期

36. 吴柞丞. 论刑事诉讼程序中之证据取得. 万国法律，第 128 期

37. 吴巡龙. 核发搜索票心证门槛之再探讨. 司法周刊，第 1061 期

38. 吴巡龙. 相当理由与合理理由之区别. 刑事法杂志，第 46 卷第 4 期

39. 陈瑞仁. 新法下搜索扣押之理论与实务. 台湾本土法学，第 26 期

40. 陈瑞仁. 搜索票之应记载与得记载事项. 司法周刊，第 1043 期

41. 陈瑞仁. 搜索之执行. 司法周刊，第 1049 期

42. 陈瑞仁. 搜索门槛“相当理由”之内涵. 司法周刊，第 1038 期

43. 郑正忠. 司法权之意涵、特质与发展趋势. 司法周刊，第 994 期

44. 詹德恩. 略论刑事诉讼程序之变革对司法警察机关的冲击. 刑事法杂志，第 47 卷第 6 期

45. 黄惠婷. 同意搜索与违反令状原则之法律效果. 台湾本土法学，第 27 期

主要参考文献

四、译著

1. [美] H. W. 埃尔漫. 比较法律文化. 贺卫方，高鸿均译. 北京：清华大学出版社，2002

2. [美] 路易斯·亨金. 宪政与权利. 北京：三联书店，1997

3. [美] 伯纳德·斯瓦次. 美国宪法史. 北京：中国政法大学出版社，1990

4. [美] 罗斯科·庞德. 普通法的精神. 唐前红等译. 北京：法律出版社，2001

5. [美] 乔恩. R. 华尔兹. 刑事证据大全. 何家弘等译. 北京：中国人民公安大学出版社，1997

6. [英] 丹宁. 法律的正当程序. 李克强等译. 北京：法律出版社，1999

7. [日] 土本武司. 日本刑事诉讼法讲义. 宋英辉等译. 台北：五南图书出版公司，1993

8. [日] 大谷实. 刑事政策学. 黎宏译. 北京：法律出版社，2000

9. [日] 谷口安平. 程序的正义与诉讼. 北京：中国政法大学出版社，1996

10. [日] 田口守一. 刑事诉讼法. 刘迪等译. 北京：法律出版社，2000

11. [日] 村井夫. 人的权利. 陈文媛译. 日本：日本三思堂，1997

12. [日] 大昭保昭. 人权、国家与文明. 王志安译. 台北：三联书店，2003

13. [法] 卡斯东·斯特法尼. 法国刑事诉讼法精义（上下册）. 罗结珍译. 北京：中国政法大学出版社，1998

14.［法］孟德斯鸠．论法的精神．北京：商务印书馆，2004

15.［英］洛克．政府论．北京：商务印书馆，2004

16.［德］克劳思·罗科信．刑事诉讼法．吴丽琪译．北京：法律出版社，2003

17.［德］托马斯·卫根特．德国刑事诉讼程序．岳礼玲，温小洁译．北京：中国政法大学出版社，2003

18.［德］特穆特·毛雷尔．行政法总论．高家伟译．北京：法律出版社，2000

五、外文类

1. David J. Bodenhamer, Lost Vision: The Bill of Rights and Criminal Procedure in American History, Selected from Unintended Consequences of Constitutional Amendment, edited by E. Kyving, by the University of Georgin Press. (2000)

2. Patricia E. Erickson, The Legal Standard of Politional Impairment——An Analysis of Substantive Due Process and the United States Supreme Court's Decision in Kansas v. Hendricks, Journal of Criminal Justice 30(2002)1 –0.

3. Richard J. Pierce, Jr, The Due Process Counterrevolution of the 1990? Columbia Law Review, Vol. 96. 1999.

4. Richard L. Aynes, Unintended Consequences of the Fourteenth Amendment, Selected from Unintended Consequences of Constitutional Amendment, edited by E. Kyving, by the University of Georgin Press. (2000)

5. U. S. Supreme Court: WEEKS v. U. S., 232 U. S. 383(1914)

6. U. S. Supreme Court: WOLF V. PEOPLE OF THE STATE OF COLO., 338 U. S. 25(1949)

7. U. S. Supreme Court: MAPP V. OHIO, 367 U. S. 643(1961)

六、网络资源

1. 法源法律网

http://db. lawbank. com. tw

2. 元照法律网

http://www. angle. com. tw

3. 北大公法网

http://www. publiclaw. cn/index. asp

4. 北大法律信息网

http://www. chinalawinfo. com/index. asp

5. 中国法学网

http://www. iolaw. org. cn

6. 中国法律信息网

http://www. law - star. com

7. 法律论文资料库

http://www. law - lib. com/lw

8. 东方法眼

http://www. dffy. com

9. 法意网

http://www. lawspirit. com

七、参考案例

案例1：吴根花非法吸收公众存款诈骗一案所扣财物处置之探讨，浙江省兰溪经侦大队吴玉明，摘自公安部经侦局网站

案例2：李治诉清远市公安局限制人身自由和收取退赃款案 国家信息中心：国家法规数据库 【分类号】115611999059 二〇〇〇年第四辑（总第34辑） 最高人民法院 中国应用法学研究所

案例3：公安部经济犯罪侦查局登载案例

案例4：姜国祥等诉如皋市公安局扣押财产和行政侵权案 国家信息中心：国家法规数据库 【分类号】115711999033 二○○○年第一辑（总第31辑） 最高人民法院 中国应用法学研究所

案例5：刘大一诉番禺市公安局等非法搜查、拘禁、扣押并要求赔偿案 国家信息中心：国家法规数据库 【分类号】115612001049 二○○一年第四辑（总第38辑） 最高人民法院 中国应用法学研究所

案例6：陈文明不服衡阳市公安局限制人身自由、扣押财产、罚款决定案 国家信息中心：国家法规数据库 【分类号】115611999039 一九九九年第四辑（总第30辑） 最高人民法院 中国应用法学研究所

案例7：胡国华请求淮安市人民检察院对其非法扣押财产司法赔偿案 国家信息中心：国家法规数据库 【分类号】115711999021 一九九九年第三辑（总第29辑） 最高人民法院 中国应用法学研究所

案例8：程友富等不服冕宁县公安局限制人身自由、扣押物品决定案 国家信息中心：国家法规数据库 【分类号】90223002000012（2000）凉行终字第22号 最高人民法院 中国应用法学研究所

案例9：陈志涛申请象山县人民检察院刑事违法扣押赔偿案 国家信息中心：国家法规数据库 【分类号】90114202000001（2000）甬中法委赔字第1号 最高人民法院 中国应用法学研究所

案例10：曾宪政不服江阴市公安局限制人身自由和扣押财产案 国家信息中心：国家法规数据库 【分类号】90103002000017（2000）宁行终字第77号 最高人民法院 中国应用法学研究所

案例11：上海华澄实业有限公司不服南汇县公安局超过法定期限不予返还被扣划款行政赔偿纠纷上诉案　国家信息中心：国家法规数据库　【分类号】90094101999001（1999）沪高行赔终字第1号

案例12：赵艳杰不服海口市公安局查封财产案　国家信息中心：国家法规数据库　【分类号】115612001029　二〇〇一年第三辑（总第37辑）　最高人民法院　中国应用法学研究所

案例13：公安部经济犯罪侦查局登载案例

案例14：公安部经济犯罪侦查局登载案例

案例15：湖北省蒲圻纺织总厂等诉东阳市公安局查封、扣押财产案　国家信息中心：国家法规数据库　【分类号】115611997017　最高人民法院　中国应用法学研究所

案例16：姜宝元不服唐山市公安局路南区分局限制人身自由、扣押财产决定案　国家信息中心：国家法规数据库　【分类号】115611999040　一九九九年第四辑（总第30辑）　最高人民法院　中国应用法学研究所

案例17：张晓华不服磐安县公安局限制人身自由、扣押财产行政案　国家信息中心：国家法规数据库　【分类号】113118199304　最高人民法院　中国应用法学研究所

案例18：鲁宁舟诉常州市公安局戚墅堰分局处理扣押财产案　国家信息中心：国家法规数据库　【分类号】115611997052　一九九九年第四辑（总第30辑）　最高人民法院　中国应用法学研究所

案例19：潘立新不服三明市公安局三元分局对其收容审查和扣押财产及行政侵权赔偿案　国家信息中心：国家法规数据库　【分类号】115711998015　最高人民法院　中国应用法学研究所

案例20：林世友不服信丰县人民检察院扣押财产、逮捕决定要求赔偿案　国家信息中心：国家法规数据库　【分类号】90144202001003　最高人民法院　中国应用法学研究所

案例21：汪卫平诈骗案（乌鲁木齐铁路公安局库尔勒公安处立案，本人参与）

案例22：林建利诉徐闻县公安局非法限制人身自由、侵犯财产案　国家信息中心：国家法规数据库　【分类号】115612001001　最高人民法院　中国应用法学研究所

案例23：仇惠南请求泗阳县人民检察院国家赔偿案　国家信息中心：国家法规数据库　【分类号】115612001432　最高人民法院　中国应用法学研究所

案例24：林国强请求金华市中级人民法院错误追缴赔偿案　国家信息中心：国家法规数据库　【分类号】90114202001005　最高人民法院　中国应用法学研究所

案例25：高家兴申请合江县人民检察院国家赔偿案　国家信息中心：国家法规数据库　【分类号】115711997006　最高人民法院　中国应用法学研究所

案例26：葛兆祥请求东胜市人民检察院刑事损害赔偿案　国家信息中心：国家法规数据库　【分类号】115711998019　最高人民法院　中国应用法学研究所

案例27：桂学红诉荆门市公安局东宝分局侵犯财产权、行政赔偿案　国家信息中心：国家法规数据库　【分类号】90174102001003　最高人民法院　中国应用法学研究所

案例28：郝洁不服临汾市公安局收容审查并请求行政赔偿案　国家信息中心：国家法规数据库　【分类号】115711999025　最高人民法院　中国应用法学研究所

案例29：何万兵因被错误逮捕、违法扣押财产请求阳新县人民检察院赔偿案　国家信息中心：国家法规数据库　【分类号】90174202001004　最高人民法院　中国应用法学研究所

案例30：吕阿娣汽车被扣案：警方扣车七年不给说法，是依法办案还是滥用职权？

案例31：李伏运请求国家赔偿案　国家信息中心：国家法规数据库　【分类号】90006002003002　最高人民法院　中国应用法学研究所

案例32：许天生因涉嫌美元诈骗被错拘申请邓州市公安局刑事赔偿案　国家信息中心：国家法规数据库　【分类号】115712001014　最高人民法院　中国应用法学研究所

案例33：林树民请求白云区公安分局因错误拘留赔偿案　国家信息中心：国家法规数据库　【分类号】90194201999001　最高人民法院　中国应用法学研究所

案例34：龙岩粮食饲料厂申请三明市公安局梅列分局刑事赔偿案　国家信息中心：国家法规数据库　【分类号】115711997017　最高人民法院　中国应用法学研究所

案例35：马银德等诉雷桂明等不知是赃物在购买后被追回赔偿案　国家信息中心：国家法规数据库　【分类号】115211997023　最高人民法院　中国应用法学研究所

案例36：公安机关大接访期间公安部网站选登的“通过大接访解决问题”的典型案例之一

案例37：邱太元等因被错拘错捕申请团风县人民检察院刑事赔偿案　国家信息中心：国家法规数据库　【分类号】115712003009　最高人民法院　中国应用法学研究所

案例38：公安机关大接访期间公安部网站选登的“通过大接访解决问题”的典型案例之一

案例39：公安机关大接访期间公安部网站选登的“通过大接访解决问题”的典型案例之一

案例40：田付庭申请邓州市人民检察院对其无罪错捕、非法扣押财产刑事赔偿案　国家信息中心：国家法规数据库　【分类号】115712003432　最高人民法院　中国应用法学研究所

案例41：张益明不服玉环县公安局限制人身自由、扣押财产

行政赔偿案　国家信息中心：国家法规数据库　【分类号】115712003790　最高人民法院　中国应用法学研究所

案例42：王景太请求许昌市魏都区人民检察院错误羁押赔偿案　国家信息中心：国家法规数据库　【分类号】90164202000005　最高人民法院　中国应用法学研究所

案例43：王荣东请求恩施州人民检察院、恩施州中级人民法院司法赔偿案　国家信息中心：国家法规数据库　【分类号】90174202001001　最高人民法院　中国应用法学研究所

案例44：王有保、浦少成请求个旧市人民检察院刑事赔偿案　国家信息中心：国家法规数据库　【分类号】90254202000001　最高人民法院　中国应用法学研究所

案例45：杨良箴要求上海市公安局静安分局行政赔偿案　国家信息中心：国家法规数据库　【分类号】90094102000001　最高人民法院　中国应用法学研究所

案例46：杨文冰请求杭州市公安局错误扣押赔偿案　国家信息中心：国家法规数据库　【分类号】90114202001003　最高人民法院　中国应用法学研究所

案例47：张春宇因被错误逮捕请求郧西县人民检察院赔偿案　国家信息中心：国家法规数据库　【分类号】90174202001005　最高人民法院　中国应用法学研究所

案例48：赵治安等申请开封市龙亭区人民检察院刑事赔偿案　国家信息中心：国家法规数据库　【分类号】115711997018　最高人民法院　中国应用法学研究所

案例49：郑州矿务局大平煤矿请求开封市南关区人民检察院刑事赔偿案　国家信息中心：国家法规数据库　【分类号】90164202000003　最高人民法院　应用法学研究所

案例50：刘景礼诈骗案．哈尔滨铁路公安处立案侦查，本人参与。

作者的主要研究成果

一、编著（参与编著）

1．正当法律程序研究．北京：中国人民公安大学出版社，2005

2．公检法及仲裁机构受案范围、立案标准和办案程序．北京：人民法院出版社，2002

3．劳动人事常用法律文书范本．北京：法律出版社，1998

4．企业常用法律文书范本．北京：法律出版社，1997

5．合同法．长春：吉林人民出版社，1999

6．公安机关办理经济犯罪案件的若干规定理解与适用．北京：中国人民公安大学出版社，2006

7．铁路运输安全保护释义．北京：中国铁道出版社，中国法制出版社，2005

二、论文

1．法官不应纠缠于事实之间．法制日报，2006－2－26

2．对物的刑事强制措施应单独构建．检察日报，2005－9－6

3．以正当程序理念构建中国的刑事侦查制度．中国铁道警官高等专科学校学报，2004（2）

4．略论对白领犯罪的防治．法制日报，2004－2－17

5．对犯罪嫌疑人要求被起诉问题的几点思考．见刑事诉讼专论．北京：方正出版社，1999

6. 关于职务侵占罪几个问题的思考．铁道公安学刊，1998（1）

7. 如何看待旅客列车上的强买强卖行为．法制日报，1998－7－4

8. 论职务侵占罪．法制日报，1998－3－14

9. 评香港的刑事诉讼机构．北京法制报，1997－3－24

10. 论罪刑法定原则的价值取向．法制日报，1997－5－17

11. 对管制刑适用范围扩大的思考．法制日报，1997－7－19

12. 我国的庭审模式并非走向控辩式．法制日报，1996－6－27

13. 论刑法中特定物的持有和运输．人民法院报，第390期

14. 铁路保价运输中当事人的过错及责任．人民法院报，1996－7－9

15. 报复者的下场．人民法院报，1996－7－20

16. 损失十余万，获赔仅一千．人民法院报，1996－12－19

17. 骆某的行为应定何罪．北京法制报，1996－2－9

18. 此案应按何种程序处理．北京法制报，1996－2－16

19. 香港法律中的法人犯罪．北京法制报，1996－2－23

20. 修改后的刑诉法第158条第1款之我见．审判工作研究，1996（6）

21. 关于骗取出口退税罪在客观方面的表现．北京法制报，1996－9－13

22. 论刑事政策和刑事法律的关系．北京法制报，1996－7－20

23. 街头存车的法律思考．北京法制报，1996－3－4

24. 对文某拐卖妇女、儿童的行为如何定罪．北京法制报，1996－7－15

25. 关于保险诈骗罪在客观方面的表现．北京法制报，1996－10－28

26. 论两大法系在公诉案件审查问题上的处理程序及借鉴．研究生法学，1994（1）

三、译文

1．20世纪90年代正当程序革命中的反变革趋势．见樊崇义，夏红编．正当程序文献资料选编．北京：中国人民公安大学出版社，2004

2．第14修正案未曾料想到的后果．见樊崇义，夏红编．正当程序文献资料选编．北京：中国人民公安大学出版社，2004

3．精神损害的法律标准．见樊崇义，夏红编．正当程序文献资料选编．北京：中国人民公安大学出版社，2004

4．消失的视野：美国历史上的正当程序和权利法案．见樊崇义，夏红编．正当程序文献资料选编．北京：中国人民公安大学出版社，2004

5．世界铁路警察协会简介．现代世界警察，2004（1）

6．美国铁路警察的今与昔．人民铁道报，2001－8－30

7．日本的拘留所．中国公安网

四、参与的学术活动

1．参加中国政法大学诉讼法学研究中心举办的“审前程序国际研讨会”等一系列学术活动。

2．参加“三项试点”工作，负责对焦作市解放区公安分局看守所试点工作的阶段性指导。

诉讼法学文库2006

1 刑事正当程序原理
2 自白制度研究
3 警察作证制度研究
4 司法公正的理念与制度研究
5 人本精神与刑事程序
6 刑事诉讼平衡论
7 刑事诉讼关系的社会学分析
8 刑事证明责任分配研究
9 刑事司法权力的配置与运行研究
10 行政诉讼原告论

诉讼法学文库2007

1 刑事诉讼交叉询问之研究
2 检警关系论
3 鉴定结论论
4 检察职能研究
5 美国死刑程序研究
6 行政诉讼问题研究与制度改革
7 刑事司法民主论
8 被追诉人的宪法权利
9 刑事裁判权研究

诉讼法学文库2008

1 论证据与事实
2 法院调解制度研究
3 弱势群体的法律救助
4 刑事赔偿制度研究
5 秘密侦查比较研究
6 非法证据排除规则：话语解魅与制度构筑
7 民事当事人证明权保障
8 现代社会中的诉讼功能
9 诉讼认识、证明与真实
10 中国刑事审前程序制度构建

诉讼法学文库2009

1 检察官证明责任研究
2 刑事诉讼生态化研究
3 对质权制度研究
4 无效刑事诉讼行为研究
5 刑事诉讼中的财产权保障
6 论对抗式刑事审判
7 案件事实认定方法
8 中国区际刑事司法协助研究

诉讼法学文库书目